普通高等教育“十二五”应用型本科规划教材

体育产业经营管理

主编 曹亚东 副主编 李军岩

内容简介

本书介绍了体育产业经营管理的基本内容，包括体育产业经营管理导论、体育市场、体育场馆经营管理、商业健身俱乐部经营管理、职业体育俱乐部经营管理、体育赛事经营管理、体育彩票经营管理、体育用品经营管理、体育广告经营管理、体育旅游经营管理、体育赞助运作管理等十一章内容。每章内以专栏形式引证相关内容，以增加教材的可读性，拓展学习者视野。本书是一本具有内容新、观念新，注重理论联系实际，突出应用性与可操作性等特点的体育产业经营管理教材。

本书适用于高等院校或职业院校体育经济与管理等相关专业的学生使用，也可作为各级各类体育管理机构、体育组织以及体育产业经营管理人员的学习参考用书。

图书在版编目(CIP)数据

体育产业经营管理/曹亚东主编. —西安：西安交通大学出版社，2014.12(2017.7 重印)
普通高等教育"十二五"本科规划教材
ISBN 978-7-5605-6882-9

Ⅰ.①体… Ⅱ.①曹… Ⅲ.①体育产业-经营管理-高等学校-教材 Ⅳ.①G811

中国版本图书馆 CIP 数据核字(2014)第 285255 号

书　　名　体育产业经营管理
主　　编　曹亚东
责任编辑　王建洪

出版发行　西安交通大学出版社
(西安市兴庆南路 10 号　邮政编码 710049)
网　　址　http://www.xjtupress.com
电　　话　(029)82668357　82667874(发行中心)
(029)82668315(总编办)
传　　真　(029)82668280
印　　刷　虎彩印艺股份有限公司

开　　本　787mm×1092mm　1/16　**印张** 14　**字数** 340 千字
版次印次　2015 年 1 月第 1 版　2017 年 7 月第 3 次印刷
书　　号　ISBN 978-7-5605-6882-9
定　　价　32.00 元

读者购书、书店添货，如发现印装质量问题，请与本社发行中心联系、调换。
订购热线：(029)82665248　(029)82665249
投稿热线：(029)82668133
读者信箱：xj_rwjg@126.com

前言 Foreword

中国正处在全面深化改革的关键时期，体育事业产业化转型到了重要的历史阶段。随着我国经济的腾飞，居民消费水平和消费结构持续优化，现代科学技术水平不断提升，进一步推动了体育产业的发展，从而增强了体育产业发展的活力。我国体育产业规模近年来迅速扩大，在拉动内需、促进经济结构调整方面发挥了重要作用，表现出了极大的增长潜力。随着我国建成小康社会步伐的加快，体育与人们生活有机结合的"体育经济"正在悄然兴起。

为适应新形势下体育产业发展的需要，国务院 2014 年 10 月印发了《关于加快发展体育产业促进体育消费的若干意见》(以下简称《意见》)。从国家层面为体育产业的发展指明了方向，提供了政策保障。《意见》以发展体育产业、促进体育消费为出发点和落脚点，以问题为导向，向改革要动力，向市场要活力，倡导健康生活，助力经济发展，系统阐述了发展体育产业、促进体育消费的基本方针、中长期目标、主要任务和政策措施，明确提出使其成为稳增长、调结构、促改革、惠民生，推动经济社会持续发展的重要力量。《意见》的出台标志着我国体育发展方式将迎来重大转变，即从行政主导向行政服务和市场推动相结合转变、政府办体育向扶持引导社会办体育转变、从体育部门主管向多部门联动转变，这将有力地繁荣体育消费，促进体育产业，全面推动体育强国建设，带动经济社会发展。

体育产业作为一个富有生命力的新型产业，要健康、持续地发展，离不开体育产业人才队伍的发展与壮大。《意见》明确提出"鼓励有条件的高等院校设立体育产业专业，重点培养体育经营管理、创意设计、科研、中介等专业人才。鼓励多方投入，开展各类职业教育和培训，加强校企合作，多渠道培养复合型体育产业人才""加强体育产业理论研究，建立体育产业研究智库"。因此，积极推进教育教学改革，优化专业和课程设置，培养既懂经济又懂体育的复合型体育产业专门人才已成为有关高等院校适应体育产业发展需要的重要机遇，本教材正是基于这一历史背景和客观需求而编写的。

当前，国内外有关体育产业的教材较多，编写的视角和体例各异，这为本教材的编写提供了重要的参考。本教材吸收了国内外最新研究成果，在研究内容上紧密结合我国体育产业的发展实际，其特色主要体现在以下几个方面：

(1)目标指向明确。本教材主要针对高等院校或职业院校体育经济与管理等相关专业编写，并与其他课程教材形成统一的教学内容体系，注重内容间的衔接，直接为培养目标服务。

(2)内容完整系统。本教材力争全面系统地反映体育产业经营管理的整体知识结构,在教材编写中注重连续性和递进性。

(3)案例新颖典型。本教材采用和选编了最新数据与典型案例,在全新的理念下诠释经营与管理原理,让学生在最新数据中了解体育产业现状,在典型案例中与体育产业同行。

(4)理论实践结合。本教材在系统介绍基础理论之上,突出体育产业经营管理活动的实用性和可操作性。课后配有思考题引领学生领悟理论,指导学生深入实践。

本教材是沈阳体育学院体育产业教学团队集体智慧的结晶,曹亚东教授担任主编,李军岩副教授担任副主编,并共同负责全书的总体策划、组织和统稿工作。全书共十一章,各章节的编写具体分工如下:曹亚东(第一章、第二章、第三章、第七章)、李军岩(第四章、第六章、第八章、第十一章)、张春宇(第五章)、朴勇慧(第九章)、荆俊昌(第十章)。研究生赵雪梅、陈泽奇、房午清、程亮、于雪、周慧洪参与了本书部分章节的资料收集和整理工作。

本书在编写过程中参阅、吸收和引用了国内外许多专家、学者的文献、观点及最新研究成果,对此我们已尽可能地注明了出处。因篇幅有限,还有一些参考文献未能一一注明,在此我们向这些文献的有关作者致以衷心的感谢!由于作者水平有限,书中观点如有不妥之处,恳请读者批评指正。

编　者

2014 年 10 月

目录 Contents

第一章 体育产业经营管理导论

本章提要：体育产业经营管理是在我国社会主义市场经济条件下，体育产业部门面向市场，走产业化、商业化发展道路的客观要求。在当前我国体育产业部门运行机制转轨时期，加强对体育产业经营管理的理论与实践的研究，具有十分重要的意义。本章主要从体育产业经营管理的含义、基本要素和主要特征入手，结合体育产业经营过程、管理模式和管理理念，使学生了解体育经营战略、策略与营销策划的基本知识与原理。

关键词：经营；管理；体育产业；管理模式；经营战略

体育产业经营管理是在我国社会主义市场经济条件下，体育产业部门面向市场，走体育产业化、体育商业化发展道路的重要举措。在当前我国体育产业部门运行机制转轨时期，加强对体育产业经营管理的理论与实践的研究，具有十分重要的意义。

第一节 体育产业经营管理概述

一、体育产业经营管理的含义

（一）经营

经营，是指企业的经济系统在利用外部环境提供的机会和条件下，发挥自己的特长和优势，为实现企业目标而进行的综合性活动。经营活动包括生产活动、销售活动或营销活动、供应活动或采购活动、财务活动、人事活动。

经营的主要任务是着眼于全局，解决企业未来生存和发展的大问题。它研究市场和用户需求，通过市场调研和经营预测来确定企业的经营目标、经营方针、经营策略，其实质是解决企业经营目标与经营环境、内部条件三者之间的动态平衡问题。因此，经营的主要功能是为使企业的全部经济活动达到总的预期目标而进行的选择理想方案、做出正确决策等一系列工作。

（二）管理

管理，是指管理者对管理客体实施计划、组织、控制、协调等职能，实现预定目标的活动过程。管理是为了实现组织未来目标的活动，其工作本质是协调，重点是对人进行管理。

管理的主要任务是按照企业经营决策的目标、方针和策略，对企业内部的人、财、物等资源和供、产、销生产经营的各环节进行合理的计划、组织、控制与信息反馈，运用科学管理的方法，提高生产效率，缩短产品生产经营的周期，减少物资消耗，提高产品质量，降低产品成本及资金占用，以提高经济效益。

管理的主要功能是执行，即利用科学的方法去研究和解决日常具体的战术性和执行性的问题，包括计划、组织、指挥、协调和控制。

(三)经营与管理的关系

在市场经济条件下的企业，经营与管理是密切联系、相互交织渗透、不可分割的整体，讲管理离不开经营，抓经营必然涉及管理。经营与管理是一种均衡关系，这种均衡是指在相互作用的关系中，每一方都同时达到了约束条件下可以长期持续存在的可能实现的利益最大化目标。因此，经营与管理是既有联系又有区别的辩证关系。

1. 经营与管理的联系

(1)目标一致。无论企业怎样经营与管理，其根本目标都可概括为顾客满意并取得合理利润，从而实现企业价值的最大化，为企业利益相关者(顾客、股东、员工)创造出更多的财富和价值。

(2)相辅相成。经营与管理是密不可分、齿唇相依的关系。忽视管理的经营是不能长久、不能持续的，忽视经营的管理是没有活力的、僵化的，为了管理而管理，为了控制而控制，只会把企业管死。

企业发展的规律是:经营—管理—经营—管理交替前进。如果企业撇开管理，光抓经营是行不通的，管理扯后腿，经营就前进不了。相反的，撇开经营，光抓管理，企业就会原地踏步甚至倒退。

2. 经营与管理的区别

(1)地位不同。经营是企业上层管理人员，即经营层承担的业务活动(管理职能)；管理则是企业的中下层管理人员，即管理层和监督层承担的业务活动(管理职能)。

(2)对象不同。经营解决的是企业的方向问题、市场问题、战略问题，以及实现资本最大增值的根本问题；管理解决企业内部员工的秩序、纪律、工作胜任能力、积极创造性和提高资产利用效率等问题，完成企业的效率、效益、战术问题。

(3)职能不同。经营的具体内容包括对市场的研究预测、企业的战略制定、企业的技术策划以及实现这一切企业目标的组织指挥；管理是对管理客体实施计划、组织、控制、协调等职能实现预定目标的活动过程。

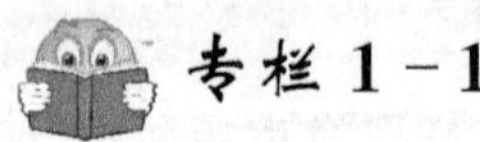

专栏 1-1

经营与管理的职能区别

企业经营按照经营对象不同分为商品经营、资产经营、资本经营。商品经营，即组织商品的生产和流通，具体包括市场调研预测、产品开发设计、市场营销、售后服务、生产等诸多环节，每一个环节都非常重要。资产经营的对象是生产要素，既包括有形的生产要素，即厂房、设备、原材料、能源、半成品、成品、资金、劳动力等，同时也包括无形的生产要素，如专利、非专利技术、管理、商号、商标、商誉、品牌、土地使用权、销售渠道、商业秘密、各种专营许可证与国际认证标准、重要的人力资本、人际关系等。资产经营就是对这些有形和无形的生产要素在企业内外广泛开展合理地流动与优化组合，千方百计提高其利用效率和效益，以满足和促进企业商品经营的要求与发展。资本经营，其对象是产权，即对产权进行合理的流动与优化组合，具体包括参股、控股、合并、兼并、拍卖、股份制改造组合、股票上市、产权互换等行为和方式，从而促进企业商品经营、资产经营更快、更大、更好地发展。企业管理的基本对象是企业的人、资产、质量、利润等，一般会涉及企业人员、团队、组织结构、管理模式、企业目标、制度体系、质量与服务、资产、成本、利润，以及研发、营销、生产、后勤、领导、激励与约束、价值观念等方面的管理。所有这些管理都可概括为企业的制度管理、机制管理和企业文化管理等。

（资料来源：浅谈企业经营与管理的区别和联系[EB/OL]. http://wenku. baidu. com/view/3a956f0102020740be1e9bb2. html.）

(4)方式不同。经营所接触的主要是非程序化问题，企业与外部关系的问题；管理所接触的主要是程序化问题，企业内部的问题。对企业来说，经营是龙头，管理是基础。

综上可知，经营是一种具有方向性、长期性、战略性和决策性的领导，它的实质是解决企业外部环境、企业经营目标和企业内部三者之间的动态平衡问题。而管理是依靠科学方法去研究和解决日常的具体的战术性和执行性问题，它的任务是正确处理好企业内部之间、人与人之间、人与物之间、物与物之间的关系，保证企业目标的实现。

(四)体育产业经营管理的内涵

体育产业是近现代人类经济社会出现的一种新的产业形态，它是体育运动由原来的自给自足的自为模式向组织化、生产化、消费化和营利化的产业运营模式转变的产物。而这种转变最显著的特征就是体育商品，包括体育物化商品和体育服务商品的大量涌现，以及大众体育消费的活跃和体育专业化市场的形成，体育商品的生产者、推广者、经营者和消费者组成了一个完整的产业链，并对一个国家或地区的经济总量和结构产生影响。体育产业是指生产体育物质产品和精神产品，提供体育服务的各行业的总和。

体育产业经营活动，是指以营利为目的、以体育活动为内容、以商品形式进入流通领域的经营活动，包括各类体育健身、体育娱乐、体育训练、体育竞赛、体育培训、体育表演等经营活动。体育经营活动中的体育项目，包括国际体育组织认定的体育运动项目，国家体育总局批准开展、在国家体育总局的指导和有关体育项目协会的具体组织下开展的体育运动项目，以及具有增强体质、娱乐身心作用的民族、民间传统体育运动项目。

产业经营管理是指企业通过对自身的人力资源、自然资源和市场资源进行整合，优化产业结构，降低经营成本，逐步扩大市场占有率，实现规模经济。

体育产业经营管理，即体育产业部门的经营管理，它是指以体育经营合理化为目的，为执行体育经营职能所从事的各种管理工作的总称。也就是说，通过应用现代管理的原理、方法和手段，对体育经营单位的经营活动行使一定的管理职能(决策、计划、组织、指挥、协调、控制、教育、激励等)，以实现体育经营的最优化及经济效益的最大化。

二、体育产业经营管理的基本要素和主要特征

(一)体育产业经营管理的基本要素

1. 人力资源

人是生产力中最活跃、最能动的要素，也是开展体育经营的关键要素。其中，人的能力、精神面貌及创造性等要素更为重要。人力资源包括两个部分：一部分是德才兼备的经营者，另一部分是高素质的专业员工队伍，两者缺一不可。

体育产业经营管理需要的是既懂体育、又懂现代经营管理理论与方法的专门人才，其中各级各部门的产业经营管理人员最重要。经营管理者要有较高的素质，较扎实的经营管理知识和较强的经营管理能力，懂得科学的经营管理的方法，能够协调各方面的关系，熟悉体育运动的规律和特点，了解并满足员工的心理诉求等。经营管理者素质的高低，对于能否调动员工积极性，完成各项任务，提高经营效益，具有十分重要的决定意义。

2. 财力资源

财力资源即资金，是体育产业经营活动中不可缺少的要素。经营单位开展体育经营的各种要素，如器材、设备和劳动力等，都需要相应的资金去购买，没有足够的资金和必要的资金，各种体育经营活动就无法开展。

专栏 1-2

资金筹集的渠道

资金筹集渠道又称筹资渠道，是指企业取得资金的来源。企业的所有制不同，国家在不同时期管理资金的政策、体制不同，决定企业筹集资金的来源不同。企业资金来源的渠道日益多样化，正在由单一渠道向多种渠道发展，由纵向渠道为主逐步向横向渠道为主发展。

目前，我国企业的筹资渠道主要有以下几种：

(1)国家财政资金，即国家通过以财政拨款形式投入企业的资金，它是国有企业资金的主要来源。体育运动是一国综合国力强弱和文明程度高低的重要标志。因此，《中华人民共和国体育法》明确规定："县级以上人民政府应当将体育事业经费、体育基本建设资金列入本级财政预算和基本建设投资计划，并随着国民经济的发展逐步增加对体育事业的投入。"

(2)银行信贷基金，即各商业银行贷放给企业使用的资金。借款项目有基建借款、各种流动资金借款、各种专用借款。银行贷款方式能灵活适应企业的各种需要，且有利于加强宏观控制，它是企业资金的主要供应渠道。

(3)非银行金融机构资金。非银行金融机构资金是指各种从事金融业务的非银行机构的资金。它用各种不同的方式集中资金，也用各种方式向企业提供资金，它将成为企业资金的主要来源。

(4)社会集资，即企业通过发行股票、债券等方式把个人、企事业单位里闲置不用的货币资金集中起来，不仅可以为老企业筹集部分生产经营资金，而且可以为兴办新企业筹集创业资金，它是企业重要的资金来源渠道。体育事业单位还可以通过吸收国内外企业赞助和社会各界友人和组织援助、捐赠的资金，发行体育彩票，建立各种类型的体育基金会筹集资金。

(5)企业自留资金，即企业在生产经营活动中形成的资金，如公积金、公益金和未分配利润等。随着经济效益的提高，企业自留资金的数额将日益增加。

(6)利用外资，即指发展中外合资经营企业、中外合作经营企业等吸引国外资本直接投资方式，以及开展补偿贸易、出口信贷、国际资本借贷等形式筹集资金。

(资料来源：[1]企业筹资渠道和筹资方式的研究[EB/OL]. http://wenku.baidu.com/view/186636a2f524ccbff1218487.html.

[2]钟天朗. 体育经营管理：理论与实务[M]. 上海：复旦大学出版社，2004.)

3. 物力资源

体育经营单位在开展体育经营活动中所需要的各种场馆设施、运动器材、设备、工具和原材料皆属于生产资料。生产资料作为生产的物质手段和条件，是体育经营不可缺少的物质要素。

4. 产品资源

体育产品包括体育实物产品、体育劳务产品和体育精神产品。体育实物产品包括运动器材、运动服装、运动饮料及各种运动营养补剂等；体育劳务产品包括运动竞赛、体育表演、健身辅导、场馆服务等；体育精神产品包括体育报纸杂志、图书画册、影视录像等。体育经营单位总是围绕着一定的体育产品来开展自己的一系列体育经营管理活动的。

5. 市场资源

体育经营单位是体育商品的生产者和经营者，体育市场是体育商品生产经营者的生存空间和天然活动场所，是体育经营环境中的基本条件和因素。从体育经营投入来看，如果没有体育市场需求，体育经营单位就找不到有利的体育市场经营机会，那么体育经营活动就根本无从谈起；从体育经营产出来看，若无快速而大量吸收体育商品的广大的体育市场消费需求，体育经营单位就无法生存。所以，体育市场的健全和完善是相当重要的。

（二）体育产业经营管理的特征

体育经营单位要在实现其经济活动同外部环境的动态平衡过程中求得生存和发展，就必须认识现代体育经营的本质特征和实质内容。体育产业经营管理的特征主要有以下几点：

1. 经营主体的多元性

在我国现阶段的体育经营中，体育产业经营主体呈现出多元性的特征。主要有：体育行政部门下属的经营管理主体，体育企业性质的经营管理主体，社会体育组织性质的经营管理主体，体育中介性质的经营管理主体。

2. 经营目标的双重性

体育产业经营目标具有双重性特征，即体育产业经营除了要实现体育产业经营管理主体的经济目标外，还承担着体育的社会责任，发挥体育在国家实现全民健身计划，提高全民族身体素质，促进社会精神文明，建设和谐社会中的作用。

3. 经营活动的和谐性

体育产业经营要受到社会经济发展状况、人们的消费水平和生活方式的影响和制约。所以，体育产业经营单位要根据实际情况来及时调整其经营活动的内容，实现体育经营与社会经济、外部环境之间的协调发展。

4. 经营管理的人文性

体育产业经营单位生产和向社会提供的是体育劳务和服务产品，其生产和服务过程是直接面向广大体育消费者，并且体育消费者直接参与了生产过程，生产过程中“人”的因素表现得尤为突出，这就要求体育经营者必须树立“以人为本”的思想观念，把“人文关怀”放在首位，提供人性化服务。

第二节　体育产业经营管理因素分析

体育产业经营管理因素是指体育经营的内容和各种能够直接或间接地影响和制约体育经营活动的因素。它主要包括体育产业经营管理产品因素、体育产业经营管理资源因素、体育产业经营管理环境因素、体育产业经营管理风险因素四个方面。

一、体育产品因素分析

体育产品是体育产业经营管理的主要依据，它包含了体育经营管理的所有对象。因此，体育产品因素分析是体育经营单位内部条件分析的重点内容。体育产品因素分析的主要内容有体育产品的市场地位分析、体育产品的成本—收益分析、体育产品成长性分析等。

（一）体育产品的含义

产品是市场活动的最基本要素，也是市场活动的基础。产品一般包括自然产品和劳动产品。经济学上的产品通常指人们有目的的生产劳动所创造的、能满足人们某种需要的物品。产品分为两大类，一类是实物形态的劳动成果，另一类是非实物形态的劳动成果。相对应的社会产品由可以触摸的实物产品和无形的不可触摸的非实物产品组成，两者都以满足社会生产和人们生活的需要为目的。

实体产品即产品的有形部分，体现了产品的自然属性，是产品价值的物质承担者，它包括产品的实体及其品质、式样和包装等。无形产品是以非实物形态向社会提供的各类服务，主要特点是产品生产过程、交换过程与消费同时发生，无法存储，由此构成了服务产品的不可感知性和易消失性。

所谓体育产品，是指人们有目的的生产劳动所创造的、具有使用价值和价值、可以用来交换的、能满足体育消费者某种体育需要的产品。它既包括为体育运动提供必要的场地、设施、器材、用具、服装、鞋帽、食品、饮料、体育图书报纸杂志等实物产品，又包括体育竞赛、体育表演、健美健身指导、康复体疗、运动处方、体育旅游、体育赞助、体育广告、体育彩票、体育咨询培训和体育创意等非实物产品①。

（二）体育产品的市场地位分析

产品定位对体育产品企业非常重要，是体育产品赢得市场的第一步，没有市场定位，没有明确的市场群体目标，就没有良好的市场营销策略。产品定位不仅仅是一个定位问题，更涉及体育企业的文化传播和品牌的形成。这是因为任何一个产品市场都是具有综合性的、多层次的、多元化的，任何一个企业的任何一个产品都无法满足所有人的需求，因此必须根据市场的需求与特征来将市场进行细分，从而把自己的产品定位在市场的某一个层次上，即目标市场。企业需要将产品定位在目标消费者所偏好的位置上，并通过一系列营销活动向目标消费者传达这一定位信息，让他们注意到品牌，并感知到这就是他们所需要的。由市场细分到市场选择然后到市场定位，这是一个科学的过程。目标市场是企业利润的主要来源，而体育企业将自己的产品定位在目标市场上，就意味着确定自己产品或服务在目标市场上的竞争地位，也叫"竞争性定位"②。

（三）体育产品的成本—收益分析

所谓体育产品"成本—收益分析"，就是验明一个体育行动持有者所花费的成本以及从事这一行动所得到的收益。收益减去成本就是"纯收益"，而这种纯收益则是和达到一定的体育消费目标与可供选取的不同途径或方式相联系的。体育产品的成本—收益分析步骤是：

---

① 张林. 体育产业概论[M]. 北京：高等教育出版社，2013.

② 王斌. 体育产品市场定位与营销策略研究[J]. 中国商贸，2011(33).

(1)谁是投资并从中获益的体育行动持有者;

(2)确定每一体育行动持有者群体的成本及收益;

(3)测度每一体育行动持有者群体的成本、收益,分析其净收益或净成本以及项目的总收益是否超过了总成本。

成本—收益分析中的体育行动持有者是指从项目中承担成本和获得收益的个人或群体。确定体育行动持有者群体以及每个群体的成本和收益,有助于建立体育行动持有者的成本收益矩阵。对体育行动持有者的成本和收益进行描述比较容易,但要进行量化相对就比较困难。

(四)体育产品成长性分析

任何产品都有一个生命周期。所谓产品生命周期是指一个产品从它进入市场开始到最后撤出市场的全部过程,这个过程大体要经历推出、成长、成熟、衰退的周期性变化。体育产品也是如此。体育产品生命周期的各个阶段通常是以销售额和所获利润的变化来衡量的,同时处于不同生命周期阶段的体育产品也有着不同的特点。

体育产品的成长期一般是指体育产品经营初具规模,体育设施、体育服务逐步配套,体育产品基本定型并形成一定的特色,前期宣传促销开始体现效果。这时,体育产品在市场上拥有知名度,产品销售量迅速增长;体育消费者对产品有所熟悉,越来越多的人试用这一产品,重复购买的选用者也逐步增多;企业的广告费用相对减少,销售成本大幅度下降,利润开始上升。处于这一阶段时,其他经营者看到产品销售很好,就有可能组合相同的产品进入,市场开始出现竞争①。

二、体育资源因素分析

(一)体育资源的含义

资源,是指一国或一定地区内拥有的物力、财力、人力等物质要素的总和。它可分为自然资源(阳光、空气、水、森林、土地、草原、动物、矿藏)和社会资源(人力资源、信息资源以及劳动创造的物质资源)两大类。体育资源是指能影响、支持体育事业和体育产业发展,并能够在其发展过程中产生一定社会、经济效应所动用的一切物质及非物质形态的事物或现象的总和。体育资源是任何一个国家、地区群众体育、竞技体育赖以发生、存在、运行的条件和基础,是体育产业发展的重要支柱。

(二)体育资源的分类

体育资源作为一个复杂的资源体系,按其基本属性可分为体育自然资源、体育社会资源、体育综合资源三大类。

1. 体育自然资源

体育自然资源是以天然形成为主要特征的体育资源大类。它包括地质状态、地理环境、气候条件以及综合自然环境等多方面,如山峰、河湖、高原气候、海域、海浪、草原、冰场、雪场等。它以自然天成的物质要素为体育活动、体育现象提供了重要的物质载体。

2. 体育社会资源

(1)体育人力资源。体育人力资源主要是指从事体育活动的专业工作者及开展体育活动的辅助人员和各种参与者等,如体育活动指导者、运动员、教练员、科技人员、经营管理人员、社

① 连桂红. 论体育产品的生命周期及经营策略[J]. 体育文化导刊,2003(11).

会体育指导员、体育爱好者等。

(2)体育场馆设施资源。体育场馆设施资源是体育经营的重要物质条件,其开发利用是开展各种体育经营活动的关键因素。开展体育活动需要一定的空间,要取得好的练习效果需要一定的场地条件和设备器材。体育设施已经构成了现代社会特有的人文景观。

(3)体育财力资源。体育财力资源是指体育经营必须要有的资金投入。在市场经济条件下,投资主体的多元化与需求多样化的发展趋势,决定了体育资金的规模和构成。体育经营的发展不仅需要大量资金,还可能创造出大量资金。体育财力资源的形式可以是多样的,如企业资金、集体资金和民间资金,以及由体育企业通过各种渠道筹集的资金等。

(4)体育信息资源。体育信息资源包括诸如健身信息、训练信息、竞赛信息、俱乐部等体育实体的经营管理信息、政府宏观管理信息、市场信息、媒体信息等诸多方面。随着现代社会的不断发展,体育经营活动的开展需要大量的信息。体育信息资源汇集了体育产业发展、体育市场供求、社会和消费者行为等基本情况,预示着未来体育经营的发展趋势和方向。因此,掌握大量的体育信息,对制定体育经营管理战略、进行战略规划、产品开发、销售等经营决策有着重要的意义。

(5)体育组织资源。体育资源的使用最终需要以一定的体育组织机构,通过资源管理的种种形式进行。其中体育组织的形态结构和运行机制直接决定着对体育资源的利用率和利用效果。如条块分割的体育组织形态,会导致体育资源的分割,而网络化的社团组织,则意味着体育资源有较多的共享性。体育组织机构除了由于结构形态不同而产生的特殊组织资源外,在体育经营活动中,体育组织政策、体育组织文化及影响力,以及体育组织中的各种制度规范,作为组织的软资源对体育经营发挥着极大的效用。

(6)体育传统资源。体育传统资源是指由于各种文化、体育行为习惯、传统体育项目、运动组织或其他体育机构影响力等方面的特点,而产生并形成的一种对体育经营管理活动发生、发展具有独特而持续影响力的体育社会资源,包括体育民俗、民间体育活动、体育技术技巧、体育行为习惯等方面内容。它是一种基于已有体育资源而衍生的影响力资源,是一种无形资源。

3. 体育综合资源

(1)竞技体育资源。竞技体育资源是指以竞技体育运动为核心,为满足竞技体育运动的社会需求、市场需求、发展需求而形成的体育资源类型,是一种综合性体育资源。它包含了各种能够满足竞技体育发展的因素和条件,如俱乐部经营管理人员、体育场馆设施、各种经费以及各类组织(运动队、俱乐部、管理机构)等。

(2)大众体育资源。大众体育资源是指在大众体育活动开展中,作用于其过程的各种物力、人力、财力、信息、传统及组织等方面资源的总和,是一种综合性体育资源。它是在大众体育推广中的各种资源投入,更是大众体育经营活动的产出物。

(3)体育赛事活动资源。体育赛事活动资源是指能够产生一定影响力的各类表演、比赛及相关活动在其发生和发展过程中,动用和可供利用的各类资源的总和。体育赛事活动是体育作为社会文化现象的重要表现形式,它是各种体育资源综合发挥作用的产物,同时它本身作为影响和制约人们体育行为的一个重要因素,也会形成一种特殊的资源形式。体育赛事活动资源具体表现为赛事表演活动的项目水平及数量、赛事组织者经营管理能力、赛事及赛事组织者影响力等。

(4)体育旅游资源。作为一种独特的体育活动形式,体育旅游具有高弹性、生产与消费同时进行的特性。根据这一特性,体育旅游资源是指围绕旅游特点的各种体育旅游自然资源、人文资源、体育旅游设施、体育旅游组织等能引起人们体育旅游动机的各种体育资源的总和。这些体育资源是开展体育旅游经营必不可少的条件。

(5)体育政策资源。体育政策资源是指政府所制定和实施的对发展体育经营有利的各种政策法规等要素的综合。它包括体育产业投资政策、市场准入政策、税收等各类政策,这些政策为体育经营提供了保证条件。尤其是政府对发展体育产业的优惠政策,对促进和推动体育产业的发展起着积极的作用。

综上所述,体育资源涵盖广泛、特性突出,在体育经营活动发生、发展的过程中,成为体育经营的载体和动力,是开展各种体育经营的基础条件①。

(三)体育资源的特点

体育资源作为体育经营的基础条件,具有不同类型的表现形式,但就其本身而言,具有界限的模糊性、存在的差异性和量的有限与无限性、认识的发展性、分布的不平衡性等特征。

1. 界限的模糊性

由于体育活动与环境之间存在宽广而友好的交互界面,体育资源与非体育资源间的界限常常是模糊的,没有一个明确而固定的界限,受到不同时期、不同条件、不同需求状况等条件的制约和影响,体育资源与非体育资源能够进行相互转化。变非体育资源为体育资源的现象在现实中屡见不鲜,大到自然界的山川湖海,小到家庭里的桌椅板凳、锅碗瓢盆,都可能由非体育资源转化为开展体育活动的重要资源;许多以往不被人们重视的知识、技术、权力等随着社会及体育的发展,也都会被更新、充实为体育资源,如空间、水面、无线电使用权等都会在一定的时期成为宝贵的体育资源。同时,当前或曾经的体育资源在未来也可能转化为非体育资源,如某些体育俱乐部在体育市场的影响力,可能由于连年败绩或其他原因,未来不能构成产生一定社会效应和经济效应的资源要素,也就意味着它在未来,将会由体育资源转化为非体育资源。

2. 存在的差异性

由于时代、国家以及地域的不同,或者由于社会经济、科学技术发达程度的差异,人们对体育的认识也有较大的差别,从而使得体育资源在不同的地域表现出很大的差异性。例如,一项体育技术在某地拥有一定的传统,是具有影响力和市场力的项目资源内容,它会被认为是该地区宝贵的体育资源;而对于不具有有关传统体育项目基础和市场的地区看来,它就可能不是有用的体育资源。又如,某些特别的山峰、河流,在一些经济发达地区被认为是十分宝贵的体育资源,它们不仅可被用于体育旅游开发,也可成为当地体育活动开展中重要的天然硬件设施;但在经济比较落后的地区,它却不被认识,也无能力开发。

3. 量的有限性与无限性

在一定的历史条件下,体育资源相对于人们的体育需求来说是有限的。如体育运动的开展需要众多物质和非物质要素作为载体,而这种物质和非物质载体的现实拥有是有限的;再如,竞技体育是向人类体能极限的挑战,体育成绩每一微小程度的提高,都意味着大量资源的投入,这其中包含了人力、物力、财力等资源的投入,相对于竞技体育成绩提高对资源的需求而言,各种资源的投入是有限的。但我们也必须认识到,相对于现实体育需求的未来体育资源供给,无论是从种类,还是从数量上都具有无限性的特点。随着人类社会的不断进步和发展,可

① 谢英. 区域体育资源研究——理论与实践[M]. 北京:科学出版社,2009.

供开发利用的体育资源也将不断发展，并且社会生活和人们的智慧还将创造出更新、更多的体育资源①。

4. 认识的发展性

随着社会、经济和科技的不断进步，人类认识能力的不断提高，可供发掘、开发和利用的体育资源也将日益丰富。随着现代科技的发展和体育的进步，以及人类文明程度的不断提高，一些相关学科的科学理论和技术可以成为有用的体育理论和技术。另外，人们认识水平的提高、需求类型的改变都会对体育资源的状况产生影响，加之体育资源本身所发生的发展和变化，也会使原先并不属于体育资源的资源类型纳入体育资源之中。

5. 分布的不平衡性

由于自然、历史、社会等原因，体育资源的原始分布情况存在事实上的不平衡性。在市场机制的作用下，体育资源的流向受到其流动弹性和价值规律的双重作用，会使资源的分布状况发生一定的改变。体育资源易于流向那些出价最高而不一定是最需要的市场主体，从而增大体育资源在分布方面的社会不平衡性。

(四)体育资源配置的基本类型

体育资源配置的基本类型分为三种：市场配置方式、计划配置方式以及混合配置方式。

1. 市场配置方式

市场配置方式是指通过市场价格的波动、市场主体的竞争、市场供求关系的变化而调节经济运行的一种方式。在充分竞争的市场体制中，体育资源总是向着收益最高的方向流动，作为市场晴雨表的价格，能准确地反映出体育资源的稀缺程度和供求关系等信息，从而引导体育资源流向资源稀缺程度最大的部门和地区，增加稀缺体育资源的存量，缓解供求矛盾。

2. 计划配置方式

计划配置方式是指资源的分配由政府决定，企业按照国家经济计划行事的一种方式。政府通过各种手段对体育资源进行调配，有利于集中资源实现预期的目标。其管理是由政府专门设立的部门依靠计划机制和行政方式进行全面的管理，社会组织不具有实质性的管理能力。

3. 混合配置方式

由于单一依靠市场或政府进行调配体育资源都会存在问题，故很多国家采用市场配置和计划配置相结合的手段，根据自己的国情，合理地配置体育资源。混合配置方式有利于发展政府的主导作用，鼓励社会对体育的支持和参与。

(五)体育资源在体育经营中的地位

体育资源的特性决定了它是一个伸缩性极大的资源领域，往往由于人们的认识不足、估计不足，而导致资源的浪费。这类资源有很大的空间可供改善、开发、利用，对其范围及特性的认识决定了体育产业资源开发利用的空间。当前，随着社会政治、经济和文化的发展，资源在人类生存和发展中的作用越来越被人们所认识。在国际社会普遍关注的人口、资源、环境与发展这四个重大问题中，资源问题处于基础地位。随着人类社会的不断发展，对资源开发和利用的程度将越来越广、深度越来越大，对资源的依赖性也将越来越明显。

体育作为社会文化的一个重要组成部分，无论是体育活动，或者是体育生产，其主体均为

① 谢英. 区域体育资源研究——理论与实践[M]. 北京：科学出版社，2009.

人。在体育行为、体育活动出现、运行和发展的过程中，与资源的互动无处不在。人、空间、地点、地理环境、设施、技术等均是构成人类体育活动的基本要素、基本资源形式；同时人类在利用上述要素开展体育活动时又造就出其他形式的资源，如技术理论、组织机构、制度规范、文化传统、道德法规、风俗习惯等，它们既是体育运动的衍生物，又反过来对体育经营活动产生强有力的影响。人力资源、地理环境、气候条件、物质因素、空间布局、技术理论、组织机构、制度规范、文化传统、道德法规、风俗习惯等均能够对体育活动、体育生产产生影响，并会带来一定的经济效益、社会效益变化。

三、体育产业经营管理环境因素分析

(一)体育产业经营外部环境因素

从体育产业经营的角度来看，体育产业经营的外部环境是指那些与体育经营单位有关联的外界因素的集合，具有复杂性、关联性、变动性、辩证性的特点。体育产业经营的外部环境包括直接环境因素和间接环境因素两大类。

1. 直接环境因素

直接环境因素是指与体育经营单位有直接联系的，能给体育经营单位的经营活动带来直接影响的环境因素，又称市场环境因素。直接环境因素包括体育市场需求因素、竞争因素、资源因素、国家政策因素、时间因素、体育消费水平因素。

(1)需求因素。随着社会经济的不断发展和社会购买力水平的不断提高，社会对体育的消费需求将不断增长。为了能够更好地促进社会主义经济的发展，满足广大人民对体育消费的需要，改善体育经营管理，提高体育经营的效益，不断深入地分析和研究体育市场消费需求的现状及变化趋势便有了十分重要的意义。

(2)竞争因素。竞争因素是指与体育经营单位平行存在或可以相互替代的各种外部环境因素。竞争因素的分析，旨在了解主要竞争对手的实力和特长，发现潜在的竞争对手，了解它们对本单位经营活动的威胁。竞争因素内容包括竞争者的基本情况、竞争能力、发展方向等。竞争者基本情况的调查，主要了解国内外，特别是本地区经营同类项目的体育经营单位的数量、分布、所属关系、经营规模、经营效益及市场占有率等。主要竞争者的能力分析包括：竞争对手的规模、资金拥有量及来源、竞争对手的经营项目构成、市场占有率、销售增长率以及价格、服务方式、销售网点、促销手段、领导层的素质及员工的文化水平等。竞争者的发展动向分析，主要了解竞争者的竞争能力变化趋势，可能开拓的新市场和新项目，可能采取的市场营销组合策略，新项目开发的方向、进程以及投入市场后可能产生的影响及竞争趋势等。潜在竞争者的调查，主要了解新加入竞争和可能加入竞争的竞争者迅速发展壮大的情况。

(3)资源因素。体育经营单位的全部经营管理活动，在某种意义上说，目的就是最大限度地节约运用本单位的一切资源以满足社会对体育产品消费的需要。体育经营单位的各种内部资源包括人力、物力、财力等是否能够从环境中顺利地获得，这是体育经营活动成败的必要条件之一。

(4)政策因素。国家政策因素对体育经营单位的影响，主要表现为各种政策、法律与法规对体育经营行为的影响及制约。作为一个体育经营单位就应该经常地了解国家的有关方针、政策、法规和条例，并相应地调整自己的经营战略和策略。

(5)时间因素。余暇时间是人们进行体育活动及从事体育消费的最重要的条件之一。一般来说，不同体育消费群体有着不同的体育消费需求和不同的体育消费的时间安排，换言之，不同的时间安排，吸引的体育消费者也是不一样的。体育经营单位应分析研究社会余暇时间的构成及发展趋势，针对不同体育消费群体的余暇时间构成问题，对体育市场进行细分，从而针对不同的体育消费需求制定相应的营销策略，以满足社会的需要。

(6)体育消费水平因素。体育消费水平是指一定时期内社会按人口平均的体育消费资料计算的消费数量。通常情况下人们体育消费水平的高低，直接反映了一定时期内社会生产力和社会经济发达程度，也反映了一定时期内社会体育意识的强弱状况，同时还反映了一定时期内人们对体育消费品的需求状况。体育经营单位要合理地开展体育经营活动，以满足社会的需要。

2. 间接环境因素

间接环境因素是指外界对体育经营单位的具体经营活动不直接发生影响的因素。间接环境因素包括政治环境因素、经济环境因素、文化环境因素、技术环境因素。

(1)政治环境因素。政治环境因素是指与体育经营活动有关的一般的政治因素，包括政治制度、政治形势、政局情况、政治发展趋势等。

(2)经济环境因素。经济环境主要是指国际、国内经济形势和经济发展趋势等因素对体育经营单位经营行为的影响。例如，国家对于国民经济和社会发展速度、规模的决策，对国民收入分配中积累与消费的比例决策，对银行信贷利率的宏观调控决策等。这些因素常常是影响体育经营单位经营决策的重要环境因素。

(3)文化环境因素。社会文化环境是指人们在特定的社会制度下所形成的道德观念、规范、民族习俗、宗教信仰、文化水平等。不同的民族、种族和国家，有不同的社会文化传统和社会生活行为准则，形成了不同的风俗习惯和道德观念。例如：美国的棒球、篮球有市场，巴西的足球有市场；中国传统的消费习惯及理念——药补不如食补，从而造成保健品市场相当火爆，而国民体育消费意识淡薄；全民健身活动开展以后，体育消费开始受到人们的青睐。作为一个体育经营单位来说，应该适应社会环境的需要，开拓自己的体育经营业务。

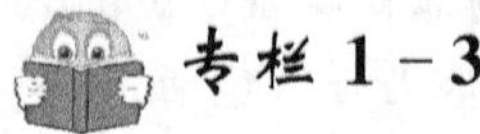

专栏 1-3

迥然的文化背景是中西体育差异的重要因素

传统农耕社会使中国人形成了节制、追求和谐的文化性格。“礼之用，和为贵”，儒家的中庸、中和的价值观念成为中国人行动的标尺。中庸的核心便是思想行为的适度和守常，为人庄重、谨慎，节制个人的情感、欲望，以达到处世通达圆融。与儒家的中庸思想一样，道家所提倡的守雌、处下、不争、无为等观念，对中国人文化品格的养成和体育思想的培育也有着至关重要的影响。中国传统体育明显地刻上了“道法自然”的痕迹。在传统文化长期滋养下形成的和平文弱的文化性格，造就了中国古代体育的文化内敛气质。中国社会文化环境并不适于带有强烈对抗与刺激色彩的竞技运动的开展，传统体育的形式，大多与具有实用性医疗、养生、保健等相融合，以修身养性、自我完善为参与目标。

而拥有浩瀚地中海这一得天独厚的自然地理条件，使古希腊文化呈现出典型的海洋文化特质，具有高度的开放性，古希腊文化可以不遗余力地吸收其他民族文化要素，博采众长，这也造就了希腊文化具有高度的融合性、掠夺性，因而产生了具有强烈竞争意识的希腊体育文化。

在古希腊，与古代中国对男人的审美标准是峨冠博带、玉树临风的文人气质不同的是，人们推崇高大健壮、肌肉线条优美、力拔山兮的男人。古希腊体育的强烈竞争意识和力量崇拜，对西方的文化精神产生了十分重要的影响。史诗《伊里亚特》中有这样一句话"永远争取第一，争取超过别人"，这是希腊社会的真实写照，也折射出体育竞技在希腊人生活中的地位。特别是在希腊本土最繁荣的伯里克利斯时代，每年在雅典举行的祭典和节日活动有60多次，而希腊各地的其他城邦，不管其地域大小、人口众寡，也都有许多丰富多彩的祭祀庆典活动。庆典活动的主要内容，除了有祭祀仪式、史诗的朗诵弹唱、歌舞音乐以及戏剧表演外，重头戏一定是体育比赛。赛跑、跳远、投掷、马车、拳击等是希腊人喜闻乐见的竞技比赛，也是现代体育运动项目的鼻祖和现代体育开展的火种。

不同的自然地理条件、政治经济制度、社会文化背景决定了轴心时代中国与古希腊体育的巨大差别，也决定了两种体育文化的不同发展方向：西方体育沿着"更快、更高、更强"的道路向人类的极限冲击，而中国传统体育在养生、保健、医疗体育和娱乐方面向人们展示其独特的魅力。

（资料来源：杨弢．东西"道"不同——中西方体育差异论[N]．光明日报，2012-01-21(7)）．

(4)技术环境因素。体育消费者的消费心理具有求新、求奇、求特、求刺激的特点，因此体育经营需要有创新意识。现代科学技术日新月异、发展迅速，是生产力中最活跃最强大的因素之一，是推动人类社会经济发展和社会进步的主要动力。特别是在现代科学技术不断发展的时代，经济增长主要是依靠技术进步。

总之，体育经营单位只有对自己所处的经营环境进行认真而周密细致的分析和研究，才能搞清体育经营单位所处环境的现状及其发展变化趋势，才能把握本单位发展和拓展市场的有利条件和不利因素，才能在经营活动中及时发现机会、利用机会、提高应变能力，适应体育经营环境的变化，使体育经营单位健康顺利地发展。

(二)体育产业经营内部环境因素

体育产业经营内部条件分析，是为了结合体育经营单位经营外部环境分析的成果，正确地制定体育经营单位经营战略和各项决策，其主要任务为：准确弄清自己的长处、优势；进一步弄清造成自身短处和劣势的原因，为内部挖掘潜力指明方向，创造条件。

1．体育产业经营内部条件分析的内容

体育产业经营单位内部条件分析的内容可多可少，可粗可细，它主要取决于分析的目的和角度。而且，由于体育经营单位经营的项目不同和所处外部环境的差异，不同体育经营单位或同一体育经营单位在不同时期主要矛盾也会不同，因而分析内容的多少及重点也会不同，体育经营单位内部条件分析的内容要因地因时而定。一般说来，体育经营单位经营内部条件分析的重点内容是体育经营单位的经营管理水平、竞争能力、应变能力等方面。

(1)经营管理水平。经营管理水平主要体现在体育经营单位管理者的素质及员工文化水平、受教育情况，体育经营单位的管理体制、组织机构、经营管理活动指挥系统的建立和健全情况等方面。

(2)竞争能力。体育经营单位的竞争能力包括体育商品的生产能力、产品竞争能力、财务能力、销售能力等。生产能力，指体育经营单位在一定的生产技术条件下拥有的生产性固定资产，在一定的时期内所能生产的体育劳务或体育产品的最大数量，主要反映在基本的生产环节和辅助生产环节的生产能力上。产品竞争能力，包括体育经营单位体育产品竞争性的强弱，产品的市场需求程度，产品的价格、成本、质量、服务、商标、交货期、市场容量、市场占有率、市场开发率等方面。财务能力，是指体育经营单位的资金拥有量及来源、偿债能力、盈利水平等。销售能力，指体育经营单位所拥有的销售渠道、服务网点、服务力量等。

(3)应变能力。应变能力主要是指体育经营单位适应环境变化的能力。其反映在体育经营单位经营战略制定，研制开发新的体育产品，应用新工艺、新技术的能力，不断推进技术进步和技术改造的能力，生产指挥系统、市场营销系统、物资能源供应系统、人事组织系统、经济核算系统的适应性及相互间的协调性等方面。

2. 体育产业经营内部条件分析的主要方法

体育产业经营内部条件与分析的方法包括：体育经营单位的经营管理状况分析、体育经营单位经济效益分析、体育经营单位形象分析、体育经营单位体育产品分析、体育经营单位经营实力分析、体育经营单位物资供应情况分析。

(1)体育经营单位经营管理状况分析。首先是对体育经营单位的概况进行分析，主要有员工的数量，机构设置及编制情况，体育经营单位对各类人员的培训能力，科技、管理人员知识更新的速度等。其次是对体育经营单位经营者的决策能力和组织能力进行分析，主要有体育经营单位经营者的自身素质(包括政治素质、文化素质、技术业务素质和身体素质)状况，对外部环境变化的判断能力，对本单位战略性问题的决策是否果敢善断，能否知人善任，善于团结和率领下属等。

(2)体育经营单位经济效益分析。体育经营单位经济效益分析主要是通过对体育经营单位最近几年经济效益的实际水平与国家计划、行业平均水平、本单位历史最高水平的比较，评价本单位经营状况，找出差距，分析原因。

(3)体育经营单位形象分析。体育经营单位形象分析主要是了解体育经营单位在消费者心目中的影响，了解市场对本单位经营项目及产品的评价，主要有产品或经营单位知名度分析。知名度是体育消费者对本单位或经营内容等情况有所了解的人数比例。通过各地区知名度对比可了解体育经营单位及产品或经营项目的影响力。

(4)体育经营单位体育产品分析。体育产品分析是体育经营战略的主要依据，体育经营单位的竞争能力一般通过体育产品来显示，因此体育产品分析是体育经营单位内部条件分析的重点内容。体育产品分析的主要内容有体育产品的市场地位分析、收益性分析、成长性分析、产品强度分析等。

(5)体育经营单位经营实力分析。生产能力、技术能力及销售能力是一个体育经营单位实力的体现。体育经营单位的生产能力分析，主要看该单位的综合生产能力、生产效率及对生产任务变更的适应性。在一般情况下，经营单位专业化程度与适应性成反比，专业化程度高，则适应性弱；专业化程度低，则适应变化的能力较强。体育经营单位的技术能力分析，主要指该单位在设计、开发、生产体育产品方面的技术力量和测试手段的完备程度。其分析的内容主要有：新产品、新项目的开发能力，技术管理水平与获取技术情报的能力，更新产品的综合能力等。体育经营单位的销售能力分析，主要是在产品市场强度分析的基础上，以重点发展的体育产品或销路不畅的体育产品为对象，对其销售组织、销售渠道、促销活动、销售计划等进行分析，以发现销售活动中存在的问题及原因。

(6)体育经营单位物资供应情况分析。体育经营单位物资供应情况分析主要是分析原材料、能源供应的稳定可靠程度及对本单位今后经营活动的影响等。

(三)体育产业经营综合分析方法

体育经营单位的外部经营环境和内部经营环境之间是相互影响的,体育经营单位要制定正确的经营战略和策略,必须将两者结合起来进行综合分析。

1. 体育经营单位优(劣)势分析法

优势分析法是指当宏观经济、行业或体育经营单位处于迅速发展的外部环境和内部条件时,以体育经营单位优势为重点进行分析。劣势分析法是指当宏观经济、行业或体育经营单位处于十分不利的外部环境和内部条件时,以体育经营单位劣势为重点进行分析。

优势分析法和劣势分析法都是一种有重点的综合分析法,它们提出问题的逻辑思路主要是:如果外部环境发生不利于体育经营单位变化时,例如,体育市场需求减少、体育市场销售量减少等,体育经营单位将会暴露出哪些弱点?反之,如果外部环境发生的变化有利于体育经营单位时,如实行带薪休假制度、体育经营减免税政策等,体育经营单位又有哪些优势能够发挥作用?如果体育经营单位现有的弱点在环境变化时统统暴露出来,将给体育经营单位带来多大的损失和打击?或者如果这些优势全部利用好,体育经营单位将会产生多大的经济效益?采取哪些策略和措施可以减少体育经营单位的弱点和外部环境对它的影响?从而可以充分发挥优势,取得更好的经济效益。

2. 体育经营单位威胁分析法

威胁分析也称为生命力衰退分析。体育经营单位生命力衰退一般要经历一个过程,而且会有先兆。威胁分析就是分析反映这些先兆现象的先行性指标,这些指标主要包括:本体育经营单位销售增长率连续若干年小于国民经济增长率;销售增长率尚可,但市场占有率连续若干年下降;资金利润率连续若干年小于银行利息率;销售利润增长率连续若干年小于销售收入增长率,即增产不增收;体育经营单位平均每名职工的销售利润增长率连续若干年小于平均每人销售费用增长率等。

作为体育经营单位,应经常对这些先兆性指标进行分析,并及时发布危险警告,帮助体育经营单位适时调整经营战略,改变决策和计划。

3. 体育经营单位市场潜力分析法

市场潜力分析法是一种在考虑与市场相关的主要因素基础上,分析市场潜力的综合分析方法,它主要通过计算确定未开发的市场潜力和未实现的市场潜力及未占有的市场潜力。针对所计算的数据采取相应的决策,如通过提高竞争能力去占领未占有市场;通过提高产品适应性和加强推销工作去占领未实现市场;通过发展新品种,去开辟未开发市场等。通过市场潜力分析方法,能为提高经营单位发展战略的制定和进行远景规划提供决策依据。

4. 体育经营单位 SWOT 分析法

体育经营单位内外条件与环境的综合分析可使用一种比较简便、实用的方法——SWOT分析法,这种方法也叫经营单位内外情况对照分析法,采用此方法有利于全面地分析本单位的内外情况。所谓 SWOT 分析法,又称态势分析法或者优势分析法,用来确定企业自身的竞争优势(strength)、竞争劣势(weakness)、机会(opportunity)和威胁(threat),从而将公司的战略与公司的内部资源、外部环境有机结合起来。SWOT 分析法既可一目了然地了解当前的状况,又可从内外环境的相互联系中做出更深入的分析,从而明确经营单位的战略方向。在运用 SWOT 分析法时,可提出如下问题:本单位可用于发展机会的优点是什么?有无缺点限制或阻碍发展机会的利用？有无优点可使威胁转化为发展机会？有无缺点限制或阻碍使威胁转化为发展机会？威胁因素是否阻碍发挥优点？有没有机会因素可使缺点被排除或转化为优点等。

现以某健身俱乐部的SWOT分析图表为例进行说明，具体见表1-1。

表1-1　健身俱乐部的SWOT分析图表

	不利条件(威胁)	有利条件(机会)
外部条件	1. 健身俱乐部日益增多 2. 社会大众体育消费意识不强 3. 公款消费受到限制	1. 实行五天工作制 2. 全民健身活动方兴未艾 3. 健身消费热点开始形成并快速发展
	本单位优势	本单位劣势
内部条件	1. 设施一流，环境高雅 2. 服务优质，管理先进 3. 配套设施齐全	1. 场地太少，活动范围拥挤 2. 定价太高 3. 营销手段落后

从表1-1中可见，该健身俱乐部面临着竞争的严峻考验，有必要改变原来的市场定位战略，要抓住全民健身方兴未艾的机遇，拓展适合大众健身娱乐休闲的健身消费市场，从而促使健身活动从“贵族”向“平民”靠拢。

四、体育产业经营管理风险因素分析

体育经营的实质就是实现经营活动与外部环境要求的动态平衡，这个平衡是体育经营单位生存和发展的关键，但是由于现实存在的种种问题，这种平衡是极为少见的，这就产生了体育经营的风险问题。

(一)体育产业经营风险的含义

所谓风险，就是指在特定客观条件下，某一时间的预期结果与实际结果之间的变动程度。体育产业经营风险是指体育经营单位经营活动结果的不确定性而给体育经营单位造成的损失。关于不确定性的问题，应理解为未来经营失败的可能性。由于体育经营结果的不确定性，使其可分为成功和失败两种可能，而成功的可能结果为赢利，无损失可言；只有失败的可能，才导致经济损失。所谓损失，指的是非故意的和非预期的经济价值的减少，即非计划性的经济损失。体育产业经营风险的类型主要有体育赛事风险、大型体育场馆设施风险、运动员风险、安全风险。此外，国家政策的变化、政治不稳定、经济环境变化等不确定因素也会给体育产业经营带来风险。

(二)体育产业经营存在风险的原因

1. 体育产业经营风险来自未来环境的不确定性

开展体育经营，就要根据过去和现在来推测未来，并按照预测结果来确定体育经营单位的经营目标和安排经营活动。而未来总是运动的、多变化的，包含着不确定性因素。外部社会经济环境的变动，对体育经营单位来说，是不可控制的因素，社会经济环境的变化，影响和约束着体育经营单位的经营活动，体育经营单位在这种动态多变和不确定性的经营环境中进行经营活动，经营风险问题是无法回避的。此外，经营和风险是相互联系在一起的，只要搞经营活动，就会有风险存在。

2. 体育产业经营风险是市场经济发展的必然产物

在市场经济运行机制中，商品交换活动，即买和卖在时间上和空间上分裂为两种相互独立的行为，而且随着商品经济的发展，生产者和消费者的距离更加拉大了，商品生产所固有的矛盾，即个别劳动与社会劳动、具体劳动与抽象劳动、使用价值与价值的三大矛盾，随着商品生产的发展显得更为突出。体育经营单位作为独立的或相对独立的体育商品生产者和经营者，无法排除由商品生产的三大矛盾所产生的经营风险。

另外，竞争是商品生产和价值规律的必然伴侣，竞争随着商品经济、市场经济的发展而加剧。竞争是经营单位之间的实力较量，它可以促进体育经营单位的进步和发展，同时也会给体育经营单位带来经营风险，因为“优胜劣汰”是竞争规律的基本特征，只有经受住经营风险的严峻考验，才能求得生存、繁荣和发展。

3. 体育产业经营风险是社会化大生产的特点

体育经营单位经营活动形式的多样性和多变性，必然导致经营活动过程和经营业务的复杂性，从而增加了经营管理失误和失控的可能性。例如：一个职业足球俱乐部，开始只经营门票、广告，以后随着市场的拓展，其经营的业务也不断拓宽，如开发球迷产品、衍生产品、商业性比赛、球员买卖、球迷协会……经营范围的扩大，失误的可能性也就越大。

现代工业社会生产是机械化和社会化的大生产，这不仅造成整个社会经济活动形式的多样化和多变性，而且也使得经营规模增大。从体育经营来说也是这样，经营过程和经营业务的复杂性和多样化，增加了体育经营管理失误和失控的几率。体育经营结果的不准确性和无把握性已成为现代体育经营单位经营过程的一个明显特点。

4. 体育产业经营风险来自体育消费是非生活必需的消费行为

体育消费不是一种生活必需的消费行为，可有可无，一旦体育消费者的兴趣、爱好、热点等发生转移，就会对体育经营单位的经营活动构成风险。

5. 体育产业经营风险来自于体育经营管理者的能力与水平

体育经营管理人员的经营知识和能力水平低下、经营技术不佳、决策失误或者缺乏有效性等皆可成为发生经营风险的主观原因或条件。

6. 体育产业经营风险来自于一部分社会因素

体育经营风险的存在或产生，也可能是由某些社会或自然原因所造成的。例如政治和社会动乱，水灾、火灾、风灾和地震等自然灾害都可能给体育经营单位带来经营风险和风险损失。

（三）预防和减少体育经营风险的措施

体育经营风险虽然是客观存在的，但也是可以预防和控制的。在体育经营过程中，体育经营单位应采取正确的策略和有效的措施来预防和减少体育经营风险。

1. 做好体育经营预测

要做到事前控制体育经营风险，主要就是搞好体育经营预测。运用科学方法预测和把握体育经营环境的未来变动趋势和规律性，找出、发现存在的风险因素和可能出现的风险，为风险管理决策提供客观的依据，是预防和控制体育经营风险的有效措施。

2. 行之有效的体育经营决策

体育经营决策失误或者缺乏有效性，势必给体育经营单位造成风险和经济损失。在体育经营预测的基础上，采用科学的方法，根据形势的变化和体育经营单位面临的风险问题，做出有效的体育经营决策，这是控制体育经营风险的关键环节。

3. 多样化的体育经营

多样化经营是现代风险管理的一种重要策略，多样化经营可以分散风险，减少风险损失，避免“鸡蛋放在一个篮子”里的现象发生。

4. 加大实行风险管理制度

风险管理的目的是为了及时及早发现问题，把风险扼杀在摇篮里，或是把风险降低到最低限度。因此，要提高体育经营管理人员的风险意识和对风险管理重要性的认识。此外，要建立风险管理部门，配备专业人员，专司风险管理之职。与此同时，体育经营单位应借助社会的力量，按内外结合的原则，对本单位的经营决策和经营活动进行定期或不定期的诊断，及时发现问题，并及时解决。另外，以上这些措施应逐步形成体育经营管理的制度。

5. 对体育风险进行预防和处理

对体育风险进行预防和处理的方法许多，根据体育经营的特点，可将其归纳为以下三种：

(1)风险回避法。风险回避法，即在组织任何体育活动之前分析该活动是否存在有重大事故的隐患和发生的可能性的方法。

(2)风险转移法。风险转移法是指体育经营者通过购买保险、签署合同等将风险尽可能转移给其他组织或个人的方法。

(3)减小风险法。减小风险法是体育经营中风险管理的核心。人们应充分认识到风险的存在，并采取各种有效的、合法的预防措施和处理办法，从而减小伤害事故发生的可能性和因事故造成的负面损失和影响。

体育经营风险是客观存在的，是不以人的意志为转移的。体育经营管理人员一方面从体育经营战略思想来看，要承认风险，也要敢于冒风险，这样才可能成就大事业。因为在市场经济条件下开展体育经营活动，经营风险是难以避免的。但还应当看到，风险和效益是同时并存的，而且两者是成正比的。一般来说，风险越大，则可能取得的经营效益也就越大。因而体育经营管理者就需要有敢冒风险的精神和勇气，只有承认风险又敢于冒险，才有可能把本单位经营管理工作搞好，也只有这样才能取得最大的经营效益。如果缺乏应有的胆略和风险精神，那是什么事情也干不成的，更谈不上有效经营了。另一方面从经营战术思想来讲，则应善于冒风险。体育经营管理人员要减少盲目性，提高体育经营决策的科学性和准确性，认真研究和认识体育经营风险问题，建立风险管理制度，采取各种方法和措施，尽力预防和排除风险，减少风险损失，以提高体育经营活动的有效性。

第三节　体育产业经营过程及管理

一、体育产业经营管理过程

体育产业经营管理的过程，是从对体育经营单位经营环境的系统分析开始，明确经营思想，制定经营方针，确定经营目标，进行市场调研，开展经营预测，进行经营决策，编制经营计划，建立和健全经营组织，开展经营活动，一直到进行经营效果评价与分析结束，这些内容按照上述的顺序，构成了一个不断循环的现代体育经营单位经营活动全过程的管理过程。

二、体育产业经营管理系统

体育经营单位是由相互联系、相互作用的各部分组成，是具有特定功能的有机整体。因此，体育经营单位不仅是一个整体系统、开放系统，同时还是一个投入产出系统。也就是说，体育经营单位是各种环境因素所提供的贡献和资源，经过调整、配合、组织，而进行有效的生产经营运转的投入产出系统。

(1)投入是指体育经营单位把外部环境所提供的资源进行组织与配合，进入转换过程，称为供给系统。

(2)转换是指体育经营单位体育产品的生产过程，称为生产系统。

(3)产出是指体育经营单位产生的体育经营成果，包括体育实物产品、体育劳务或服务产品、赢利等的输出，并分配给环境主体，称为分配系统。

(4)反馈是指为提高投入到产出的生产效率而采取的全部措施的总和，称为管理或控制系统。反馈是根据计划的要求，控制实际脱离计划的差距，查明原因，并制定出改进的措施。

三、体育产业经营管理理念

体育经营管理理念是贯穿在体育经营活动全过程中的指导思想，是经营活动中处理各种经营管理问题的思想准则，它由一系列的观念和观点构成，是对经营过程中发生的各种关系的认识和态度的总和，同时经营管理理念是体育经营活动的方向盘，其核心是提高经营的经济效益，正确处理经营单位与社会、消费者、竞争对手、员工的各种关系，它关系到经营单位经营管理活动的成败。

(一)体育经营思想

1. 体育经营思想的含义

体育经营单位的经营思想，是指为满足市场需求，完成体育经营单位的经营使命，谋求体育经营单位的生存和发展，以及履行对社会责任等重大问题时的指导思想。它是在分析经营环境基础上逐步形成的。体育经营单位的经营思想是贯穿体育经营活动全过程的指导思想，是经营单位处理各种经营管理问题的思想准则。

2. 体育经营思想的构成

体育经营思想是由一系列观念和观点构成的，是对经营过程中发生的各种关系的认识和态度的总和。体育经营单位正确的经营思想，主要体现在其对外部环境和经营能力的正确认识和能动反应的水平上。体育经营单位经营什么产品、如何经营、如何在市场竞争中取胜，要根据社会需要和自身经营能力来决定。体育经营单位正确的经营思想一旦形成，就将对指导经营单位的经营活动产生巨大影响。当然，不同时期的经营思想是不同的。我国目前正处于发展社会主义市场经济的初级阶段，体育产业化刚刚起步，因此，对当前的中国来说，健全和强化体育经营思想的一个出发点便是体育经营单位应从原有的产品经济向发展现代化大市场的商品经济转变。在当今市场经济条件下，体育经营思想具体由战略观念、市场观念、竞争观念、创新观念、开发观念、效益观念和为消费者服务观念构成。

(1)战略观念。战略是指对于任何一个组织的全局性、长期性或决定生存发展的重大问题的谋划。现代体育经营单位战略目标或方向的确定，在很大程度上决定了体育经营单位的生存条件、发展方向和发展规模。因此，现代体育经营单位的经营者应树立正确的战略思想，有效地制定战略、执行战略和评价战略而形成现代体育经营单位特有的战略观念的关键在于体育经营单位最高领导人的战略头脑。

(2)市场观念。现代体育经营单位树立市场观念，就是要牢固地树立全心全意为体育消费者服务的思想，要站在体育消费者的立场上，想体育消费者所想，解体育消费者所急，生产出适销对路、物美价廉的体育产品，为体育消费者提供良好的服务。理想的市场观念应该是动态均衡型的，这种观念的特点有两个方面：一方面体育经营单位要根据市场需求进行生产；另一方面又要扬长避短，充分发挥本体育经营单位的经营和技术优势，对体育消费者发挥指导和引导作用，从而使产需经常紧密地结合起来。

(3)竞争观念。在市场经济条件下，体育经营单位之间必然要产生竞争，这是一条客观规律。树立竞争观念不仅要明确竞争的要素(主要包括品种、质量、价格、服务、信誉)，更要掌握竞争取胜的各种策略。

(4)创新观念。创新活动是体育经营单位的生命和源泉。它涉及体育经营单位生产经营的各个方面，如体育经营单位领导人的创新意识、管理和组织形式的创新、经营思想和方针的创新、产品市场的创新、市场营销手段的创新等。

(5)开发观念。开发观念就是要有善于开发和利用体育经营单位的各种资源的观念。它主要包括以下几方面的内容：①资金的开发，通过扩大资金的来源和加速资金的循环与周转来实现；②物质资源的开发，通过设备的有效利用、设备的改造与更新、新材料的采用和材料的综合利用来实现；③人力资源的开发，通过智力投资、人才培训，提高人的智力与能力来实现；④空间资源的开发，通过对旧市场的渗透、新市场的开拓以及市场占有率的提高来实现；⑤时间资源的开发，通过时间的广度利用和强度利用来实现；⑥技术资源的开发，通过开发新产品、应用新技术的方法来实现；⑦信息资源的开发，通过市场信息与科学技术发展信息的搜集、加工、筛选与存储来实现；⑧管理资源的开发，通过管理人员的培训、管理组织和管理技术的改进等方法来实现。

任何资源的开发，必须突出“快”、“准”两个字。所谓“快”，就是掌握市场动态和科学技术信息快，制定策略和决策快，新产品开发快，产品更新换代快，转产速度快，新产品投放市场快，流动资金周转快，技术改造与设备更新快。所谓“准”，就是准时生产、准时交货、准时服务。

(6)效益观念。效益观念是指体育经营单位一切工作的指导思想都要以提高体育经营单位的经济效益和社会效益为中心。效益观念的核心是实用、经济，对社会有利。从这一观念出发，体育经营单位就不宜一律追求最新技术、最优质量、最高利润、最低成本和最优方案，而是要根据社会需要和消费者的利益采用最有效的技术，达到最适用的质量，以较合理的成本，取得较满意的利润，在决策过程中寻求最可行的方案。

(7)服务观念。服务观念主要体现在两个方面：一是使消费者对体育劳务的需求能得到最大限度的满足；二是体育经营单位所经营的项目，在种类和价格上应该符合消费者体育消费的习惯、爱好及经济承受能力。因此，体育经营单位必须了解服务对象及其消费特征，按照体育消费者的需要组织体育经营活动，并以此为基础确定经营方针和经营战略。同时在了解体育消费者需求的基础上，还要考虑服务方式、服务质量、环境设施、经营时间、经营内容等相关因素，以体育消费者为中心，切实做到科学设计、合理安排。

体育经营单位的经营思想除以上所述外，还有创业思想、用人思想、营销思想、理财思想和为职工谋利益等思想。

(二)体育经营方针

1. 体育经营方针的含义

体育经营方针就是指在一定的经营思想指导下，处理各种具体经营活动的基本原则与基本纲领，是决定实现经营目标所需的行动指南，是体育经营单位经营思想的具体反映，也是制定经营目标与措施的重要依据。

2. 体育经营方针的具体内容

体育经营方针可分为综合性经营方针和单项性经营方针两大类。综合性经营方针，主要应结合本体育经营单位的具体特点，反映体育经营单位的经营方向、生产品种、发展速度、质量与价格水平等；单项性经营方针可具体地分为产品方针、价格方针、市场方针等。

体育经营单位确定经营方针必须掌握两点：第一，要按照客观经济规律办事；第二，要从国家、社会、用户、协作单位、竞争对手及本体育经营单位的实际情况出发，经过全面综合考虑各种因素后，制定经营方针。经营方针主要包括以下几个方面的问题：

(1)经营方向。体育经营单位的经营方向就是体育经营单位服务的方向(即市场定位问题)，是面向大众，还是面向贵族；是面向个人，还是面向法人；是为男性体育消费者提供服务，还是为女性体育消费者提供服务，这些都是最主要的经营方向。经营方向正确，体育经营单位就能搞活。

(2)品种规模。服务方向确定以后，就要解决如何服务的问题，即生产什么产品、生产多少产品的问题。它包括哪些品种上马、哪些品种下马、哪些品种整顿、哪些品种扩大生产能力、哪些品种维持现状、哪些品种停产等。

(3)竞争重点。速度与质量、质量与价格之间存在着相互制约的关系，这些指标都是竞争的重点。体育经营单位应根据自己的特点，突出某一方面的重点。例如，有的体育经营单位突出优质(环境幽雅、设施一流)、高价，靠质量名牌取胜；有的体育经营单位在价格上采取低档低价、薄利多销的方针取胜等。

(4)市场占有。市场占有方针属产品的销售方针，主要确定是打入、开辟、占领新的市场，还是保持或放弃原有部分市场，还是对原有市场提高占有率等问题。

(5)提供服务。为用户服务的质量直接影响到经营状况。为体育消费者服务的内容很多，如电话订票、网上订票、送票上门、会员优惠、套票优惠、学生优惠等。

除此以外，体育经营单位的改造方向、智力开发、用人、资金筹措等也都属于体育经营单位的经营方针之列。一个体育经营单位的经营方针，在处理各种具体问题上，既不是一成不变，也不是不分重点一刀切，往往是充分发挥自己的优点，扬长避短，从实际出发，搞好动态平衡，有进有退，有上有下，有分有合，它是一个总体性的布局问题。

第四节 体育经营战略、策略与营销策划

一、体育经营战略

(一)体育经营战略的含义和特点

1. 体育经营战略的含义

体育经营战略是指体育企业的决策者在现代市场营销观念的指导下，为实现体育经营目标而制定的一定时期内体育经营发展的总体规划。其目的是使体育企业的经营结构、资源特长和经营目标，在一定的可接受的风险范围内，与体育市场环境所提供的各种机会取得动态平衡。制定和实施体育经营战略是市场经济发展的产物，也是深化改革，克服体育企业经营行为短期化的迫切要求。

2. 体育经营战略的特点

体育经营战略具有全局性、长期性、系统性、适应性和风险性等特点。

(1)全局性。体育经营战略全局性包括两方面的含义：第一，体育经营战略是对体育经营单位发展所作的总体设计，包括总体规划和整体的策略与手段；第二，体育经营战略的决策事关体育经营单位全局及其未来的全面发展。

(2)长期性。体育经营战略目标的实现，不是短期内可以完成的，它将使体育经营单位产生质的飞跃，达到一个崭新的水平，这是一个长期的过程。体育经营单位的经营战略不仅在战略时期内对企业的生存与发展关系重大，而且对企业的长远发展也起着重要的作用。因此，重视当前、放眼未来，协调好眼前与未来发展的关系，是体育市场经营总体设计和决策的一个关键问题。

(3)系统性。体育经营的系统性是指体育经营单位各环节、各部分的工作是一个彼此相互联系、密切相关的有机统一整体。系统有层次、大小和主次之分，下一级要服从和服务于上一级。对应于各个层次或各个局部系统的战略，只能是整体系统战略的一个局部，局部应服从全局。对某一个体育经营单位来说，应该把整个企业的战略作为一个整体系统工程来统筹安排，追求整体发展的最大效益。

(4)适应性。体育经营的适应性，是指体育经营单位的经营易受到外部和内部环境的影响，当环境发生变化时，体育经营单位所做出的与新环境相适应的快速反应的特性。体育经营单位的内部条件的变化和外部环境的变化(包括市场需求变化、政治或经济形势的变化、政策与法令的变更等)都会对市场产生影响。因此，体育经营的战略决策应该适应环境变化而做出创造性的反应，必须不失时机地随着环境的变化做出新的战略调整。

(5)风险性。由于体育经营战略是对体育经营单位某一时期内经营活动发展所作出的预计性的决策，而这种决策是不可能在各种条件完全成熟和信息绝对充分的情况下作出的，加之体育市场特别是体育无形产品市场的多变性和复杂性，使得体育市场经营战略具有不可确定性和瞬时性，并且具有风险性的特点。许多市场机会往往是一瞬即逝、失不再来的，机会和风险并存。

(二)体育经营战略的内容

尽管不同的体育企业战略或同一个企业不同时期的战略会有许多差异，但一般包含以下

内容：

1. 战略指导思想

战略指导思想是指导战略制订和实施的基本思想，是整个战略的灵魂。它是确定战略目标、战略重点、战略步骤和战略对策的纲领。

就体育企业的整体经营活动而言，我国体育经营战略的指导思想是要以适销对路的体育劳务及产品，满足社会和人们不断增长的需要，并为国家和体育企业获得好的效益。除此之外，体育企业还要树立全局观念、竞争观念、发展创造观念、信息观念、效益观念等。

2. 战略目标

战略目标是指体育企业在战略思想指导下，在战略时期内全部经营活动所要达到的总体要求。战略目标规定着体育企业全部经营活动的总任务，决定着体育企业发展的行动方向。

确定战略目标，是制定体育企业经营战略的一个重要环节。因此，要采取专家、领导与群众相结合的原则，在企业内部组织专门机构负责并动员广大职工参加，并从企业外部邀请有关专家帮助调查研究，进行系统分析。

3. 经营战略重点

战略重点是指那些对于实现战略目标具有关键性作用而又具有发展优势或自身需要加强的方面，是企业资金、劳动和技术投入的重点，是决策人员实行战略指导的重点。

围绕经营战略目标的实现，通过对企业内部、外部，主观、客观条件的分析，找出各阶段影响体育经营的主要问题，把它作为经营战略重点。只有重点突出，才能有所突破，从而有效地实现战略目标。需注意的是，战略重点随着不同时间和内部条件的变化而有所不同。

4. 战略措施

战略措施是指为实现体育经营战略目标所采取的措施手段，具有阶段性、方针性、具体性、多重性的特点。当体育企业的战略方案确定以后，还要将总体目标分解到战略的各个阶段，制订相应的措施手段，确保企业总体目标的实现。

5. 战略方针

战略方针是指企业为贯彻战略思想和战略目标、战略重点所确定的生产经营活动应遵守的基本选择、指导规范和行动方略，起着指导作用、指针作用和准则作用，包括综合性方针和单项性方针、目的性方针和手段性方针。

6. 战略阶段

战略阶段是根据战略目标的要求，在规定战略期内所划分的若干阶段。

二、体育经营策略

(一)功效优先策略

体育产品与其他产品的不同之处，是它的功效直接作用于人，满足人们强健身心的需要。因此，功效就成为影响消费者是否购买的最主要因素。

任何体育产品营销要想取得成功，首要的是要有一个功效好的产品。因此，市场营销第一位的策略是功效优先策略，即要将产品的功效视为影响营销效果的第一因素，优先考虑产品的质量及功效优化。

(二)价格适众策略

所谓适众,一是产品的价位要得到产品所定位的消费群体大众的认同;二是产品的价值要与同类型的众多产品的价位相当;三是确定销售价格后,所得利润率要与经营同类产品的众多经营者相当。

价格的定位,也是影响营销成败的重要因素。对于求实、求廉心理很重的中国消费者,价格高低直接影响他们的购买行为。

对于一种产品而言,价格是否稳定直接关系着产品的声誉。一般说来,价格确定后,不宜变动,因而初期定价至关重要。具有远见者、有长期经营愿望者在确定价格时,既应克服急功近利,也应克服低价钻空的思想。合理的有利于营销的价位,就是适众的价位。

基于我国在建设小康社会中的具体情况,即人们解决小康问题,人们有追求高质量生活的要求,但同时又受到经济状况的制约,缺少用于大量购买体育产品的支出。因此,体育产品的价格应采取适众策略,让多数人能够有能力消费。

(三)媒体组合策略

媒体组合策略就是将宣传品牌的各类广告媒体按适当的比例合理地组合使用,刺激消费者的购买欲望,树立和提升品牌形象。

在各类宣传形式中,采用现身说法的形式效果最好,但与其他形式的相互配合也很重要。因为信息收集后还有品牌评审阶段,有些消费者往往不是从一个渠道收集到信息后就做出购买选择决定。品牌评审阶段,就包括对其他信息收集后综合评审品牌。

树立品牌,提升品牌,不是某个单一的宣传形式可以做好的。现身说法的案例可以打动人心,但仅有现身说法的案例是难以提升品牌形象的。只有将美好的期望、理想的追求融于品牌形象中才能使品牌形象更完美。因此,树立和提升品牌形象需要各种宣传形式的组合。

(四)单一诉求策略

单一诉求策略就是根据产品的功效特征,选准消费群体,准确地提出最能反映产品功效,又能让消费者满意的诉求点。

在体育产品的宣传中,要针对消费群体,准确地提出诉求点。

体育产品适宜于各类消费群体,其单一诉求点就是强身健体。如若提出更多的诉求点,不仅不利于促销,而且还会失去消费者的信任。许多产品提出了许多功效,向消费者推出了许多诉求,给消费者的印象是成为万能之物,结果反而失去了消费者的信任,导致营销失败。

(五)动态营销策略

所谓动态营销策略,就是要根据市场中各种要素的变化,不断地调整营销思路,改进营销措施,使营销活动动态地适应市场变化。动态营销策略的核心是掌握市场中各种因素的变化,而要掌握各种因素的变化就要进行调研。

营销工作面对的是市场中各种要素的组合,而各种影响市场的因素都是变动的,因此,营销活动必然是动态的。只有动态的营销才能保证营销的效果。

影响市场的各种因素主要有:消费者的构成及心态、经销商的配合及支持、竞争产品的实力及动态、行政的政策法规及控制、宏观经济的现状及发展、自身队伍的稳定及优化等。因此调研的类别主要有:消费者调查、经销商调查、竞争产品及企业调查、行政政策调查、宏观经济调查、员工队伍调查等。

只有深入的调查,科学的研究,才能透彻地掌握市场,为科学合理的营销策略提供依据。在深入调查、科学研究的基础之上制订的营销策略才可能是正确的营销策略。

(六)终端包装策略

终端就是直接同消费者进行商品交易的场所,因此,这里应该是刺激消费者购买欲望的阵地。所谓终端包装,就是根据产品的性能、功效,在直接同消费者进行交易的场所进行各种形式的宣传。

事实上,许多体育消费者是到体育活动现场才做出是否参与体育活动决定的。比如人们参与漂流活动,起初是看到或听到漂流活动的惊险、刺激的信息,再就是了解到某处有漂流活动的项目,然后决定前往,到了目的地后才最后决定是否参加漂流。这说明消费者到目的地还在收集信息,评审品牌。那么在终端向消费者传递信息至少可以影响到消费者的购买行为,因此要对终端进行包装。

终端包装的主要形式有:一是在终端张贴介绍产品或品牌的宣传画;二是在终端拉起宣传产品功效的横幅;三是在终端悬挂印有品牌标记的店面牌或门前灯箱、广告牌等;四是对终端营业员进行情感沟通,影响营业员,提高营业员对产品的宣传推荐程度。

(七)顾客服务策略

体育产品具有任意性和可替代性特点,决定了其与任何产业相比,更应该在服务质量方面做出额外的关注。体育产品具有任意性是因为它不像食物、石油或者医疗服务产品那样是必需的;体育产品具有可替代性,是因为在体育市场之外还有许多其他组织能够满足潜在体育消费者的休闲娱乐需求。对任何一个体育经营单位而言,提高服务质量是一项长期的工作。随着外部环境的变化,体育经营单位应及时发现存在的质量问题,并采取措施加以改善,使之在激烈的市场竞争中凭借其优质服务取得优势。

顾客服务质量涉及服务传递过程中经营管理者、服务提供者、服务质量标准、消费者等方面,它们之间整合、协调程度越高,服务传递就越充分,服务质量也随之提高。

三、体育营销策划

(一)体育营销策划的含义及特征

1. 体育营销策划的含义

体育营销策划是指体育经营单位在对内外环境进行准确分析的基础上,围绕企业发展的特定目标的实现,全面构思、设计和选择本单位未来一定时间内营销活动的行为方针、战略、阶段目标以及实施方案与具体措施的谋划过程,体育营销策划并不是单纯的与体育有关的广告与产品的销售策划活动,它是全面性的,其内容包括实现既定目标的方法、途径,以及各项资源的配置。体育营销策划的目的在于赢得企业营销的全面胜利。

2. 体育营销策划的意义

在体育行业中,每一家经营组织为了达到目标,都要有所准备和策划,因此,好的营销策划能为完成相关目标提供指南。

体育营销策划的意义有:①提供企业发展的路线图;②有助于企业战略的管理和实现;③有助于新雇员的沟通;④协调各项任务和职责的分配;⑤有助于获得发展资源;⑥提高人、财、物资源的有效利用;⑦认识到企业的问题、机会和威胁。

3. 体育营销策划的特征

(1)目的性。营销策划具有明确的目的,即为了促进企业既定的发展目标的实现而进行构思、设计和选择,只有目标明确才能进一步考虑到实现目标的最佳途径,以及制订应该由何人、在何时、于何地采取何种具体行动的实施方案。

(2)前瞻性。营销策划是针对企业未来一定时段内的营销活动做出具体的谋划,具有指导未来工作的价值,这就要求营销策划要有前瞻性的特征。

(3)动态性。在营销策划方案形成过程中,要充分考虑到未来形势难以把握的变化,使行动方案本身具有一定的灵活性,以便因时、因地、因情况变化机动执行;在营销方案执行过程中,可根据情况变化和实施效果的阶段反馈,对营销方案的内容进行必要的补充和修正,使营销方案的实施效果更加显著。

(4)系统性。营销是以交换为目的的经营活动,营销管理既是复杂的过程,又是一项系统工程。营销策划是企业营销管理中分析、评价、选择可以预见到的市场机会、系统形成营销目标和开发可以达到营销目标的各种项目的逻辑思维过程。营销策划要取得成功,就必须在策划时遵循经济与自然规律,强调科学、可行、周密、有序。

(5)可操作性。营销策划是逻辑思维过程,但又不能只是一种科学的假设,必须是在企业现有条件下能够实现的,具有很强的可操作性,或者说营销策划方案所期望达到的效果通过一定的努力是可以实现的。这就要求营销策划不仅是提供创意、思路,而且要通过制订方案,在方案中落实人、财、物的合理搭配;不仅在营销策划中要谋划战略、策略,还要谋划战术与技巧,以及具体的实施细则,尽可能通过谋划用较少的资源投入获取较大的产出效益。

(二)体育营销策划的流程

体育营销策划的程序包括很多环节,但就一个完整、典型的策划方案来说,策划程序一般包括五个步骤:即确定策划主题、形成策划创意、制订策划方案、实施策划方案、策划效果评估。

1. 确定策划主题

策划的程序一般从确定策划主题开始,完成这个步骤可以依据下面的程序进行:

(1)发现并设定策划问题。这是明确策划主题的第一步工作。这一步工作是提出问题的阶段,要初步弄清楚,面对的是一个什么样的策划,客户对于这个策划项目的期望如何、目标是什么。策划问题设定的高低优劣,取决于提出问题的组织或个人的思维悟性、学术基础、经验积累以及对现实和未来的把握程度等各种因素。在策划的初始阶段,提出一个好问题胜过回答一百个问题。发现并设定策划问题就像一场比赛的开局一样,可以在很大程度上影响整场比赛的成败。

(2)展开策略调研,分析策略环境,进一步明确策划主题。策划调研的目的之一是进一步深化策略问题并最终明确策划主题。这一过程并不一定遵循某个固定模式,它应该是科学的调研过程与策划人员的智力开发巧妙的结合。通常策划人在递交内容充实、很有分量的调查报告时,策划的主题就应该明确了,因为策划调研报告的结论实际上就决定了与策划对象相关的问题是什么,与客户的期望有什么差距,在现有的环境约束下,可能的实现路径有哪些。

(3)确定策划行动的切入点。策划主题中包含的问题可能不止一个,但并不是每一个问题都需要相等分量的关注。策划人员必须判断从哪个问题切入,才能使策划工作既切实可行又能带来良好的效果。而周密的调查研究往往可以帮助策划人员找到策划行动的切入点。

2. 形成策划创意

策划主题确定后，接下来应该考虑的一个问题就是如何通过完美的创意将其表达出来。这实际上是一个形成创意的过程。完美的创意表达是策划创意形成的重要标志。一个好的创意可能通过各种方式表达出来，可以是时间、空间的巧妙契合，可以是人文、历史、政策走势的完美统一，也可以是任何其他的惊人之举。创意通常由灵感产生，其产生过程是信息的收集、整理、组合的过程，可以分为产生灵感的线索启示、产生灵感、创意构思产生三个阶段，其中每个阶段信息收集、整理、组合方法的优劣都会直接影响到创意甚至策划的优劣。通常寻找策划构思或创意灵感的方式大致可以分为两种，一种是从已有的知识信息中去寻找，另一种是通过个人或群体的智慧寻找。

专栏 1－4

海尔奥运营销策划创意

2001 年 7 月 13 日是国际奥委会宣布 2008 年奥运会主办城市投票结果的日子，也是亿万中国人瞩目的时刻，海尔独具匠心地抓住了这一饱含商机的“超黄金”时刻。在电视转播各代表团陈述的间隙，海尔的广告片不失时机地插播进来。此时的广告并不刻意渲染中国人的急切心情，而是给出了海尔全球企业期盼中国申奥成功的良好祝愿，给人以深刻而美好的印象。更具震撼力的是，就在萨马兰奇宣布北京为 2008 年奥运会主办城市、全场一片沸腾时，镜头一切，出现了“全球海尔员工祝贺北京申奥成功”的贺词。我们相信，那一刻，所有人在万分激动之余，不仅记住了中国 2001 年的辉煌，也一定记住了海尔！海尔广告的这次创意不仅创造了“广告比新闻还快”的佳话，而且将其全球企业的形象也成功地融入了具有全球性影响的奥运题材之中。

无论用哪一种方式表达策划创意，其核心要旨都在于，与策划所关注的目标群体实现真正的心灵沟通，对方被打动的同时就会在心里接受你的创意。

3. 制订策划方案

策划创意形成后，就可以进入制订策划方案阶段了。这一阶段包括制作、筛选以及最后形成策划方案这样一个过程，该阶段的结果通过策划书表现出来。

首先，要给策划方案一个定位，也就是说，你要考虑拿出一个何种品位和层次的策划方案来。这就像一场重要的演出上演之前，指挥家为演奏的曲目定调一样。定位将决定策划方案的制作风格，因此策划人员既要考虑客户的需求和口味，选择一种能够引起客户共鸣的策划方案，又要考虑自身的特点和风格——常在这一行业中做事的人都知道，每一家策划公司都有它的风格和特点，这很重要，应该给予充分的关注。

其次，策划方案的定位完成后，就要启动策划人员的智慧以及策划团队的知识积累将有关策划内容表现出来。这包括：客观环境条件分析、自我条件分析、策划主题和策划思路的确定、策划目标设计、策划方案实施的具体步骤、备注说明等。

最后，选择和确定最终策划方案。“弱水三千，我只取一瓢饮”。要在各种策划方案中选定一个最优方案，公司以及策划人员自己必须有一定的标准，并且依据这些标准进行自我评审。将各种方案的优点和缺点罗列出来，经过权衡，拿出最优方案，另外选择一到两个次优的备选方案。

4. 实施策划方案

策划方案完成并不意味着策划已经成功，还必须对策划方案的实施过程进行实时指导、监督和调控。尽管策划方案的制订包括了策划项目具体实施的人员安排，但是在策划的具体实施过程中，这个环节仍要引起充分的重视。一个好的策划项目，如果没有好的策划实施人员去完成它，也只能是徒劳无功。因此，在策划方案开始执行时，选择实施人员是非常重要的。必要时，应该对策划项目的具体实施人员进行培训，以保证策划方案的顺利实施。另外，依据不同的策划主题，策划实施过程中的某些环节是相当重要的。比如，对于公关策划而言，协调好与媒体的关系就是至关重要的；而对于广告策划而言，广告创意的表达方式是至关重要的；对于管理策划而言，策划项目实施的时间进度表和实施细则就至关重要。在实施期间，要加强考核，对策划案的执行过程进行中期考核，并对结果进行评价，这直接关系到策划案能否取得良好的结果。

在策划方案运行过程中，应该密切跟踪其运行效果，发现问题应及时调整，以避免产生大的损失。美国一家体育用品公司为新推出的女式运动鞋起了一个新名字，但在产品推出去不久，发现这个名字在其主要出口国中含有对女性非常不尊重的意思，于是立刻停止了这个品牌产品的出口，这样就避免了更大的损失。

5. 策划效果评估

体育营销策划方案的实施过程结束后，还应对方案的设计和执行情况做出科学的评估分析，检查是否达到预期目的，有哪些成绩和经验，存在什么问题和不足，为今后更好地进行市场营销策划提供依据和指导。

总之，体育营销策划是当今体育经营企业在市场竞争中广为关注的一项创意性营销活动，正是因为它带有一种主观意向，因此，策划活动除一些基本内容和原则外，并无固定的模式去套用，策划活动除应具有科学性、针对性、实用性外，还应具有艺术性，通过主观再造不断在企业营销管理中，创造出新的营销策略，吸引消费者，抢占市场。在西方广为流传的一句名言是："管理是企业的效益，创新是企业的生命，策划是企业的翅膀。"在我国市场经济发育和发展过程中，体育经营企业应该学会营销策划，以提高自己在市场经济中的竞争能力。

(三)体育营销策划的方法

在营销策划程序的每个步骤和环节中都渗透着各种各样的策划方法。一个优秀的策划人会千方百计地调动一切可能获得的资源去实现心中的想法，而这些实现路径也可以归入策划方法之中。策划方法一般不外乎创意策划法、造势策划法、历史文化策划法三类。人的思维是无限广阔的，策划方法的本身是没有穷尽的，关键是要找到这些方法背后的思想及策划的灵魂和真谛。这里将策划方法归结为以下三类：

1. 创意策划法

创意策划法是包括各种能够形成创意的具体方法的总称。创意策划形成的方法很多，它取决于策划人的智慧。

人们在文化、科学、技术等研究中，在特定环境或气氛下以个人或群体知识、经验、判断为基点，通过亲身的感受和直观的体验而闪现出的智慧之光是一种创造性的思维。它可以全面地揭示事物的本质，可以让人有一种突然间的觉察和敏感，这就是通常所说的灵感。灵感实际上是因思想集中、情绪高涨而突发表现出来的一种创造能力，也就是创意。

一个优秀的策划负责人应该善于学习和总结各种策划方法，集百家之长，最终形成自己得心应手的一套创意策划方法。如2001年世界大学生运动会开幕式文艺表演《你好，2001》，因其精巧的创意，获得了相当好的评价。特别是开篇《序》中的“黄河之水天上来”，以其独有的魅力，恢宏的气势，艺术地展示了中华民族，使观众深切感受到中华民族的伟大和辉煌所具有的震人心魄的魅力。

2. 造势策划法

各种各样的关系相互联系、相互制约、相互影响、相互作用，交织、组合在一起，构成客观事物所赖以存在、活动和发展的环境、状态或格局，这就是势。势可能是有形的，也可能是无形的。在做营销策划时，既要善于利用对策划有利之势，又要善于化解对策划不利之势，以营造一种有利于策划项目顺利推进和完成的大势。这就是造势策划法的要旨所在。

有时策划人员面临的客观环境和条件并无独到之处，这就需要去努力营造一种情绪高涨的氛围，也就是造势。

专栏 1-5

宣传推广造势强劲

2004年在广州举行的中国羽毛球公开赛，在资金基本到位的前提下，宣传推广造势强劲。第一，明星表演推广造势。10月23日和24日，广州市羽协邀请了印尼名将叶诚万，我国著名选手韩健、余锦豪分别到华南师范大学和北京路某广场做表演活动，在学生众多的高校和人群聚集的商业街推广羽毛球。第二，大众媒体造势。在广东某电台的某个固定时段做互动节目，由广州市羽协有关人员、企业老板作为嘉宾，以有奖问答的形式与听众互动，宣传和讲解有关羽毛球的问题；在广州几个重要报纸媒体中做宣传广告，并把20多万张宣传单分别夹在报纸中间；中央电视台和地方台播放宣传片。第三，海报宣传造势。比赛的海报贴在冠名、冠杯的赞助企业里，如在广州市区共有600多间黄振龙凉茶店都贴有比赛的海报；全市各羽毛球馆、公共宣传栏、珠三角其他地区体育馆，甚至在北京、上海、广西、四川等省市相关羽毛球场馆也贴有宣传海报。第四，巴士广告造势。在广州市300多辆巴士中播放本次比赛的宣传片。

（资料来源：资金到位 造势有方——中国羽毛球公开赛准备就绪[N]. 中国体育报，2004-10-25.）

3. 历史文化策划法

历史文化背景左右着几乎所有的策划方法，因为任何策划方法的选择都是在一定的时空环境与文化背景下实现的，任何策划人都无法抛开这一点。我们经常会看到，许多成功的营销策划案都是抓住了文化精髓才获得成功的。高水平、高层次的策划实际上都离不开历史文化策划。它使得策划的每一个细节都渗透着浓浓的历史文化味道，大众常常被这种高水平的历史文化策划所感染，因而很容易形成对策划的认同，进而形成对经营单位的认同。如2008年北京奥运会的开幕式，把浓厚的北京传统历史文化与现代北京的伟大成就融为一体，将历史背景与现代文明完美地结合在了一起。这一开幕式是成功运用历史文化策划法的一个经典案例。

实际上，每一个企业都可以创造性地运用很多方法。即使是以上我们提到的这几类方法也不是孤立的，它们之间可以相互联系、交叉运用，以至变幻无穷。策划方法的灵魂是同一的，无论何种策划方法都是继承与创新、灵感与科学、企业与消费者心灵交流与碰撞的完美结合，这就是策划方法的精髓所在。

本章思考题

1. 体育产业经营的基本要素有哪些？
2. 体育产业经营内外部环境因素有哪些？如何进行分析？
3. 体育产业经营存在风险的原因是什么？预防风险的措施又有哪些？
4. 体育经营策略有哪些？
5. 概述体育经营战略的内容。

拓展阅读

伦敦奥运:宝马得意,安踏铩羽

短短17天的伦敦奥运会已经画上了句号。赛场上,各国运动员奋勇争夺金牌;赛场外,众多企业挖空心思进行奥运营销。

到目前为止,这些企业花大笔钱参与奥运营销,有哪些企业做得比较成功,哪些企业效果不佳呢?

成功案例:宝马借奥运营销转型

在本届奥运会上,宝马的奥运营销活动可算是大手笔。其不仅成为伦敦奥运会的官方合作伙伴,奥运会期间宝马还为运动员、技术官员和奥组委运营团队等提供4000辆用车,还赞助了中国击剑队和中国帆船队,MINI品牌则赞助了中国自由式滑雪队和中国单板滑雪队,并对体育明星进行押宝。

宝马北美公司营销副总裁Dan Creed曾对媒体表示:“夏季奥运会的媒体花费是宝马北美历史上最大的买卖。”

宝马的大手笔赞助奥运,在外界看来有点反常。

“今年宝马有些反常,广告投入量比较大。宝马作为豪车品牌原来的广告投放都是针对高端,这次突然大手笔进行奥运营销,转向中低端市场,这是与以前有所不同的。”上海大学广告品牌研究中心主任张祖健教授对记者说道。

事实上确实如此。在过去宝马一直赞助高端体育活动,比如高尔夫之类,像大众式的体育活动反而很少。对于奥运会而言,宝马其实也有赞助,但是多数都是赞助美国代表团和某些高端体育项目。

很多看奥运会的人并不是宝马的消费者,如果整个赞助奥运会的话,从广告受众人群来讲,有很大部分是浪费的,因为高端人群毕竟是少数。

那为什么宝马要大手笔进行奥运营销呢?

素有德系“三剑客”之称的三大豪华车品牌奥迪、奔驰、宝马的竞争已经白热化。在欧洲汽车市场不景气的同时,今年中国车市也出现了低速增长局面,豪华车市场的价格战更打得极为惨烈。

在中国豪华车市场,宝马一直紧随奥迪扮演“千年老二”的角色。今年上半年,宝马在中国大陆销量15.9万辆,同比增长三成,中国由此超越美国,成为宝马全球最大单边市场。中国市场对于宝马的重要性不言而喻。在这样的局面中,宝马迫切希望通过奥运会的契机强化品牌。

其实除了品牌因素之外,还有一个重要的原因就是中国豪车市场的人群越来越往下走。

“过去豪车是高高在上的,一辆四五十万元甚至更高,而现在在整体市场不景气的情况下,豪车不断地在降价,价格下降可以把目标人群扩大很多。这样有相当多的原来没有覆盖的人群现在也成为了宝马的目标受众。所以,通过赞助奥运可以将这部分人群迅速纳入他的营销范围之内。这个对宝马市场的扩大有很大的帮助。”汽车行业分析师张志勇说道。

在此次奥运营销战中,宝马中国风广告也十分显眼。而好运气也光临了宝马,其赞助的击剑和帆船帆板两项冷门,最终因徐莉佳夺得奥运帆船冠军而押宝成功。

失败案例:安踏6亿天价赞助打水漂

在中国体育品牌军团中,安踏是出资最多的,多达6亿元。但是在奥运期间,其营销力度却被认为乏善可陈。甚至有业内人士表示,其6亿元的天价赞助很可能打了水漂。

据了解,安踏除提供“冠军龙服”外,还提供了中国代表团除正式礼仪服和竞赛服以外的所有服装,包括运动外套、运动短T恤、运动裤、运动鞋等,并以“荣耀时刻”为主题,在CCTV-5不停地播出“冠军龙服”的滚动广告。

虽然安踏并没有具体公布赞助奥运会的具体金额,但是业内人士普遍估计安踏赞助中国奥委会的金额高达6亿元。这还不算赛场之外的营销活动。据安踏披露的财报预计,2012年其奥运广告及宣传费率将升至14%。按2011年营业额89亿元计算,这笔体育营销费用将超12亿元。相比较其他竞争对手而言,这简直就是天价赞助。

多数业内人士对安踏的天价赞助并不看好。“安踏6亿元几乎是打了水漂。首先,毫无新意的赞助,只是因为大家都在赞助,所以这场战役不得不打。其次,常规的线上线下活动配合,从广告公关媒介传播的角度来讲,算中规中矩,新意不多。但是你做的大家都在做,这样做反而等于没有做。”许雁容认为,企业如果只把赞助奥运当成一个在国际舞台表现的机会,缺乏通盘考虑是无法得到理想回报的。

对于安踏更多的诟病是其在奥运期间毫无新意的营销策划。“安踏就是一直强调中国领奖服,但是安踏的品牌精神和奥运精神没有产生共鸣和有效地传达给消费者。安踏只是一遍遍说龙服,但是龙服对消费者意味着什么呢?永不止步才是你的理念,如何借助奥运会与消费者沟通,将安踏品牌价值和精神植入消费者内心,这才是根本性的东西。”北京关键之道体育咨询有限公司CEO张庆认为。

众所周知,赞助体育赛事有时候就像押宝,押对了大赚一笔,押错了很有可能血本无归。虽然安踏赞助中国体育代表团的领奖服,每次获得金牌的运动员都要穿上安踏的龙服上台领奖,但是其时间有些短暂,难以形成深刻印象。这反而让赞助夺得金牌的体育项目的竞争对手抢夺了风头,比如李宁和361度,李宁一直坚持“金牌队策略”不变,据统计,李宁赞助的5支队伍共夺得了21块金牌,占中国队金牌总数的一半以上。

(资料来源:伦敦奥运:宝马得意,安踏铩羽[N].投资者报,2012-08-24.)

第二章 体育市场

本章提要：体育经营目标的最终实现是在体育市场完成的。每一个体育经营者必须重视研究体育市场，分析体育市场，从而使自己的体育产品能符合体育市场的需求，做到适销对路，才能取得体育经营的良好经济效益并获得进一步发展。本章主要阐述了体育市场的概念和分类、体育市场体系的构成、体育要素市场的特点、国内外体育市场发展概况及其培育等问题，对正确认识体育市场和全面理解体育经营管理具有重要意义。

关键词：市场；体育市场体系；体育要素市场

第一节 体育市场概述

市场是商品经济的范畴，哪里有社会分工和商品生产，哪里就有市场。在社会主义经济体系中，市场不仅存在，而且随着社会主义商品生产和商品交换的不断发展，市场也将随之进一步扩大与发展。我国体育市场萌发于党的十一届三中全会以后，伴随着社会主义市场经济体制的建立而得到迅速的发展。体育市场的发展满足了有支付能力人们多样化体育消费的需求，同时也推动了我国体育产业的繁荣和发展。

一、体育市场的概念

1. 体育市场的三个基本概念

体育市场是整个社会市场体系中执行其特殊职能的一个子系统。从不同的角度认识体育市场，会有不同的理解。

(1)狭义的体育市场。狭义的体育市场是指直接买卖体育服务产品，参与或观赏体育活动的场所。如对外开放的体育场馆、健美健身中心、游泳池、各种收费的体育培训班等。体育消费者在那里通过购买门票及入场券、支付培训费等形式，购买体育服务产品或参与各种体育活动。例如，以营利为目的的高尔夫球俱乐部、网球俱乐部、保龄球馆、滑雪场、游艇俱乐部等体育休闲娱乐场所，是独立的体育经营实体，也更具备典型的体育市场特征。作为商品交换的场所，体育市场表达了空间的含义。

(2)广义的体育市场。广义的体育市场是指全社会体育产品交换活动的总和，这不仅包括体育服务产品的交换活动，也包括与体育有关的产品的交换活动，如运动服装、运动饮料、运动鞋帽、运动器材等，同时还包括一些体育要素的交换活动，如体育资金、体育科学技术、体育人才等。所以，体育市场成为以体育产品交换为中心的各种经济关系的总集合体。

(3)经营管理学角度的体育市场。从经营管理学的角度来看，体育市场是指一定时间、地点和条件下，具有一定购买力水平的体育消费者群体。这一定义一是着眼于体育消费者群体的买方行为，二是强调体育消费者必须具有体育消费需求、体育商品购买欲望和相应的支付能力。消费需求集中体现了现代市场的特征，无论是体育服务产品还是保障体育服务消费的相关产品，归根到底，市场存在与否取决于需求，特别是取决于体育服务产品的需求。一般认为体育消费属于享受和发展型的消费，其需求的增长与人们生活水平的提高密切相关，因此，体育市场发展与社会进步、经济发达具有较为明显的同步性。

2. 体育市场的三个基本要素

构成一个体育市场的基本要素，可以用以下公式来表示：

体育市场＝体育消费者×体育消费欲望×体育消费水平

体育消费者就是指购买体育消费品的人。观看体育比赛、体育表演的人可称为观赏型体育消费者；购买运动器材、运动服装、体育报纸杂志的人可称为实物型体育消费者；参加体育锻炼、接受体育技术培训指导的人可称为参与型体育消费者。

体育消费欲望就是指对体育消费品的一种现实的和潜在的消费欲望和消费需求。一般来说，体育社会化程度比较高、体育意识比较强的国家和地区，体育消费欲望比较强烈。

体育消费水平就是指按人口平均的体育消费资料的消费数量，一般可用价值(货币)单位来表示。通常情况下，人们体育消费水平的高低，直接反映了在一定时期内社会生产力和社会经济的发达程度，同时也反映了社会经济文化的发展状况。

构成体育市场的三个要素之间的关系也是相辅相成、互相依赖和互相制约的。体育消费者即体育人口的多少，是鉴别一个体育市场大小的必要因素，但不是唯一因素。如果只是体育消费者众多，但体育消费水平很低，这个体育市场也不见得就大；反之，一个体育市场，虽然体育消费水平很高，但体育消费者极少，这个体育市场也不能算大；再则，如果大众体育意识不强，没有强烈的体育消费欲望，对于体育经营单位来说，也不能形成一个具有现实意义的体育市场。

二、体育市场的类型

体育市场是一个完整的体系，它是由各种形态不同、功能各异的市场组成的一个有机整体。体育市场体系是一个开放的、运动的庞大系统，其构成呈现出全方位、多层次的立体结构。体育市场类型可以按照以下不同标准进行划分：

(一)按照体育产品的不同功能划分

从体育消费品与体育生产要素的不同功能，可以把体育市场划分为三大类：体育服务消费品市场、体育实物消费品市场和体育要素市场。

1. 体育服务消费品市场

体育服务消费品市场是指以活劳动形式存在的体育服务商品市场，主要由体育产业部门的劳动者向体育消费者提供的各种体育服务产品所构成，如运动竞赛、体育表演、体育培训、体育场馆服务等。

2. 体育实物消费品市场

体育实物消费品市场是指以实物形态存在的体育商品市场，主要由和体育有关的工业部门劳动者向体育消费者提供的各种有形体育产品所构成，如运动服装、运动饮料、运动器材、体育信息产品等。

3. 体育要素市场

体育要素市场是指以各种体育发展所必不可少的要素所组成的体育市场，这些基本要素主要包括体育资金、体育人才及体育科学技术等。

(二)按照体育市场的空间结构划分

体育市场空间结构是市场各构成要素在地域空间上的分布和关联状态，它反映了市场主体支配交换客体的地域活动范围，体现了体育商品在不同空间的流通过程。按照体育市场的空间结构，从纵向上可将体育市场划分为国际体育市场、国内体育市场和地方体育市场。

1. 国际体育市场

国际体育市场是商品交换关系以世界范围为活动空间的体育市场。除指全世界范围内体育有形商品的交易市场外，也多指国际奥委会组织的世界顶级运动会和赛事形成的体育市场。自从 1984 年美国洛杉矶奥运会成功进行商业运作以来，举办奥运会已成为很多国家刺激和拉动本国经济的重要手段。此后，历届奥运会的举办城市，都从中获得了巨大收益，而奥运会和各类世界顶级赛事举办权的争夺也空前激烈。

2. 国内体育市场

国内体育市场是商品交换关系以全国范围为活动空间的体育市场。如中国足球超级联赛(中超)、中国足球甲级（中甲)联赛、中华人民共和国全国运动会（全运会)、中国篮球甲级联赛、意大利足球甲级联赛、英国足球超级联赛等赛事形成的体育市场。

3. 地方体育市场

地方体育市场是商品交换关系以地区为活动空间的体育市场。体育商品的经营活动只局限在某一地区之内。地方体育市场可以分为两个层次，即以省、自治区为范围的体育市场和以中心城市为范围的体育市场。

(三)按照体育市场的产业结构划分

从当代体育产业构成看，体育市场又可以划分为主体市场、保障市场和延伸市场三类(见图 3-1)。这三大类市场既相互依存，又相互制约。没有体育主体市场，其他市场就不复存在；没有体育保障市场，体育主体市场就缺少运行条件；没有体育延伸市场，其他体育市场就失去活力。

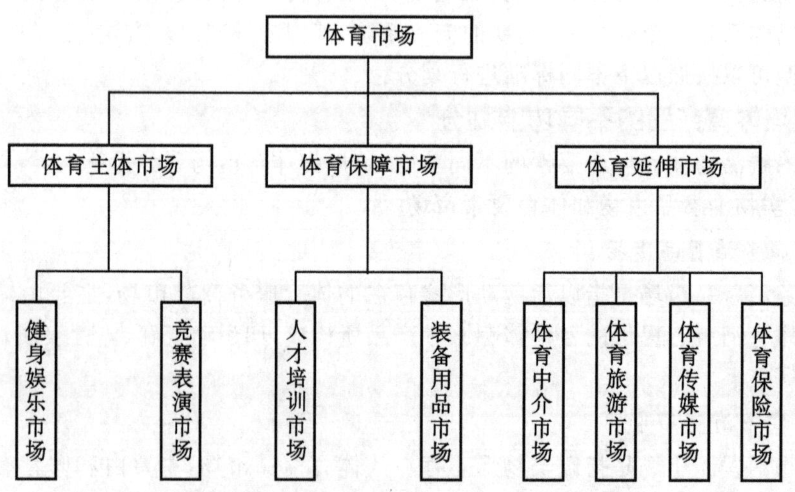

图 2-1 体育市场按产业结构分类

1. 体育主体市场

体育的本质表现在它的功能和价值，取决于体育运动的目的性。而直接进入市场的产品是体育原发性产品，直接进入市场的消费者是体育运动的参与者、观赏者，他们直接通过人体的感受进行消费，消费的是体育原发性产品。因此形成的体育市场满足了运动参与者、观赏者两方面人群的需求的供给，并实现交换，可称其为体育主体市场。体育主体市场主要包括健身娱乐休闲市场和体育竞赛表演市场。

2. 体育保障市场

为了能使体育主体市场顺利运行，保障体育市场消费者能够实现消费欲望，必须借助有运动技艺的人和运动必备的物，这种支持体育主体市场的继发性市场称为体育保障市场。体育保障市场主要包括体育人才培训市场和体育装备用品市场。

3. 体育延伸市场

利用或者依托体育所产生的效应或者机会等从事各种经营活动而衍生出来的市场称为体育延伸市场。这种市场会随着体育市场的开发和完善而不断增加，主要包括体育中介市场、体育旅游市场、体育传媒市场和体育保险市场等。

（四）按照体育市场的产品结构划分

体育商品是市场交易的对象，是市场当事人发生经济关系的媒介，市场当事人之间的经济关系总是隐藏在体育商品背后，并通过体育商品运作表现出来。根据体育商品的不同形态，体育市场又可分为功能型体育产品市场、权益型体育无形产品市场和服务型体育无形产品市场三大类。

1. 功能型体育产品市场

功能型体育产品市场是指体育专用商品市场，包括大到体育场馆、场地之类的体育设施，小到球拍、球鞋之类的比赛用品和其他体育器材等各种体育装备用品和比赛用品的市场。

2. 权益型体育无形产品市场

权益型体育无形产品市场是指各类冠名权、赞助权、广告权、产品销售权、电视转播权、兑奖权、观赏和参与权以及明星效应等特权和专利市场。这些体育核心产品市场的开发，对整个体育市场发展关系重大。

3. 服务型体育无形产品市场

服务型体育无形产品市场主要是指健身娱乐市场、体育经纪市场、体育旅游市场、体育保险市场，也包括前面提到的媒体服务市场。这类体育市场提供的产品是无形的服务型产品。

（五）按照体育市场的竞争结构划分

体育市场竞争结构是由各市场主体通过展开一定的市场较量而形成的相对稳定的市场竞争状态。现代经济学认为，由于一个市场或行业的供应商数目、产品的差别程度以及对价格的控制力等因素，市场存在不同的竞争类型。根据市场上竞争与垄断的程度可以把体育市场分成四种类型：完全竞争、垄断竞争、寡头垄断和完全垄断。完全垄断和完全竞争是两个极端。垄断竞争和寡头垄断是介于两个极端之间的状态，是竞争和垄断不同程度的结合，又称为不完全竞争市场。

1. 完全竞争的体育市场

完全竞争的体育市场是指体育市场上存在为数众多的体育经营单位，每一个体育经营单位相对于整个体育市场规模来说都比较小；对整个体育市场来说，只有一种完全相同的体育商品，且体育商品没有差异；体育市场信息透明度大，体育经营单位较易进入或退出体育市场。

专栏 2-1

完全竞争的体育市场应具备的特征或条件

第一，市场上存在大量的生产者与消费者。任何一个生产者与消费者的销售量或购买量在整个市场上都只占很小的比例，从而也就无法通过自己的买卖行为来影响市场价格。市场价格由整个市场的众多生产者和消费者的供求共同决定，而每个生产者与消费者都只能是市场价格的接受者，而不是价格的决定者。

第二，体育产品同质没有差别。这就是说，生产某种体育产品的所有企业向市场提供的产品都是相同的，进入市场的所有体育服务项目在经济上和技术上都不存在任何差别。这样任何一个企业都无法通过自己的体育产品的品质特点形成垄断，从而控制价格。由于体育产品没有差别，消费者对任何企业产品的偏好都是相同的，如果某一企业抬高产品价格，消费者就会购买其他企业的同质产品，因此，抬高价格会使产品失去市场。

第三，资源完全自由流动。资源完全自由流动即每个企业都可以根据自己的意愿自由进入或退出某个体育市场。

第四，市场信息是畅通的。生产者与消费者都可以迅速获得完整的市场价格和供求信息，可根据市场信息做出理性决策，不存在供求以外的因素对价格决定和市场竞争的影响。

完全竞争体育市场是最有效率的体育市场机制。处于完全竞争体育市场的单个体育企业，很难对市场的整体体育供给产生影响，因而不会影响市场体育产品的价格。由于完全竞争体育市场价格不受任何人为因素的控制，因而是最公平的价格。在这种价格下，消费者支付的价格是最低的，而生产者也可以获得正常的利润。体育企业只有通过调整自己的生产方向和生产规模，以适应市场的需求变化，才能实现盈利。因而完全竞争体育市场能够实现合理的体育资源配置，保证市场有效率地运行和消费者满足的最大化。政府应实施有效的微观经济政策，保证完全竞争所必需的一系列条件，实现体育市场在完全竞争条件下有效率地运行。

在形成完全竞争市场的条件中，前两个条件是最基本的，而在现实中完全符合这些条件的市场实际上是不存在的。

（资料来源：曹亚东．体育经济学[M]．沈阳：辽宁大学出版社，2008．）

2．完全垄断的体育市场

完全垄断的体育市场是指整个体育市场上只有一个体育经营单位来应对整个体育市场需求的情况。

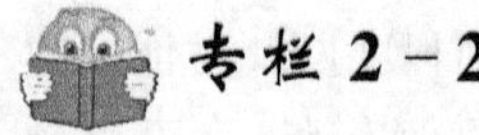

专栏 2-2

完全垄断的体育市场结构特征

第一，产业内只有一个企业或者组织，如国际奥委会、国际足联就是两个非常典型的完全垄断组织。各大洲足联、各国足联也是垄断组织，它们分别控制着全世界各大洲及各国的足球市场，并独享其利益。它们可以独立自主地左右各自范围内体育产品的生产和经营。

第二，市场有高度的进入障碍，如奥运会市场、足球世界杯市场，其他任何个人或组织想

“染指”国际奥委会和国际足联的事务，并与其“分肥”，这是不可能的。以国际奥委会的组织和运行为例，其垄断权益表现在以下几方面：①垄断经营奥运会的举办权和出售电视转播权等权限。奥林匹克运动的法典《奥林匹克宪章》明确规定，国际奥委会拥有有关奥运会的一切权利。②垄断经营奥运会的赞助权。目前，国际奥委会通过垄断赞助权而获得的收入，占其全部收入的35%～40%。③垄断经营“五环”标志产品。“五环”是奥林匹克特有的标志，是国际奥委会一笔价值连城的无形资产。

第三，市场不存在替代品，如奥运会和国际足联的世界杯比赛，这更强化了其垄断地位。

现实中我国的体育彩票市场就属于较为典型的完全垄断的体育市场。

（资料来源：曹亚东．体育经济学[M]．沈阳：辽宁大学出版社，2008．）

3．垄断竞争的体育市场

垄断竞争的体育市场是指在同一体育市场上，体育商品稍有差别而不是完全相同；体育经营单位在自己体育商品的售卖上是垄断的，但可以在经营地点、营业时间、服务质量、价格水准等方面和其他体育经营单位展开竞争。它是介于完全竞争体育市场和完全垄断体育市场之间的一种体育市场。它兼有完全竞争体育市场和完全垄断体育市场的特点，但较接近完全竞争体育市场。

专栏 2－3

垄断竞争体育市场特点

第一，体育经营企业较多，且独立行事，彼此之间有竞争。

第二，体育企业提供和生产的体育产品之间存在差异，如体育健身经营企业的经营项目、服务质量、设施设备、人员素质等方面互不相同。

第三，单个体育企业可以在一定限度内控制产品价格，控制的程度取决于其产品差异的大小和竞争对手的多少。

第四，潜在的竞争对手进入体育市场比较容易。

第五，经营者之间竞相采用非价格竞争手段，如提高产品质量、做广告、改进销售条件和服务、提高商标和产品品牌的知名度等。

这些特点决定了垄断竞争体育市场对体育企业和消费者既有利又有弊。对体育经营企业来说，不利之处在于体育设施和设备得不到充分利用，造成体育资源的浪费；有利之处在于它最能促进技术的创新。对消费者来说，不利之处在于他们要付出较高的价格；有利之处表现在能够满足不同消费者的个性化需求。

在现实生活中，垄断竞争体育市场是一种最普遍的体育市场竞争类型，如小型乒乓球馆、羽毛球馆、保龄球馆、健身房、高尔夫球场等均属于垄断竞争市场内的体育经营单位。

（资料来源：曹亚东．体育经济学[M]．沈阳：辽宁大学出版社，2008．）

4．寡头垄断的体育市场

寡头垄断体育市场是指由少数几家体育组织或企业控制、操纵和垄断的体育市场，它们生产和经营相同的体育商品。

专栏 2-4

寡头垄断体育市场的特征

第一，少数大体育企业或者体育组织分享市场份额，它们之间既相互竞争，又相互依赖。例如，在世界各地，许多大型体育比赛几乎同时举行，如欧洲各国的足球俱乐部联赛(西班牙足球甲级联赛、荷兰足球甲级联赛、英国足球超级联赛等)、法国网球公开赛、世界女排大奖赛及中国足球超级联赛等。它们为争取更多的现场观众和电视观众及广告收入等，展开了激烈的竞争。

第二，上述各体育组织的垄断势力比国际奥委会和国际足联小许多，但是它们分别有自己的势力范围，并对其实施控制，以维持其市场份额。

第三，市场的进入障碍相当大，其他任何单位或个人想“染指”以上赛事或者“干预”垄断体育组织的事务，或者脱离以上组织另起炉灶，是相当困难的。

在美国，有非常著名的 NBA(全美职业篮球联合会)、NCAA(全国大学体育协会)等体育组织。NBA 组织全美职业篮球联赛，而 NCAA 组织各大学的橄榄球、篮球等比赛，并创造门票、电视转播权转让等收入。就篮球比赛而言，NCAA 是 NBA 的竞争者。但在美国，这样的篮球组织不多，因此，美国的篮球市场是一个寡头垄断的市场。

寡头垄断体育市场中典型的就是体育竞赛市场中的足球市场、篮球市场和其他球类市场。(资料来源：曹亚东. 体育经济学[M]. 沈阳：辽宁大学出版社，2008.)

三、体育市场体系的构成及功能

(一)体育市场体系的构成

市场体系是各种商品的经济关系的具体体现和综合反映，是各种商品市场在相互关联、相互制约的关系中形成的动态有机整体。体育市场体系就是由各类相互联系、相互影响、相互制约的体育市场构成的一个有机统一体。体育市场体系是随着我国市场经济的发展及社会主义市场经济体制的逐步确立而发展起来的，是整个社会主义市场经济体系中执行其特殊职能的一个子系统。

1. 体育服务消费品市场

体育服务消费品市场主要由以下三类市场构成：

(1)体育健身、体育休闲、体育娱乐市场。如网球、台球、壁球、保龄球、高尔夫球、射击、体育游乐、娱乐型游泳、水上体育乐园、游艇、钓鱼等。

(2)运动竞赛、体育表演市场。从运动竞赛市场来看，可细分为足球、篮球、排球、乒乓球等；从体育表演市场来看，也可细分为各种商业性体育表演市场，如拳击、体操、武术、气功等。

(3)体育咨询、体育培训市场。从体育咨询市场来看，主要有体育康复咨询、健康咨询、运动处方咨询等；从体育培训市场来看，主要有专业或业余的有偿训练、体育舞蹈培训、健身健美训练等。

2. 体育实物消费品市场

体育实物消费品市场主要由体育运动器材市场、体育保健食品市场、体育运动用品市场、体育保健药品市场和体育信息产品市场构成。

(1)体育运动器材市场,如训练比赛器材、健身器材、康复体疗器材、体育科研器材、体育教学仪器设备等。

(2)体育保健食品市场,如营养品、运动饮料、营养及能量补剂等。

(3)体育运动用品市场,如运动鞋、运动服装、保健用品、体育旅游用品及各种球迷产品等。

(4)体育保健药品市场,如创伤药品、保健药品等。

(5)体育信息产品市场,如体育报刊、图书画册、音像制品以及各种体育技术数据的有偿转让等。

3. 体育要素市场

体育要素市场主要由体育资金市场、体育人才市场和体育技术市场所构成。

(1)体育资金市场,即体育融资市场,主要是通过各种市场途径去获取体育发展的各种资金,其主要渠道有体育广告、体育彩票、体育债券、体育股票、电视转播权的出让以及各种体育无形资产的开发等。

(2)体育人才市场,主要是各种运动员、教练员及其他体育工作者,通过体育人才市场实行有偿流动。

(3)体育技术产品市场,主要是各种体育科技成果、训练方法、训练手段等,通过体育技术商品市场实行有偿转让。

由于我国体育产业化开展较晚,各种类型的体育市场还不够健全和成熟。因此,要建立和健全与我国社会主义市场经济体制相适应的体育市场体系,需要一个较长的过程。

(二)体育市场体系的功能

1. 信息传递功能

在市场经济条件下,体育市场作为体育商品交换关系的总和,会把体育经济活动的各种信息,如市场供求状况、市场价格变化和市场竞争趋势等汇集起来,并通过一定的渠道迅速传递给体育市场活动的主体,使他们能够根据体育市场做出正确的决策,从而有利于体育经营者按照市场需求来组织生产。

2. 实现体育资源配置

所谓资源配置,就是指人力、物力、财力资源分配到各种体育商品的生产之中,并力求达到合理有效。市场机制能够通过竞争引起工期的不断变化,引起生产要素在各个经济部门之间流动,从而使有效的资源在部门之间达到合理配合。

3. 调节供需平衡

市场机制是体育经济均衡的自动调节器。在体育市场上,各个企业会根据体育商品价格信息和其他市场参数,调整自己的行为,做出自己的市场决策,并按照这种决策组织自己的生产经营活动。市场机制正是通过企业的这种调节,使生产经营活动符合体育市场的基本要求,引导体育市场商品供求关系平衡。

第二节　体育市场的特点

一、体育服务消费品市场的特点

体育服务消费品市场,就是指不提供实物产品,而是以活劳动形式向体育消费者提供体育服务消费品的市场。和一般生活资料市场相比较，体育服务消费品市场具有自己显著的特点。

(一)生产消费的时空一致性

体育生产者提供体育服务产品的劳动过程，同时又是体育消费者对体育服务产品的消费过程。因此，体育服务产品在时间和空间上是统一的，买卖双方或者说生产者和消费者的行为被融合为一个过程。所以，体育服务产品的生产和经营管理者，不仅要考虑体育消费者体育消费需求的数量和质量，而且要考虑到体育消费者在交通和时间上的方便性。

(二)市场发育的不均衡性

体育消费是个人在满足基本的生存需要之后，以满足发展和享受等方面需要为目的的个人消费行为，也是个人在完成正常的工作和必要的家务劳动等时间之外的闲暇时间里的个人消费行为。同时，体育消费也是社会消遣和娱乐消费的重要组成部分。因此，体育服务产品的社会需求，受生产力发展水平及社会经济发展状况影响较大。由于体育消费本质上是一种城市文化，一般来说，在经济较发达的地区，人们对体育服务产品的市场需求较大，而在经济比较落后的地区(如农村和边远地区)，人们对体育服务产品的市场需求相对较小。因此，体育经营管理者要根据这一不均衡性来开展体育经营管理活动。

(三)需求时间和季节的差异性

由于体育消费者参加体育活动、观赏体育比赛均在闲暇时间里进行，因此体育服务产品的市场需求在时间上的差异性较大。一般来说，晚上大于白天，节假日大于平时。而且，某些体育服务产品的消费需求和季节变化、天气变化有一定的联系。如夏天对游泳池、水上乐园等消暑型的体育服务产品需求较大，冬天则几乎没有；天气晴朗，气候宜人，对体育服务产品的社会需求会相应增加；刮风下雨，风云突变，会造成原有的体育消费需求应气候原因而被迫取消；又如观看球赛，原来打算到现场观看的，届时正好下雨，也许就不去现场而改为观看电视转播。所以，体育经营管理者要了解、认识并掌握这一差异性，才能取得较好的体育经营效益。

(四)消费偏好的地区波动性

由于外界因素和主观因素的影响，各国、各地区的体育服务产品的市场需求存在着较大的波动性。如从美国来说，受到美国体育消费者喜爱的橄榄球、棒球、篮球、拳击等体育消费需求经久不衰，而过去一直不为美国人所喜爱的足球，则市场需求相对较弱。但在欧洲、南美洲的一些足球王国，则足球市场相当火爆。这种波动现象说明，体育服务产品的市场需求大小，和一个国家、地区、民族的兴趣爱好及社会文化有一定的联系。体育经营管理者只有掌握了这一特点，才能达到事半功倍的效果。

二、体育实物消费品市场的特点

体育实物消费品市场，就是指以实物形态向体育消费者提供体育实物消费品的市场。和一般实物消费品市场相比较，体育实物消费品市场有如下四个特点：

(一)消费者人数众多

由于体育实物消费资料(如运动服装、运动鞋、运动器材等)是人们参加体育活动、进行体育锻炼所必备和必需的，因此体育消费者越多，对体育实物消费品的市场需求也就越大。

(二)需求品质要求不一

由于体育实物消费资料有专业和业余之分，因此对它们的要求也各不相同。一般地说，专业的体育实物消费需求要求较高，业余的体育实物消费需求则相对较低。所以，生产厂家要根据不同的市场需求要求开发不同的体育实物消费品，以满足不同的市场需要。

（三）市场需求周期性波动

当某运动项目风靡某一地区的时候，该地区对这一运动项目器材的需求量相应增加，而当流行周期过去以后，对该运动项目器材的市场需求会相应减少。也有些体育实物消费品的市场需求和季节有一定的关系。如游泳衣裤，夏天需求量大，冬天则几乎没有。再如球迷用品，联赛季节需求最大，联赛结束后市场需求就会极度萎缩。因此，体育实物消费品的经营管理者只有善于掌握并抓住市场需求信息，才能使自己的产品做到适销对路。

（四）私人和集团消费并存

一般来说，对于一些小型运动器材、非专业的体育用品，个人购买者较多，而对于一些大型运动器材，特别是场馆器材和专业性较强的体育用品，则团体购买者较多。再则，不同的运动项目，对器材、服装均有不同的要求，真可谓品种多、规格繁。这就要求经营管理者对市场进行认真的调查研究，并进行合理的市场细分，这样才能取得较好的经营效益。

三、体育要素市场的特点

体育要素市场，就是指以体育资金、竞技体育人才、体育技术等体育产业发展的各种要素形态存在的特殊消费品市场，其市场主体一般为体育企业或组织。和一般要素市场相比较，体育要素市场具有自己的特点。

（一）体育资金市场的特点

体育资金市场主要由体育广告、体育彩票、体育债券、体育股票、电视转播权的出让及体育无形资产的开发等部门的经营活动所组成。其共同的特点是：利用当代体育运动的巨大魅力、感召力和吸引力，以体育的经济功能和社会功能为依托，激发社会上的企业财团以及消费者对体育进行投资。所以，体育资金市场上的这种融资一般具有以下特点：

1. 自觉自愿的单向流动

一般来说，体育部门或体育经营单位通过自己的经营活动，吸引社会上方方面面的资金以体育广告、赞助等形式单向投入体育领域。

2. 受宏观经济景气影响较大

在经济景气时期，社会上的财团和企业资金充裕、财大气粗，他们愿意向体育部门和赛事进行投资；但在经济疲软情况下，他们就会缩减投资，甚至原有的承诺也会变卦。

3. 运动项目及地域间的差异较大

有市场的热门运动项目资金较充裕，没有市场的冷门运动项目（如女足）资金就相对匮乏；国际比赛资金比较充裕，国内比赛资金就较难筹集。

（二）竞技体育人才市场的特点

竞技体育人才市场是指竞技体育人才进行流动的场所。它的作用就是运用市场机制调节竞技体育人才的供需关系，推动人才的合理流动，实现人才资源的最佳配置。生态差异、民族差异及体育项目发展的差异导致竞技体育人才资源的区域差异。随着社会结构转型的不断深化，竞技体育人才资源的流动已开始从区域流动迅速发展到国际流动。目前我国竞技体育人才的流动范围主要有国际间流动、区域性流动、全国范围流动、职业俱乐部间流动等四种类型，人才流动主要有租借、互换、转会、人事调动、共同培养、协议交流、签约代培和自主择业等八种形式[①]。竞技体育人才市场的特点表现为：

1. 区域市场和全国市场相融合

区域性交流主要表现为以各个省、直辖市、自治区为区域，实现本区域内竞技体育人才资源的合理配置，排斥跨区域的人才交流。区域性交流是当前我国竞技体育人才市场的一大特征，这种流动表现出对区域性竞技体育人才合理配置与开发的优越性，但也表现出各省对人才流动的严加控制。当某个项目人才过于饱和时，由于"各自为政"，考虑自身的切身利益，容易导致"人才壁垒"和"人才堆积"。

在全国范围内通过体育人才市场实现体育人才交流，进一步提高各个行政区域竞技体育人才资源的竞争力，以赢取各个行政区域在全国竞技体育发展中的地位和声誉，这种人才流动表现出双边与多边合作、特殊合作的优越性。这种组织行为是现阶段我国竞技体育人才交流的主要特点。竞技体育需要大量的资金投入作为保障，在经济落后地区，由于资金的限制和短缺，竞技体育人才资源自然向发达地区流动，这导致我国早期竞技体育人才资源的流动呈现由西部内陆流向东部沿海、由农村流向城市、由经济不发达地区流向经济发达地区、由非优势项目地区流向优势项目地区的单向流动的特征。但是随着市场经济的引入，竞技体育人才资源的丰富、质量的提高，特别是随着西部经济的崛起，竞技体育人才开始呈现了反向回流，即多极化互动流动的特点。

2. 国内市场和国际市场相融合

随着我国竞技体育市场的进一步开放，国内市场与国际市场互为促进、共同发展的机制开始形成，主要表现在：①以国外优势项目为平台，我国弱势项目优秀人才的国际流动。如：意甲、德甲、英超等足球俱乐部，曾经先后有中国职业球星的转会，美国的 NBA 也有姚明、易建联这些国内优秀体育人才加盟。②以国内优势项目为平台，实现我国优势项目的全球性双向流动。如："海外兵团"的出现，是国家实行改革开放政策以后很正常的事，运动员出国出境后，又从事他（她）所擅长的运动项目，代表那个国家或地区与中国国家队的运动员进行比赛。从全局利益上讲，竞技体育人才的流动是双向的，竞技体育人才的流动，有利于调节竞技体育人才资源余缺，可以从总体上促进竞技体育人才资源的合理布局和优化配置，提高竞技体育人才资源的使用效率，减少闲置和浪费，从而促进不同地区、不同国家的整个项目的整体发展。

3. "专业"市场与"业余"市场相融合

在区域市场、全国市场，甚至职业俱乐部转会市场之外，还有一些非正式的市场行为，我们将称之为"业余市场"，这些"业余"市场与"专业"市场共同影响着竞技体育人才的流动和合理配置。由于"专业"市场有正规的交流平台和规范，并得到相应主管部门的监管，可以避免市场的非理性行为，有利于国家竞技体育人才的合理开发。但现实是竞技体育市场经常会存在一些"隐蔽的"、"自发的"、"违反规定"的"业余"市场，在这个"业余"市场中，运动员或教练员自发地、隐蔽地进行运动员的买卖交流，买卖的价格和方式五花八门，并受到人情和利益的驱动，这在一定程度上损害了国家、集体的整体利益，对专业市场造成了一定的影响。由于"业余"市场在某种程度上是所谓的"黑市场"，而经过"业余"市场交流的竞技体育人才还不少，这将对竞技

① 俞继英，宋全征，杨再淮，等．我国竞技体育人才流动和人才市场[J]．体育科学，2004(1)．

体育人才资源的合理配置起到一种相反的作用，所以，这更应引起有关体育行政部门的足够重视[①]。

(三)体育技术市场的特点

体育技术市场是指体育技术商品的交换市场。当前，已初步形成的体育科技市场的基本内容有：承担科研项目，进行科研咨询，出售科研成果，转让科研专利，开展技术咨询、技术服务、技术培训、技术入股以及体育科技用品的研制与开发等。

体育技术产品(如先进的独创的训练方法、训练手段等)虽然有时也必须通过一定的物质载体(如图纸、录像等)表现出来，但它本质上不是一种物质商品。同时，体育技术产品也不能通过再生产而大量复制，因此它具有独创性和垄断性，人称“秘密武器”。所以，体育技术产品本身的特殊性决定了体育技术产品市场的运行也有不同于一般体育商品市场的特点。

(1)体育技术市场通常是卖方垄断市场。体育技术市场往往供给者只有一个，而需求者则较多。

(2)体育技术市场成交的体育技术产品往往都是一次性的。买方在购买了该体育技术产品以后，有权要求卖方在一定的时间和范围内不再重复出售该体育技术产品。

(3)体育技术产品的价格大多通过供需双方的协商确定。在体育技术市场上，体育技术产品的价格是由多种因素决定的。除了创造者实际耗费的劳动量这一因素之外，运用于训练比赛中的实际效果，也是决定体育技术产品价格的重要因素。因此，体育技术商品的价格大多是通过供需双方的协商确定的。

第三节 国内外体育市场发展概况及其培育

一、日益兴旺的国外体育市场

随着社会经济的发展、人们收入的提高、余暇时间的增多、国民体育需求的增长和体育消费市场的扩大，以及各国政府为推动体育产业的发展所采取的积极政策的深入，体育市场在国际上的发展显现出强劲的势头。甚至一些地方在出现经济萧条、经济大气候恶化的情况下，体育市场却逆势而上，显现出勃勃生机。

有关专家的研究表明，世界体育市场的年容量估计在1万亿美元左右，年增长率保持在20%左右，大大高于世界经济的平均增长速度。体育要素全方位进入市场，从体育健身有偿服务到体育比赛的门票、广告和电视转播权的销售，从体育无形资产的开发到体育彩票的发行，从体育服装、用品的生产到体育场馆的经营，体育已深入到人们的日常生活，融合于商品交换、市场关系中，体育产业被称为当今社会中具有广阔前景的“朝阳产业”。

1. 体育竞赛市场效益显著

体育竞赛以其特有的魅力吸引了众多的体育迷，同样也受到众多的企业厂家的青睐，门票、体育赞助、电视转播权等收入不断攀升。

---

① 董平，李征宇. 我国竞技体育人才市场特征及其资源合理配置研究[J]. 广州体育学院学报，2011(3)：24-27.

专栏2-5

表2-1至表2-3是近年来奥林匹克全球合作伙伴的收入以及夏季奥运会带来的电视转播权、门票销售收入情况。

表2-1 奥林匹克全球合作伙伴的收入(1985—2008年)

序列	TOP1	TOP2	TOP3	TOP4	TOP5	TOP6
时间(年)	1985—1988	1989—1992	1993—1996	1997—2000	2001—2004	2005—2008
收入(亿美元)	1.015	1.75	4	5	6.05	8.66

表2-2 夏季奥运会电视转播权销售收入(1996—2012年)

时间	地点	电视转播权的销售收入(亿美元)
1996年	亚特兰大	9.35
2000年	悉尼	13.32
2004年	雅典	14.77
2008年	北京	17.34
2012年	伦敦	20

表2-3 夏季奥运会的门票销售收入(1996—2012年)

时间	地点	门票的销售收入(亿美元)
1996年	亚特兰大	4.22
2000年	悉尼	3.56
2004年	雅典	2.34
2008年	北京	1.88
2012年	伦敦	3.76

2. 体育人才市场迅速发展

随着体育职业化、商业化的不断发展,体育人才市场也得到了迅速发展。目前,国外一些运动员、教练员、运动队、俱乐部等体育竞赛市场的主体要素也日趋市场化,体育人才市场得到了迅速的拓展与发展。美国田径名将卡尔·刘易斯的比赛出场费高达5万美元,葡萄牙足球明星C·罗纳尔多的转会费高达9400万欧元。可见,国外体育人才已全方位进入市场。

专栏2-6

在足球的发展过程中,发生过许多的转会,其中有些球员的转会费非常高。截至2009年,足球历史上的十大转会见表2-4。

表 2-4 足球历史上十大转会

序号	转会球员姓名	转会年份	转会去向	转会费用(万欧元)
1	C·罗纳尔多	2009	曼联→皇马	9400
2	齐达内	2001	尤文图斯→皇马	7600
3	卡卡	2009	AC米兰→皇马	6500
4	费戈	2000	巴塞罗那→皇马	5850
5	克雷斯波	2000	帕尔玛→拉齐奥	5360
6	布冯	2001	帕尔玛→尤文图斯	4920
7	罗比尼奥	2008	皇马→曼城	4900
8	维埃里	1999	拉齐奥→国际米兰	4830
9	舍甫琴科	2006	AC米兰→切尔西	4650
10	贝尔巴托夫	2008	托特纳姆→曼联	4640

(资料来源:足球历史上十大转会[N]. 江门日报,2009-06-10(A8).)

专栏 2-7

C·罗转会皇马 转会费破纪录8000万英镑

2009年6月11日英超豪门曼联俱乐部宣布,同意C·罗纳尔多以创世界纪录的8000万英镑(约为9400万欧元,1亿3000万美元,9亿人民币,可购4.19吨黄金或一架波音747客机)天价,转会皇家马德里。

时年24岁的双料足球先生C·罗纳尔多是皇马一再垂涎已久的目标。2003年,C·罗纳尔多从里斯本竞技以1224万英镑的身价转会曼联。在效力曼联的六个赛季中,他帮助曼联夺得了三个英超联赛冠军和一次欧冠冠军。

(资料来源:C·罗转会皇马 转会费破纪录8000万英磅[EB/OL]. 中国新闻网,2009-06-11.)

3. 体育健身、休闲、娱乐市场日益兴旺

作为体育市场重要组成部分的体育健身、休闲、娱乐市场,在西方发达国家的体育市场中占有较大的比重。

专栏 2-8

美国人的健身消费

在美国,20世纪七八十年代,体育健身、休闲、娱乐活动风靡全国,平均每天都有五家减肥中心开业。众多的体育健身、休闲、娱乐设施和场所的建立,大众积极而广泛的参与,显示了体育健身、休闲、娱乐市场的巨大潜力。1997年,美国堪萨斯州立大学的劳瑞·K·米勒在他的《体育商业管理》中引述:"根据商业部的报告,美国以健身娱乐为主要内容的休闲产业的产值已超过4000亿美元。时下美国人每挣8美元就有1美元用在健身娱乐消费上。"

(资料来源:鲍明晓. 中国体育产业发展报告[M]. 北京:人民体育出版社,2006.)

4. 国际体育用品市场前景广阔

众多的体育人口参与体育活动，对体育用品提出了巨大的社会需求，使国际体育用品市场急剧扩大。

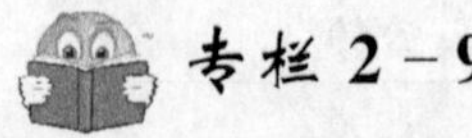

专栏 2－9

加拿大成为中国体育用品行业重要出口国

加拿大人喜欢的体育活动种类繁多，据统计，最受加拿大人青睐的前五项体育活动分别为：高尔夫、冰球、棒球、游泳和篮球。经常参加体育活动的加拿大人约占加拿大全部国民的54%，可以说加拿大是一个热爱运动的国家。体育运动已经成为很多加拿大人生活的一部分，这使得加拿大成为具有巨大体育产品消费能力的国家，对体育产品有着很大需求。

在加拿大，除了生产服装和鞋的企业，其他生产体育用品的企业都属于体育用品制造业，这些企业生产的产品包括田径运动用品、棒球运动用品、篮球运动用品、桌球运动用品、钓鱼运动用品、足球运动用品、高尔夫运动用品、体操运动用品、曲棍球运动用品、滑冰运动用品、轮滑运动用品、游泳运动用品、网球运动用品以及体育场馆用品。

近年来，中国一直是加拿大体育用品的最大进口来源地……种种数据表明：加拿大已经成为中国体育用品行业的重要出口输出目的地。

（资料来源：文兴. 加拿大成为中国体育用品行业重要出口国[J]. 文体用品与科技，2012(07).）

综观国外体育市场的发展概况，具有一些共同特征：第一，发达国家已形成一支规模适中、经营素质较高、效益稳定的体育市场经营队伍。第二，体育市场经营的效益均相当显著，体育产业的产值一般占 GDP 的 2%左右。第三，体育市场覆盖面广，体育经营项目类别较多。有关统计材料表明，美国的体育市场涉及 19 种经营类型，英国、日本、意大利等国的体育市场则包括体育健身、休闲、娱乐业，体育广告业，体育用品业，体育彩票业，体育标志产品的生产出售，以及各种形式的体育赞助等。第四，世界各国的体育市场结构各具特色。如日本的体育健身、休闲、娱乐市场和体育用品市场发展迅速，意大利的足球彩票市场非常惊人，英国和美国则以体育健身、休闲、娱乐业市场兴旺发达而著称。

二、方兴未艾的国内体育市场

随着改革开放的不断深入和社会主义市场经济体制的逐步确立，在我国体育产业化的过程中，一个以公有制为基础，以体育健身、休闲、娱乐和运动竞赛为主体，以各种体育实物消费品市场和体育要素市场为依托，多层次、多形式的体育市场正在兴起。其主要表现为：

1. 公共体育场馆从行政型管理向经营型管理转变

各类公共体育场馆实行全方位地向社会开放，并作为独立的或相对独立的经营实体，参与体育市场经济活动。

2. 兴建了一批体育健身、休闲娱乐场所

随着国民经济的高速发展和人民群众生活水平的提高，社会对体育健身、休闲、培训的消费需求迅速扩张，许多健身娱乐性很强、受大众喜欢的体育项目成为社会投资的热点。近年来，一大批不同所有制、不同规模、不同档次的体育经营企业如雨后春笋般迅速兴起。特别是东南沿海经济发达地区，一些大中城市的体育健身娱乐市场不断得到拓展。体育培训市场以及各种群众性的体育辅导活动空前活跃。

3. 体育竞赛市场逐步建立

随着运动项目(如足球)俱乐部体制的建立、运动技战术水平的提高以及商业性比赛在我国的出现，各种各样的球迷队伍在不断扩大，从而带来体育竞赛市场的日益兴旺。国内外各类体育赛事的市场化运作，推动了我国体育竞赛表演市场的建立与发展。在体育系统中初级和中级训练开始出现收费训练和有偿代训的形式，如各种类型的足球学校、篮球学校、网球学校、乒乓球学校、围棋学校、武术学校等的运营，显示了我国体育有偿训练的巨大市场潜力。

4. 体育用品市场急剧扩大

随着全民健身活动的展开和体育人口的不断增加，对体育实物消费品的需求也不断增长，其市场规模不断扩大，特别是健身器材市场规模不断扩大。

5. 体育要素市场日益红火

随着我国体育产业化的不断发展，各种体育要素市场也开始形成。如体育广告的经营收入已占体育经营收入的 1/3 左右；体育彩票市场已步入正轨，2012 年体育彩票销量达 1104 亿，筹集公益金 293 亿；体育人才市场已经启动，运动员有偿流动制度已经建立，各运动项目管理中心均建立了运动员转会、流动的有关细则。

三、国内体育市场发展中存在的问题

国内体育市场近年来的发展中也存在一些问题，主要表现为：

(1)体育市场有效需求不足。体育产品要价太高，特别是新兴体育健身娱乐消费项目，一般体育消费者难以承受，为此只能望而却步或偶尔光顾。

(2)体育市场缺少较固定的消费群体。体育市场缺乏一种会员制的组织建制，参与体育市场消费的体育消费者大部分是“散兵游勇”，没有形成较固定的体育消费群体。

(3)面临文化产业及其他娱乐产业的激烈竞争。我国的文化产业及其他娱乐产业伴随着改革开放及国家大力推进第三产业发展而迅速壮大，体育市场的发展在余暇时间、余暇消费的项目及客源上面临着庞大且迅速发展的文化产业及其他娱乐产业的激烈竞争。

(4)缺乏体育经营管理的专门人才。由于对体育市场的培育和管理没有经验，体育市场经营意识淡薄，体育经营管理的专门人才缺乏，因此，活跃在我国体育市场上的著名公司或企业绝大部分来自境外。

四、体育市场的培育

体育市场包括体育产品的消费者和提供者。在一定程度上说，体育市场的建立，关键在于体育市场消费者和供给者的成长和成熟，因此，要培育体育市场的买方和卖方。

1. 培育体育市场买方

现代市场经济学认为，市场是某种商品和服务所有实际的和潜在的有购买能力和购买愿望的个人或组织。因此，体育市场的发展，就取决于人口、购买力和购买愿望。体育市场买方的培育，应采取以下措施：

(1)在全面实施《奥运争光计划》的同时，要重视那些为广大群众所喜爱的健身竞技运动项目，增加吸引力，提高观众参与的程度。

(2)广泛建立不同类型的群众体育协会、体育俱乐部和基层体育锻炼组织，动员组织群众投入各种形式的体育锻炼，使体育成为人们生活的重要组成部分。体育市场是联系群众体育活动的重要场所，而群众体育和《全民健身计划》无疑将会扩大体育市场的需求。

(3)通过各种传播媒介加强对体育消费的宣传和引导，强化广大群众参与体育活动和体育竞技观赏的意识。

2. 培育体育市场卖方

体育市场的卖方也是体育产品的供给主体，要满足社会不断增长的体育消费需求，就需要培育体育市场的卖方主体。体育市场卖方主体的培育，应采取以下措施：

(1)体育场馆要积极融入体育市场。要充分利用现有的场地、设施和器材，提供以体育活动为主的多种经营活动，向社会提供体育服务商品。如组织各种运动竞赛、体育表演；主办各种体育培训班、训练班和辅导班，提供各种形式的体育咨询、辅导和培训等服务；提供各种场地服务，如网球、乒乓球、羽毛球、足球和篮球等经营项目，以增加体育市场的供给总量。

(2)大力培育体育商品的生产者和经营者。政府主管部门要制定相关政策和法规，鼓励社会上的各种资本，特别是各种民营资本兴办各种健身、休闲、娱乐为主的体育经营场所，向社会提供各种类型的健身休闲体育服务商品。

(3)积极扶持体育俱乐部的发展。体育俱乐部是体育市场的细胞，也是体育市场的主要卖方主体之一，也是体育市场的重要供给主体。体育俱乐部主要有两种形式：一种是职业体育俱乐部，另一种是商业体育俱乐部。职业体育俱乐部是以职业运动员，特别是体育明星为主体，提供可供人们进行消费的竞赛表演等的职业体育服务商。商业体育俱乐部是一种纯粹的企业实体，其主要向社会提供各种类型的体育健身服务商品，以满足社会大众对体育健身休闲娱乐的消费需要。因此，要积极扶持体育俱乐部的发展，以不断增加体育市场的供给总量。

(4)加快体育中介组织的建立与完善。体育中介组织是体育市场活动的重要力量，是体育产品生产、交换、消费的媒介，也是体育市场需求和供给的桥梁。因此，要加快我国体育中介组织的建立与完善，以推动我国体育市场的发展。

本章思考题

1. 概述体育市场的概念及构成要素。
2. 体育市场体系是怎么构成的？各类体育市场有哪些特点？
3. 试述我国体育市场的发展现状、存在的主要问题以及如何解决这些问题。

拓展阅读

美国体育市场的发展及构成

在19世纪中叶，美国就已经出现了商业性的体育赛事。20世纪60年代以前，由于受两次世界大战及经济萧条的影响，其发展速度不快。到了20世纪60年代以后，技术进步和经济发展使更多的美国人成为“有钱又有闲”的中产阶级。这些人为了寻求新的生活方式及改善生活质量，使美国体育产业获得了“第二春”，并走上了快速发展的轨道。美国体育产业的营业额在1970—1992年22年间增长了近3倍。1999年，美国体育产业总值高达2125.3亿美元，占

GDP的2.4%，位于10大产业第6位，超过了公共事务业、农业和汽车业。2000年，体育与娱乐总营业额达到4000亿美元，超过房地产业与国防开支。2002年，美国的体育产业创造了2130亿美元的总收入，是汽车制造业总收入的2倍。现在，体育产业已是美国经济领域的龙头产业，其发展速度惊人。

与其他各大产业相比，美国体育产业的界定较为模糊。从统计上看，美国政府有关经济部门把体育的商务活动及与体育相关的经营活动都列为体育产业统计的范畴，因此，体育产业是一个由许多特点各异的子系统构成的集合体。要了解美国体育产业的总体，就需要分别搞清楚它的各个子体的情况。从目前情况来看，美国体育产业包括了以下子产业：职业体育产业、健身产业、休闲体育产业、体育用品产业、特许纪念品销售、体育经纪人（公司）与体育赛事经营推广代理公司等。

职业体育产业是美国体育产业中历史最悠久而且至今仍富有巨大活力的一个领域。传统上，美国有4个大的职业体育联盟：棒球大联盟（MLB）、全国篮球协会（NBA）、全国橄榄球联盟（NFL）及全国冰球联盟（NHF），共119支职业队。近年来又涌现了一批新成立的职业体育联盟，如足球大联盟（MLS）、全国足球协会（NSA）、女子NBA及女子职业垒球协会（WPF）等。现在全美大大小小职业联盟共有792支职业队，职业队之多列全球之最。

美国职业体育实行联盟制，即合作管理模式。由参加联盟的各职业队的老板组成业主委员会，他们具有对联盟竞赛与经营事宜的“立法权”。经营工作由联盟总裁负责。总裁由业主委员会选聘，任联盟首席执行官（CEO）。首席执行官对业主委员会负责，并对联盟的正常工作有决策权、惩处权及裁定权。

美国职业体育产业的主要收入来自电视转播权、门票、“场租”（包厢、货摊租金、停车等）及特许纪念品销售，上述四项收入（平均值）占总收入的百分比分别为37.0%、42.3%、15.2%及5.5%。根据美国联邦统计局的统计，1999年体育馆普通门票和包厢门票收入分别为1047亿美元和32.5亿美元。比赛场馆内电子牌广告一项收入就达166.8亿美元。对拳击、网球、高尔夫球等单项商业赛事而言，除前述四方面的收入外，赞助也是一项很重要的收入。赞助商出资赞助赛事，赛事主办者以赛事冠名及场地广告作为回报。保持职业体育联盟劳资关系的稳定及向观众奉献高水平的球技使观众满意，是当前美国各职业体育联盟面临的挑战。对四大职业体育联盟而言，还都面临着来自新兴的女子职业体育、足球、体育联盟及大学体育分流市场的挑战。

健身体育产业是为消费者提高健身水平与增强体质服务的领域。健身俱乐部是这一领域通常的经营方式。作为一种时尚并随着训练器材的电脑化，20世纪70年代以后美国曾刮起了一阵疯狂的健身热。经过20世纪80年代后期至20世纪90年代初期的动荡与调整，这一热潮如今已趋于稳定与成熟。目前全美有13300个经营性的正规健身俱乐部，其中70%属于纯体质锻炼的健身俱乐部，这些俱乐部只向消费者提供有氧及力量训练服务；而其余30%是属于综合性健身俱乐部，除向消费者提供有氧及力量训练外，还提供网球、游戏、理疗、营养配餐、防身术教学及健康教育等多种服务。最近还出现了一批拥有200个以上分俱乐部的超大型连锁式健身俱乐部。

出于好玩、刺激、身心放松、社会交往、挑战自我及变更生活方式等需求，美国人喜欢参加各种休闲体育活动，尤其是各种户外活动。这是美国体育长盛不衰的基础。据美国官方统计（2000年），美国人喜爱的休闲活动依次是：散步约8600万人，游泳约6700万人，露营约5000

万人,器械练习约4500万人,钓鱼约5000万人,自行车运动约4300万人,保龄球约4300万人,台球约3260万人,篮球约2700万人,高尔夫球约2600万人。由于有如此众多的美国人参加休闲体育活动,这对旅游、交通运输、食宿、体育用品等消费起着巨大的刺激作用。

体育用品是美国体育产业中的一个大户,占目前美国体育总营业额的近三分之一。1992年至2002年的10年间,与已经取得的3.3%的GDP平均增长率相比,体育用品制造商的销售年平均增长率为4%。体育用品包括体育器材、运动鞋和运动服装三个大类别。2000年,仅运动器械、运动鞋、运动服装和休闲运动等四项,美国消费者就支出了7450700万美元。2001年,虽然由于经济增速减缓而有所下降,其估计值仍达7440300万美元。从消费结构上来看,休闲运动是美国国民体育消费的最大支出项目,同时也是增长速度最快的项目,2000年达2903600万美元。其次是运动器械支出,2000年为2137300万美元。运动服装和运动鞋的消费支出也都超过100亿美元。美国的体育运动消费品进口呈上升趋势,2000年美国体育运动消费品进口总额达41亿美元。中国大陆、中国台湾、加拿大、墨西哥、泰国分别列其进口量的前五位,而其中又以中国大陆对美国的出口额所占比例最大,为47.1%。

球迷们穿的印有所喜爱球队队名、别名或标志的运动服,戴的围巾、手套等以及队旗、球星卡、招贴画等,都是球队或联盟的特许纪念品。特许纪念品的生产商需向球队及联盟申请并支付特许经营费(一般为特许纪念品总销售额的6%～10%),才可获得使用队名、别名、标志及颜色生产有关纪念品的权利。特许纪念品的经营使球队、生产商及零售商都从中获利。特许纪念品已成为目前美国各职业队及联盟的主要收入来源之一。如1995年NFL、MLB、NBA及NHF的特许纪念品经营收入分别为3.3亿美元、1.8亿美元、2.7亿美元及1亿美元。

特许纪念品经营也成了美国大学运动队"创收"的一个内容。1995年,全美已有300余所大学开展这项经营,总收入达2.1亿美元。美国奥委会也相当重视这项工作,它将特许纪念品经营收入的87%用于运动员训练及运动员生活补贴费。

随着20世纪70年代以来美国职业体育的迅猛发展,为职业运动员、教练员及赛事服务的体育经纪人(公司)及赛事经营/推广代理公司也就应运而生并随之发展壮大,现已成为美国体育产业中一个不可缺少的环节。美国体育经纪人(公司)一般可向委托人提供以下几方面的服务:谈判工作合同;安排赛事(单项体育);为委托人签订商业推广、肖像权、签字权合同;管理财务;为运动员策划安排退役后的事业;解决争议;法律支持;为运动员的经济活动和生活提供服务等。除大型经纪人公司可对委托人进行全方位的服务外,经纪人及子公司只能对委托人进行单项或一两项服务。因此就形成了一名运动员有多个不同服务项目经纪人(公司)的现象。目前美国没有关于体育经纪人从业人数的精确统计数据,但有关人士估计其从业人数在12000～15000人之间。这是由于有相当多的人处于兼职状态,其主业为律师、会计师、教师或教练等。IMG、PROSERV及OCTAGON是美国三家"大而全"的体育经纪人公司,如IMG在全球代理近千名运动员的有关事宜。

体育代理公司一般从事以下服务:代表球队及赛事主办者经营电视转播权、门票、赞助及特许权等权益;为客户开发市场;策划推广新客户;为客户进行公共关系、宣传、接待、策划等运作;制作比赛的电视节目;为客户"拉赞助";培育市场;市场调研及财务服务等。除了大型代理公司外,一般的代理公司大多只从事单项或一两项服务。代理费因项目及服务内容而异。

由于电视传播技术的发展与电视的普及,使得体育比赛的电视观众人数远远超过比赛现场的观众人数。因而以电视观众为主要对象而策划、设计的体育赛事——电视体育——就开始出现了，如由约翰逊与贝利“合演”的“世界飞人”大赛就是一例。电视体育是美国体育产业发展的一个新亮点。体育正像电视剧一样被“生产”出来供人们观赏。

如今，新技术的广泛运用使美国传统的体育产业出现质的变化。网络系统已将美国全国的运动队、体育俱乐部、体育场馆、体育用品商店、娱乐中心、体育迷、体育健康中心、体育研究和出版物等连为一体。不出门即可了解美国体育动态，通过“体育电子商务”即可购得所需的物品。1999 年，体育网络广告收入为 2.95 亿美元，上网费达 450 万美元。

美国的体育产业是和美元紧密联系在一起的，可谓怎么玩怎么赚钱。正是由于这如此赚钱的体育产业，才使得美国的体育如日中天。如果把美国的体育比作是一部具有强大动力的高速跑车，那么体育产业则是这部跑车的发动机，它带动的不仅仅是体育的发展，而且是整个美国的经济。

第三章 体育场馆经营管理

本章提要：体育场馆是体育产业存在和发展的物质基础，是几乎所有体育运动项目不可或缺的发生场所，体育场馆实现市场化经营管理已成为客观必然。本章主要在阐述分析体育场馆经营及管理的概念和主要内容的基础上，介绍了体育场馆经营管理的方法、运营模式、投融资模式和功能设计。

关键词：体育场馆；体育场馆经营；经营策略

体育场馆是体育产业存在和发展的物质基础，是几乎所有体育运动项目不可或缺的发生场所。在体育产业化发展过程中，体育场馆实现市场化经营管理已成为客观必然。体育场馆经营管理的目标是为了充分挖掘现有体育场馆的潜力，使其更好地为运动训练、运动竞赛和全民健身服务，并利用社会资金和先进的经营管理经验来维持和改善体育场馆的运转，以获得最大的经济效益和社会效益。

第一节 体育场馆概述

一、体育场馆的含义

体育场馆，是为了满足运动训练、运动竞赛和大众体育消费需要而专门修建的各类运动场所的总称。它主要包括对社会公众开放并提供各类服务的体育场、体育馆、游泳池，体育教学和训练所需的田径棚、运动场及其他各类室内外场地，群众体育健身娱乐休闲活动所需的体育俱乐部、健身房、体操房和其他简易的健身娱乐场地等①。

二、体育场馆的分类

体育场馆种类较多，功能不一，按不同的划分标准可以有不同的分类。

按运动项目划分，可以分为专项体育场馆（如网球场、滑雪场、自行车赛场、棒球场、高尔夫球场、马术场等）和综合性体育场馆（可以进行多项运动竞赛）；

按功能用途划分，可以分为群体活动体育场馆、运动训练体育场馆（用于体育教学或训练）和运动竞赛体育场馆（用于正式比赛）；

按聚散程度划分，可以分为单体体育场馆和体育中心（一般拥有体育场、体育馆和游泳馆

① 赵钢，雷励. 体育场馆经营管理概论[M]. 北京：北京体育大学出版社，2007.

等）；

按产权关系划分，可以分为国有体育场馆、单位体育场馆及私人体育场馆；

按标准化程度划分，可以分为标准体育场馆和非标准体育场馆。

三、体育场馆的功能和作用

体育场馆最直接的功能和作用就是为开展体育运动提供必要和合适的场所。另外，作为体育场馆的间接作用，体育场馆在保障公众身心健康、促进经济发展和社会进步中也发挥着重要的不可替代的作用，具体表现在以下几个方面：

1. 促进民众健康水平的提高

体育场馆是体育运动项目和体育活动顺利开展所必需的场地。通过在体育场馆进行的体育健身娱乐、体育竞赛的欣赏、体育培训以及体育咨询等活动，能够增强群众体质，满足群众的体育需求，进而促进群众体育事业的发展，提高公民的健康水平，促进社会的和谐发展。

2. 促进竞技体育水平的提高

通过在体育场馆进行体育训练，可以对人们的体格、体能、心理和运动能力进行系统科学的锻炼，提高运动和竞赛水平，促进竞技体育水平的进一步提高；同时群众体育事业的发展也可以为国家的竞技体育事业提供更多更优秀的后备力量和新鲜血液，保证国家竞技体育事业的长盛不衰。

3. 促进体育产业的迅速发展

体育场馆通过为体育活动提供必要和合适的场所，可以引导体育消费，有力地促进体育竞赛表演业、健身休闲服务业以及体育培训咨询业等体育产业的发展，同时还将间接促进体育用品业等体育外围产业的发展。

4. 促进城市功能的完善

一般的体育场馆都是位于城市之中，一些大型的体育场馆甚至还成了城市的标志性建筑。体育场馆能够满足城市居民的体育需求，其中包括体育健身休闲娱乐，也包括体育竞赛表演的欣赏等各个方面，因而体育场馆是城市体育功能的最主要载体，能够促进城市功能的完善。

专栏 3-1

国家体育场——鸟巢

国家体育场位于北京奥林匹克公园中心区南部，为2008年北京奥运会的主体育场。工程总占地面积21公顷，场内观众坐席约为91000个，举行了奥运会和残奥会开闭幕式、田径比赛及足球比赛决赛。奥运会后成为北京市民参与体育活动及享受体育娱乐的大型专业场所，并成为地标性的体育建筑和奥运遗产。鸟巢于2003年12月24日开工建设，2008年3月完工，总造价22.67亿元。作为国家标志性建筑，2008年奥运会主体育场，国家体育场结构特点十分显著。体育场为特级体育建筑，大型体育场馆。主体结构设计使用年限100年，耐火等级为一级，抗震设防烈度8度，地下工程防水等级1级。作为北京2008年奥运会与残奥会的主会场，国家体育场（即“鸟巢”）盘根错节的体育场立面与几何体的建筑基座合而为一，如同“树和树根”组成了一个体量庞大的建筑编织体。国家体育场整体设计新颖激进，外观如同孕育生命的巢，更像一个摇篮，寄托了人类对未来的希望，因而成为2008年北京奥运会的标志性建筑，博得了世界的瞩目。国家体育场用于举办主要的国际、区域和中国的国内大赛事,另外也包括一些非传统体育赛事,为体育迷们提供一个感受新鲜体育文化的机会[①];除了体育赛事,其他一些大型活动,如文艺演出、非商业性质的政府主办的大型活动以及私营企业的大型活动也将在国家体育场举行。国家体育场将创造其自己的文化和人文氛围,通过吸引最好的中国国内和国际体育活动和表演艺术机构、优秀的服务和先进的管理技术,使国家体育场成为全国范围内最优秀的大型体育活动和表演场所,国家体育场也将成为全世界其他国家看中国的一个新窗口。

(资料来源:国家体育场[EB/OL]. http://www. n-s. cn.)

第二节　体育场馆经营管理的主要内容及方法

一、体育场馆经营及管理概念

(一)体育场馆经营

体育场馆经营从属于经营概念,即在市场经济背景下,利用价格机制(而非行政手段)配置体育场馆各类资源,在等价交换的原则下向市场提供运动场地、体育运动设施以及服务等有形或无形产品的活动总和。

(二)体育场馆管理

体育场馆管理是指为提高工作效率,实现体育场馆管理目标,执行体育场馆经营职能而进行的计划、组织、协调、命令、控制等过程的总和。其至关重要的内容是保证场地设施的运转正常,并确保安全地举办预定活动。体育场馆管理者最大的特点是要与大量的人群打交道,除了顾客和员工外,更重要的是要与政府机构、私有实体进行密切接触,以获取重要赛事资源,获得大型赛会交通、治安、卫生等安全保障,争取未来发展资金等。

二、体育场馆经营管理的目标和任务

体育场馆的所有经营管理活动都是根据任务或是经营目标而进行的,体育场馆经营管理的目标和任务是体育场馆一切经营活动的基础和依据,必须给予足够的重视。

(一)提供体育服务产品以满足体育消费者的需要

提供体育服务产品,是体育场馆的基本职能,也是其经营管理的首要任务。为此,体育场馆要积极开展体育业务,在保证运动训练的前提下,经常举办各类运动竞赛、体育表演及各种形式的体育活动,以满足体育消费者的需要。比赛形式要多样化,并做好前期的宣传工作,形成品牌效应,寻找消费热点、引发新的卖点。

(二)提供体育以外的其他社会服务,开展多种经营

体育场馆在经营管理活动中,仅仅为体育运动服务是不能充分发挥它的服务能力的。因为运动竞赛和体育活动具有周期性和时间性,某些运动项目又带有季节性(如游泳、滑雪),这就会使体育场馆的经营管理活动出现某种闲置的状态。因此,在保证为体育运动服务即以体

① 钟天朗. 体育经营管理[M]. 上海:复旦大学出版社,2010.

育为主的前提下，体育场馆应当利用闲置的服务能力，积极开展多种经营，提供体育以外的其他社会服务，如演唱会、展销会等，让体育场馆创造出更大的社会价值。这也是体育场馆经营管理的重要任务之一。

（三）确保国有资产保值增值

作为国家投资兴建的各类公共体育场馆是国有资产的重要组成部分。因此，作为独立核算、自主经营、自负盈亏的体育商品生产者和经营者，体育场馆应当具有自我生存和自我发展的能力，并确保国有资产的增值，这也是体育场馆经营管理的重要任务。

三、体育场馆经营管理的主要内容

体育场馆经营管理的基本内容事关体育消费者的切身利益，和消费者的联系最为紧密，也是体育场馆经营管理工作的最直接体现，提供各种体育服务是体育场馆的本质功能。坚持体育场馆公益性和经营性相结合，就必须突出体育服务，以体为主，开展多种经营。

（一）举办体育赛事

对于体育场馆，特别是大型体育场馆来说，举办体育赛事是其生存和发展的关键，没有赛事安排，其场馆很少或者根本就没有得到有效的利用。赛事是场馆收入的主要来源，也是场馆核心功能的体现。

体育赛事的种类多种多样，既有国际和国内大型体育赛事，也有职业赛事，还有各类自办赛事等。在我国现行竞赛管理体制下，体育场馆运营管理者并不拥有体育赛事资源，体育场馆运营管理者提供体育赛事服务，首先需要申请承办或承接各类体育赛事，只有在获得各类体育赛事的承办权后，体育场馆运营管理者才能向社会提供体育赛事服务。近年来，国内部分体育场馆运营管理者为丰富体育场馆的经营内容，自主策划组织了一些体育赛事，进行相应的赛事资源开发，取得了较为理想的业绩。体育场馆运营管理者既有可能是体育赛事服务的经营开发者，也有可能是体育场馆物业的出租者，不承担任何市场开发任务，具体情况要根据体育场馆运营管理者与赛事主办方签订的协议而定。

体育赛事服务不仅是体育场馆服务业重要的经营内容和体育场馆的重要收入来源，也是提升和推广体育场馆品牌形象和价值的重要平台。

（二）开展健身服务

体育健身休闲娱乐是体育场馆经营内容的重头戏，最能体现体育场馆的公益性质，也最能满足公众的体育需求。经济的发展，生活的舒适，促使人们追求更加健康、更有品位的生活方式，于是，健身休闲娱乐就成了他们满足自己新的追求的一个重要方式。体育场馆是群众参加健身活动的主要场所，健身休闲服务是体育场馆服务业十分重要的经营内容之一，是其日常化和常态化经营的重要内容。体育场馆拥有丰富的健身设施与资源，可借助其健身资源丰富的优势成立健身俱乐部、健身会所等，并开展各种全民健身活动，提供公益性和经营性的健身服务，满足不同层次消费者的需求。体育场馆在提供健身服务的同时，可积极利用体育场馆的附属设施开展酒吧、会所、桑拿、洗浴等休闲娱乐业经营，在体育场馆周边形成休闲娱乐产业链，充分发挥体育场馆的聚集效应，促进健身、休闲、娱乐等各行业的相互支持与协调发展。体育场馆从事健身休闲娱乐业的经营，对于体育场馆本身的经营能够起到一定的支持作用，同时，也可以扩大体育场馆的潜在消费群体，满足不同消费者的多元化消费需求，为体育场馆服务业的多元化经营带来足够的人气。

(三)组织体育培训

体育培训一般是指向受训者传授体育运动技能及相关知识的活动过程,多指各种体育运动技能的培训。体育培训是体育场馆经营的一个重要部分,它可以充分利用自身的资源优势。体育培训需要两个方面的基本条件,即体育专业教练人员和体育场馆。对于体育场馆来说,他们经营体育培训业务,具有巨大的其他社会力量难以企及的场馆优势,同时由于场馆工作人员很多是体育专业出身,也具有一定的专业能力方面的优势,因而开展体育培训业务是体育场馆提高经营效益的一个非常好的选择。开展体育培训服务是体育场馆拓展和丰富服务内容、满足消费者多元化和个性化消费需求的重要举措,对于提升体育场馆的服务质量和增加服务种类具有重要意义。大力开展培训服务有利于增加群众的体育参与度,增加经常参与体育锻炼人口的比例,并有助于培养青少年后备人才,为国家竞技体育服务。

专栏 3-2

发挥场馆资源优势,通过培训培育市场,促进场馆持续运营

五台山体育中心是江苏省体育局直属的差额拨款事业单位,现拥有体育场、体育馆、游泳跳水馆、保龄球馆、网球馆、综合馆、健身会馆等大型体育设施的综合性体育中心,是江苏对外体育文化交流发展的重要窗口。

早在20世纪90年代,五台山游泳馆就通过大力开展游泳培训,激发了游泳的市场需求,打开了游泳馆良性运营的大门。现在游泳培训已成为游泳馆的"拳头"产品,每天上午的场馆空闲时段排满了中小学体育教学课,既充分利用了场馆闲置时段,扩大了场馆开放效率,又达到了培育潜在市场的效果。保龄球馆依托省、市保龄球协会培训基地的优势,以培训育市场,以比赛促开放,建馆16年来始终保持行业龙头地位。2012年6月,李娜夺得法网冠军,网球馆不失时机抓好宣传组织,吸引众多家长带着孩子前来报名,所有培训全部爆满,培训班次很快排至2013年。

通过开拓体育培训市场,不仅收获了培训过程中的先期利润,更有利于稳定和扩展场馆现有和潜在的消费群体,放大体育消费过程中的品牌效益,对实现1+1等于3甚至是6或9的多赢局面起到了支点撬动作用。2010年,中心各场馆培训人数超过10万人次,培训收入超过500万元。作为"体育行业技能省级培训基地",体育中心多渠道开展健身业从业人员培训、运动员创业培训等各类体育教育培训,既为省体育系统输送了人才,也不断提升了自身整体素质。

(资料来源:江苏省五台山体育中心体育场馆对外开放及运营经验交流[EB/OL]. [2012-12-12]. 中国体育场馆协会网.)

(四)引进文化演艺

在当前国内体育赛事资源比较稀缺的情况下,承接或举办各类文艺演出和演唱会等文化活动成为体育场馆经营的重要内容,也是当前体育场馆的重要经营收入。目前,在国内部分体育场馆一年举办的各种大型活动中,大型文化演艺活动所占比例甚至远远高于体育赛事的比例,部分体育场馆也因此成为演艺明星举办演唱会的首选场馆,如北京工人体育场、五棵松体育馆、上海体育馆等。当前,我国体育场馆运营管理者与大型文化演艺活动主办方之间多为场馆租赁关系，由场馆运营管理者为活动主办方提供场馆租赁服务，而由体育场馆自行主办的大型文化活动相对较少。

（五）承接企业庆典

企业庆典是指工商企业租赁或依托体育场馆开展的户外拓展、趣味比赛、企业年会、庆典等文体活动。承接企业文体庆典服务成为近年来体育场馆经营的重要内容之一，其收入在体育场馆经营收入中所占比例逐步提高。企业特别是部分大型企业为了塑造自身的企业文化，扩大企业的影响和知名度，经常需要举办一系列与企业文化相关的文体活动，如企业运动会、企业年会以及企业庆典等活动。这些活动需要专业的机构帮助企业进行策划、组织和实施，体育场馆运营管理者根据企业的需求为企业度身定制各种文体活动服务，受到企业的青睐。国内运作企业文体服务比较成功的场馆主要有武汉体育中心和广州新体育馆等，企业文体活动在这些场馆一年举办的各种活动中约占 1/3。

（六）提供会展服务

会展服务是指在会展活动过程中，由主办方或承办方向与会者、参展者以及观众所提供的各项服务，包括交通、文书、采访、接待、礼仪、旅游、通信、金融、后勤以及展台设计、展具制作、展台搭建、展品运输等服务。体育场馆作为大空间建筑，符合会展对于空间的要求，适宜举办各种会展活动。近年来，随着会展经济的快速发展，会展业逐步引起了体育场馆经营管理者的重视，会展服务逐步成为体育场馆经营的重要内容，部分体育场馆特别是位于城市中心区域的场馆每年承办的各种会议、展览、展销会以及人才交流会等，在场馆每年承办的各种活动中占有较大比例。场馆运营管理者在承办各类会展的过程中也积累了较为丰富的会展业运作经验，因此，体育场馆运营管理者可以根据会议、展览与展销会的运作流程、经验以及市场和客户的需求进行前向或后向的多元化经营，为市场与客户提供多元化和个性化的服务，满足市场与客户的不同需求。如在承办展览会的过程中，体育场馆除了提供场地租赁外，也可提供展览设备、电话、网络、音响以及广告制作与发布等附加服务，根据客户的需求开展多元化经营，使客户的多样化需求在体育场馆内均可得到满足，为客户提供优质、高效、多元的服务。

（七）开发无形资产

近年来，国内体育场馆从业机构在注重有形资产经营的同时，也逐步意识到其自身蕴涵的无形资产的巨大价值，加大了对体育场馆冠名权、户外及馆（场）内外广告发布权、商号、商誉等无形资产的开发力度，开发了一系列体育场馆无形资产产品，部分体育场馆在无形资产开发方面也取得了较为理想的收益，积累了一定的成功经验。如五台山体育馆、龙江体育馆、陕西省体育场、宁波体育馆等均成功进行了冠名权的有偿转让，更多的体育场馆包括国家体育场在内均已着手进行冠名权的商业开发。体育场馆内外以及周边户外广告的发布权已成为大型场馆获取经营收入的重要渠道。国内少量的体育场馆还成立了专业的广告公司，如五台山体育馆、上海东亚体育中心和北京奥体中心等，专门负责体育场馆无形资产和广告业务的开发与运作；北京奥体中心利用其国家奥林匹克体育中心的品牌价值积极进行战略合作伙伴、指定专用用品和冠名权的开发，国内诸多知名企业成为国家奥体中心的合作伙伴，为奥体中心带来了丰厚的收益；北京奥运会后，水立方也推出了以“水立方”命名的饮用水，据媒体报道，水立方已向国家商标局申请在9类商品上使用"水立方"的商标;"鸟巢"也被国家体育场管理公司注册为商标①。

(八)配套综合服务

综合服务是指体育场馆运营管理者在经营过程中,根据市场和消费者的需求提供除以上各种服务之外的其他服务。综合服务的经营以配套服务的经营为主,要尽量与体育场馆的上述经营内容相匹配,以满足消费者的多元化、个性化需求。

综合性服务项目包括:①体育经营活动的各种配套项目,如洗浴、按摩推拿、餐饮、超市等。②由体育场地设施衍生出来的服务,比如停车场、家具展销、酒店宾馆等。③利用场馆优势开展的其他服务,如私人教练与陪练、体育用品销售等。

体育场馆开展综合服务,有利于发挥自身的多种功能,提高场馆使用率;体育场馆开展综合服务还有利于提供体育以外的社会服务,满足人民群众不断增长的物质和文化生活的需要。

体育场馆开展综合服务时,必须以保证完成体育运动服务特别是运动竞赛表演服务为前提。当多种经营的综合服务在场地、设施、人员等方面与体育运动服务发生矛盾时,应当无条件服从和服务于体育运动服务的需要。

专栏3-3

上海东亚体育文化中心有限公司的经营管理

1. 上海东亚体育文化中心简介

上海东亚体育文化中心有限公司是由上海市体育局所属的上海东亚(集团)有限公司为主与上海市文化广播影视管理局、上海文汇新民联合报业集团,以改革的精神,通过强强联合组建的体育文化产业公司,其经营和管理的区域为上海体育场、上海大舞台(上海体育馆)及其所属全部实体在内的地域。

上海东亚体育文化中心有限公司拥有世界一流、国内领先的大型室外体育场——上海体育场、国内首家最具规模的剧院式大型室内体育馆——上海大舞台(上海体育馆)、国际一流的水上运动馆——上海游泳馆,以及近30万平方米的室外广场。"中心"的各类配套设施齐全,既能开展满足广大市民健身娱乐需求的各类体育文化活动,又能为各类商业性活动提供相关的服务,是上海规模最大、功能最多、设施最全、人气最旺,集体育竞技、文艺演出、健身娱乐、广告开发、宾馆餐饮、购物展示、都市旅游为一体的大型综合性文化体育中心。

2. 上海东亚体育文化中心的组织结构

作为上海精神文明建设的主阵地之一,上海东亚体育文化中心有限公司根据市场运作的需要,组建了上海体育场、上海大舞台(上海体育馆)、上海游泳馆、上海东亚体育经纪有限公司、上海东亚演出有限公司、上海运筹国际广告公司、上海东亚青少年体育俱乐部、上海运动草坪有限公司等业务部门,专门从事运动竞赛、体育表演、体育健身休闲娱乐、体育活动策划、广告经营、体育经纪、演出经纪等经营活动,全方位、多渠道地拓展业务,为社会服务。

(资料来源:上海东亚体育文化中心有限责任公司的经营管理[EB/OL]. http://www.ssc.sh.cn.)

① 张林. 体育产业概论[M]. 北京:高等教育出版社,2013.

四、体育场馆经营管理的方法

体育场馆经营管理的任务必须通过正确的经营管理方法对它进行科学的管理才能得以实现。不解决管理方法问题，实现经营管理的任务就会成为一句空话。体育场馆在为体育消费者提供各种体育服务产品的过程中，需要消耗一定的人力、物力和财力，而通过各种体育服务产品的经营，能得到相应的盈余用于未来的活动资金。在经营过程中要做到以最小的投入换取最大的回报，这就需要运用科学精细化经营手段，来开展体育场馆的经营管理工作。

(一)会员制形式

会员制是现今较流行的一种经营形式，主要应用于较高档的体育场馆，它的主要特点是：体育场馆通过定向募集会员的方法来获得稳定的客源，也可以在体育场馆设施工程未完工之前，就预售会员卡，当然这就需要一定的推销手段和自身拥有的品位和魅力。一般来讲，体育场馆的设施是高档的，会员一般也为高收入阶层。会员制的经营形式一般在发放会员卡时，向客户收取一笔取得会员资格的费用，客户可按年度缴纳一定的费用，客户对于体育设施可随时进行娱乐休闲而免交费用(或享受优惠)，俱乐部同时也可提供相关的其他服务。

会员制的优点在于：首先，体育场馆可以一次性地筹集到一大笔资金，若通过预售会员卡方式还可以降低负债比率，改善财务状况；其次只要会员是稳定的，则体育场馆的年收入也是稳定的；第三，会员制对于体育场馆的日常管理工作相对来讲比较轻松。会员制分为封闭式会员制和开放式会员制两种形式，会员制又分为团体会员和个人会员两种类型。会员制经营形式实施的困难在能否吸引到足够多的会员参与；同时公共体育场馆如果只面向高收入者开放，是否有悖于公共体育设施应向广大人民群众开放的公益性的要求。

(二)承包制经营形式

承包制经营是体育场馆通过一定的合同契约把经营设施通过租赁、承包的形式出让经营权而取得收入。承包可以有两种方式：一种是寻找一个较有实力的经营者进行整体承包，每年交纳一定数额的费用；另一种是对于不同体育设施，不同的体育健身娱乐休闲项目进行分割进而承包给数个经营者。例如，上海体育学院综合馆把乒乓球、台球、桑拿等项目的经营权承包给他人经营，上海体育场曾把极限运动承包给台湾一家极限运动公司经营。承包过程中可以采用协商的方式，也可用招标的方式。在条件成熟的情况下，招标方式更理想，它既可以体现市场上的真实价值，又可以杜绝幕后交易。承包制的优点在于体育场馆在管理上较轻松而且收入也比较稳定。不足之处在于体育场馆对于承包者的经营行为难以有效监管和规范，一旦承包者违法违规，与体育场馆发生纠纷，则矛盾较难协调，合同所规定的各条款也不可能包括一切可能发生的变故。而且体育场馆担负有大量的社会公益性活动或比赛，容易与承包者的经营目标发生冲突。

(三)合作经营形式

合作经营指体育场馆以土地、房屋或其他设施作为投资品，其他投资者以现金、设备、管理等作为投资品合作经营某项体育业务的经营方式。这种经营方式的特点在于通过合作合资经营的方式，以解决体育场馆在经营过程中资金缺乏、管理经验缺乏等问题。合作经营的双方(或多方)以有限责任公司的组织形式来明确各方的投资风险与收益，一般来说，利润按股份比例分成，因此这种方式营造了一种利益共享、风险共担的经营机制。在合作经营对象的选择上，体育场馆应尽量选择在某一行业具有较高知名度的企业进行合作，这样做的好处在于可以利用这些知名企业的名牌和商誉来增加客源，不仅可取得良好经营业绩，还可以扩大体育场馆在群众中的知名度。

(四)自主经营形式

自主经营是指体育场馆由其管理单位按照其享有的经营自主权自主进行经营管理的方式。目前，我国大多数体育场馆采取自主经营模式。该种模式的优点在于场馆直接进行体育经营项目的开发，这样可以对体育场馆的各种设施、资源进行整体的统筹规划，因而能够实现经营效益的最大化及社会效益的最优化。体育场馆的直接经营也方便了接待各种比赛和训练的任务，不会造成冲突。该种模式的缺点主要表现在两个方面：第一，缺乏流动资金甚至是启动资金。资金的难题会使项目无法进展，甚至可能会迫使体育场馆的经营管理人员选择其他的经营形式。这是自主经营制最致命的缺点。第二，体育场馆的经营管理人员一般缺乏经营管理知识，经营过程中可能要走弯路。

(五)委托经营形式

委托经营就是在不改变体育场馆产权性质和功能定位的前提下，委托乙方进行管理和经营的一种方式。这种由政府建造体育场馆委托企业经营和管理的"托管模式"，在欧美国家普遍被采用。这种经营方式既发挥了体育场馆的各种体育功能，同时又解决了体育场馆(特别是一些专业性比较强的场馆)由于使用率不高而造成的场馆日常运作经费不足的困难。例如，上海浦东棒垒球场实施"托管"，由日本康贝公司负责经营管理，为期 16 年。康贝公司除自我平衡日常管理维护费用外，每年还要向浦东新区社会发展局缴纳一定数额的资金用于支持新区体育事业的发展，为新区的全民健身活动作贡献。

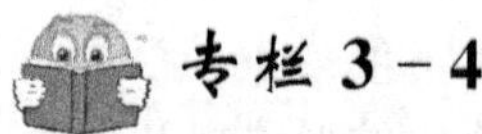

专栏 3－4

索福德体育场馆运营登陆中国

1. 品牌起源

成立于 1998 年的 SoccerWorld 国际集团，总部位于英国伦敦，是欧洲著名的国际连锁体育场馆运营商及体育营销专家。SoccerWorld 在欧洲人最喜闻乐见的足球赛事中进行运作，所拥有的体育场馆和足球中心遍及足球最发达国家，并同时积极开发中国、意大利、俄罗斯、土耳其等其他重量级国家的新兴市场。公司始创人 Jeremy Dodgson 先生选择了英国曼切斯特附近著名的旅游胜地——布莱克浦市(Black Pool)创建了第一个足球中心。正因为 Jeremy Dodgson 先生创新地将国际先进的零售连锁业管理方法和理念引入体育场馆的管理，促使 SoccerWorld 国际集团在全世界迅速发展。SoccerWorld 国际集团秉承勇于创新、坚守体育场馆经营品质服务的管理理念。2013 年 4 月，SoccerWorld 国际集团分别在英国拥有 10 家、德国 18 家、西班牙 5 家、中国 4 家运动中心。

2. 登陆中国

SoccerWorld 于 2007 年登陆中国，成立 "索福德体育"，总部位于上海。进入中国后，索福德体育秉承欧洲先进管理理念，在全国范围内迅速扩张。目前已在上海、北京、武汉等地共开设 4 家以足球为主的运动中心，并计划在未来 2 年内拓展到中国地区 30 个主要城市，建成 80 个运动中心。索福德体育积极协助当地政府，推动中国全民健身体育运动，推动少儿足球培训，并以将体育的激情融入人们的高品质生活为目标。

3. 全新运动体验

索福德运动中心以德国的足球中心为建设标准，全面引进现代化的设计风格，并根据中心待建点周围的环境量身设计，确保中心和周围的建筑物协调地融为一体。索福德足球场地均采用欧洲最新第五代人工草，被国际足联认证，是欧洲各大豪门俱乐部选定的全天候训练场用草，最大限度地保护运动员的脚踝不会受伤。索福德体育以高品质场地、完善的配套设施给运动爱好者带来非凡体验：

(1)独一无二的挡板5人制场地，无铲球、无冲撞、无越位、无边线、无换人限制，全新的快战式体验；

(2)团队6人制、7人制、9人制场地，尽可能满足不同需求的运动爱好者；

(3)所有球场都装备足球挡板、拦网、夜间运动泛光灯及音乐环绕；

(4)室内运动酒吧、室外休闲区拥有免费WiFi、大屏幕、美式桌球，并提供健康饮品，可作为球友看球聚会的理想场所；

(5)为所有球员免费提供更衣室和洗浴室。

4. 专业赛事活动策划

索福德在各地中心都拥有一支具有经验丰富、充满正能量的年轻团队，他们积极为企业策划组织各类赛事、活动，诸如企业世界杯、大型运动会、趣味运动会、户外拓展活动、亲子家庭日、年会等一系列企业团队建设活动，以及以体育为平台的品牌推广活动。依托运动中心网络，索福德为品牌提供全国性大型赛事活动。索福德已服务过众多国内外企业，并得到一致认可。

索福德呼吁白领们走上绿茵、享受阳光、摆脱亚健康，并希望将绿色健康的生活方式传递给每一位中国消费者。

（资料来源：索福德[EB/OL]. http://baikebaidu. com/view/10471171. htm? fr=aladdin.）

第三节　体育场馆的建设

一、体育场馆的选址

体育场馆的选址是指在建设体育场馆之前对其所在的地理位置进行论证和决策的过程。这包括两个概念，一是拟建设体育场馆的区域以及区域的环境和应达到的基本要求；二是指具体建设在哪个地点、哪个方位。体育场馆的功能设计主要是指体育场馆在设计过程中应具备的功能，包括功能设计的趋势、功能定位等。

(一)体育场馆的选址类型

体育场馆的选址绝大多数情况下位于城市，城市用地的类型一般有市区、近郊区、远郊区、卫星城等。根据城市规划的有关理论，把距离市中心区界线5公里以外的范围称为远郊区，5公里以内的区域称为近郊区。由此，体育场馆的选址按照位置可划分为城市型、近郊型和远郊型三种。目前，我国新建的体育场馆中绝大多数体育场馆选址位于城市近郊区或远郊区，远离城市中心，这仅仅是考虑到体育场馆为赛事和运动队训练服务的需要，未能考虑民众健身的需要,不利于体育场馆赛后的利用。

1. 城市型

所谓城市型体育场馆是指位于城市中心区或城市比较发达区域的体育场馆,如北京工人体育中心、长沙新世纪体育中心、湖北洪山体育中心等。城市型体育场馆建设时间一般较早,周边各类设施相对完善,可通达性较强,人流量较大,利用率相对较高。因此,城市型体育场馆可最大限度地满足公众日常生活的需求。但是,城市型体育场馆一般具有用地面积较小、后续发展空间不足、土地使用成本高、交通易堵塞等方面的缺陷。如上海虹口体育场周边虽有轻轨、公园等人流疏散设施和空间,但距离城市交通干道太近,缺乏缓冲空间,导致每次举行大型活动时,大量人流直接涌入城市主干道,造成交通拥堵,并存在很大安全隐患。

2. 近郊型

近郊型体育场馆介于城市型和远郊型之间,选址于距离中心城区边界5公里范围内,既可以借用城市中心区已有设施,可通达性相对较强,又有相对充足的发展空间,因此,近郊型体育场馆带动城市发展的作用较为明显。西方国家多选择在近郊区建设体育场馆,如巴塞罗那奥运会主赛场就选择在城市中心区的西南方向,以实现城市面向大海发展的目的。同样,近郊型体育场馆也应考虑建在城市发展方向上,如北京奥林匹克公园内的体育场馆、济南奥体中心等。

随着城市的发展,近郊型体育场馆可能成为城市型体育场馆,因此在规划初期需要考虑体育场馆周边是否具有足够的拓展空间。在满足体育场馆用地需求的同时,需考虑其他功能发展的弹性空间,达到以体育场馆带动城市发展的目的。

3. 远郊型

远郊型体育场馆是指远离城市中心区,选址在城区范围5公里以外的体育场馆。此类体育场馆通常用地条件宽松,土地使用价格相对较低,但周边经济不发达,人流量较小,配套设施不完善,不便于赛后利用和开展多种经营。远郊型体育场馆的建设目的除了举办大型赛事外,还有带动城市拓展,实现城市由单中心向多中心转变或实现城市跳跃式发展的目的,因此,此类体育场馆一般建在城市发展方向上。如果远郊型体育场馆选址不当,缺乏对城市发展的准确预测,就容易造成体育场馆孤立的局面和"一次性场馆"的现象。

(二)影响体育场馆选址的因素

1. 城市发展方向

城市发展方向对近郊型和远郊型体育场馆的选址尤为重要。每个城市都有各自的发展方向和建设重点,不同城市区域的发展潜力也有很大不同。例如,广州天河体育中心所在地原是一片农田,周围相当荒凉,如今却已经成为新城市轴线上的标志节点之一。又如,上海东亚体育中心虽然最初位于城市郊区,但随着城市的发展,它逐渐融入城市中心区,成为市民健身娱乐的公园,并在经营上能够做到略有盈余。因此,体育场馆的选址与城市的发展方向密切相关。

2. 区域经济

城市内不同区域的经济发展水平有较大差异,居住人群的消费能力、教育文化水平也不尽相同。区域经济的发展水平对体育场馆后期的运营有较大影响。国内多数体育场馆选址在经济相对不发达地区建设,期望通过体育场馆带动区域经济的发展;而国外体育场馆一般选址在城市较为发达的地区，尤其是靠近商业繁华区，力求产生共生作用。因此，从体育场馆的后续利用角度出发，体育场馆的选址宜靠近经济比较发达的区域，以提高利用率。

3. 土地价格

体育场馆一般占地面积较大，为节省建设成本，体育场馆选址宜选择土地价格适中以及具有发展潜力的区位，充分利用体育场馆的集聚效应来带动周边地块和区域的发展，而不是占据城市中土地价值最高的区位。

4. 交通

大型活动期间，大量人流的聚集与疏散是体育场馆安保必须考虑的问题；而在没有大型活动期间，为了提高体育场馆的使用效率，必须考虑体育场馆的可通达性与便利性。因此，体育场馆的选址应充分考虑城市的交通规划，可选择在城市交通枢纽的附近。一般而言，体育场馆与城区之间的交通联系越方便，两者之间的距离可以越远，反之则越近。

5. 体育场馆的功能定位与规模

综合类型的体育场馆与专业类型的体育场馆在城市中的选址是不相同的。一般而言，综合类型的体育场馆宜选择距离城市较近的区位，而专业类型的场馆可选择距离城市较远的区位，因为专业类型的体育场馆服务对象相对单一，其利用方式和目的相对简单。同样，规模大的体育场馆可选择距离城市较远的区位，反之则需选择距离城市较近的区位。

体育场馆的功能定位对于其选址有较大影响。我国体育场馆的功能定位既要承办大型体育赛事、文化活动等，还要承载全民的健身功能，这就决定了体育场馆的选址不能远离市区，毕竟体育场馆的赛事功能是一时的，而全民健身功能则是贯穿于体育场馆的整个生命周期的日常性活动。目前，国外很多体育场馆的选址逐步回归城市中心，将体育场馆作为城市更新或复兴的催化剂。虽然国外一些国家如美国等大型体育场馆的选址地处远郊区，但这与美国大型体育场馆的功能定位以及人们的出行方式密切相关。美国大型体育场馆基本上以举行大型活动为主，不对群众的日常健身开放，而且美国民众前往体育场馆的交通方式以私家车为主，需要场馆周边有数量众多的停车位，因此，美国大型体育场馆的选址一般在城市的郊区。

二、体育场馆的功能设计

(一)体育场馆的功能定位

体育场馆的功能定位是功能设计的前提和基础，体育场馆的功能设计取决于其功能定位。体育场馆的功能定位是指在目标市场选择和市场定位的基础上，根据体育场馆潜在的消费者需求的特征，结合体育场馆的特点，对体育场馆应具备的基本功能和辅助功能作出具体规定的过程。根据体育场馆潜在的不同类别的消费者需求的不同，可以将体育场馆的功能定位分为竞赛型、健身型、训练型和复合型四种类型。

1. 竞赛型

竞赛型体育场馆是指体育场馆的功能定位主要是用于满足各种大型体育赛事的需要，以承接各种大型体育赛事为主要目的，如国家体育场、国家体育馆等体育场馆。一般而言，此类体育场馆规模较大、场地面积较小、工程造价较高，拥有大量的看台和高档的辅助设施以及各种附属功能用房，以大型体育场馆居多。

2. 健身型

健身型体育场馆是指体育场馆的功能定位主要用于群众的健身活动，以满足群众的体育健身为主要目的，如各地兴建的社区体育中心或全民健身中心等。一般而言，此类体育场馆规模较小、场地面积较大、工程造价较低、看台数量较少或没有看台、设施设备比较简易，以中小型体育场馆居多。

3. 训练型

训练型体育场馆是指主要用于高水平运动队训练的体育场馆，以满足高水平运动队和运动员的训练为主要目的，主要是国家体育总局及各省体育局在各地建设的国家队以及省市运动队的训练基地等，如国家体育总局训练局体育场馆设施、国家体育总局秦皇岛训练基地等。目前，国内多数此类体育场馆在满足运动队训练需要的同时，也逐步向社会开放。

4. 复合型

复合型体育场馆是指体育场馆的功能定位于多元化、多功能的体育场馆，体育场馆不仅具备竞赛、健身等多种体育功能，还具备休闲、娱乐、商业等功能。复合型体育场馆是当今体育场馆发展的主要趋势之一，国外许多体育场馆如温布利大球场和国内的南通体育会展中心、哈尔滨体育会展中心等均是复合型体育场馆的典型代表。

(二)体育场馆功能设计的特点

从当前体育场馆的发展趋势和国外体育场馆功能设计的现状可以发现，当前体育场馆的功能设计具有以下几个方面的特点：

1. 体育场馆功能设计的综合化

体育场馆功能设计的综合化是当前体育场馆建设发展的主要趋势，也是当今世界建筑发展的主要趋势。国外的体育场馆在功能设计及选址方面利用集聚效应的实例非常多，经常将体育馆同展览馆、音乐厅、会堂等大型公共活动场所共同规划设计，形成一个公共活动中心，甚至是将这些内容组合起来建成综合体建筑。如日本的千叶幕张会展中心，将一座大型多功能体育馆作为会展中心的一个多功能展厅来设计，与其他部分在使用上可分可合，非常灵活方便，使该体育馆的使用效率大大提高。而且，体育场馆作为一种大空间的公共建筑，具有大空间的共性，这种空间没有明确的限定形式，可以按使用功能灵活分割。这种灵活的空间形式，使得体育场馆能够便利地将各种比赛项目以及文艺、展览、集会、健身等具有相似空间需求的功能项目整合成一个功能综合体，从而使体育场馆具有多种使用功能。体育承办的大型赛事、文艺演出、展览、集会等均具有间歇式交错使用的特点，互不影响，各种活动在时间上具有互补性，这为场馆设施的综合利用提供了可能，提高体育场馆赛后的使用率。因此，体育场馆设施功能设计的综合化既是当代建筑发展的趋势，也是社会发展的必然要求。

2. 体育场馆功能设计的多元化

近年来，体育场馆功能设计呈现多元化的发展趋势，国内外涌现出了许多具有多元功能的复合化场馆或场馆复合体，将场馆与酒店、商业设施、办公楼、休闲娱乐设施等多元功能融合起来进行一体化设计、施工，使体育场馆复合体除了具备竞赛、健身等功能外，还具备酒店、商业、娱乐、休闲等多元功能，如国内南通、哈尔滨等地建设的体育会展中心，在规划设计中就融合体育、会展、酒店等多元功能。此时，体育不再是复合体的唯一功能或主要功能，复合体由体育中心演变为城市的休闲娱乐中心、商业中心，成为城市更新的载体。体育场馆的多元功能之间能够相互影响和相互促进，形成聚焦效应，从而促进场馆与其他设施的充分利用。场馆承办大型赛事等活动可为复合体带来大量的客流，带动复合体内其他设施的经营，而前来复合体内其他设施消费的人群，也为场馆的经营与市场开发提供了潜在客源。

3. 体育场馆规划设计以赛后利用为主

随着人们对场馆设施赛后运营问题认识的深入，逐步意识到场馆设施的赛后运营问题不是赛后才予以考虑的，而应是在规划设计阶段就予以考虑，通过完善功能设计方案，将赛后运营方案与思路融入规划设计，以便体育场馆赛后的运营。而且，在体育场馆建设管理中，政府部门也意识到在功能设计中考虑赛后运营的重要性，要求体育场馆赛后管理部门提前参与体育场馆的规划、设计，并要求体育场馆管理部门提出赛后运营方案，使规划、设计方案充分考虑体育场馆的赛后运营，这有效地提高了体育场馆功能设计的科学性，为体育场馆的赛后运营奠定了基础。部分城市体育场馆的投资者从投资收益角度考虑体育场馆的功能设计，在设计中充分考虑赛后运营，以体育场馆赛后利用设计为主，兼顾赛时需求，体育场馆的多功能使用与赛后运营在设计初期就非常明确，这对于提高体育场馆的运营效果非常有利。

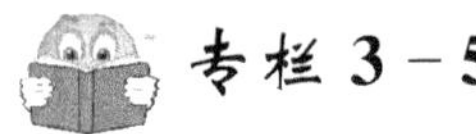

专栏 3-5

沈阳绿岛体育中心之殇

2012 年 6 月 3 日，一座建造时花费了 8 亿元巨资、使用不足 10 年的豪华室内体育场，瞬间化为废墟，这就是沈阳绿岛体育中心。2003 年 11 月 6 日，国际足联网站正式公布了亚洲第一大室内体育场——沈阳绿岛体育博览中心获得国际足联的认证。这意味着沈阳市从此拥有了一个在世界体育场馆排行榜上名列前茅的豪华室内体育场。这座位于沈阳市浑河南岸的体育中心曾经辉煌一时，整个体育场内布置得相当豪华，体育场四周都安排了包厢，加上普通座椅以及伸缩看台，整个绿岛中心可以容纳 3.3 万名观众，仅购买人工草坪一项就斥资 100 多万美元。沈阳绿岛体育中心被爆破拆除，是由于绿岛体育中心建成后无运营收入，场馆使用率不高，一直处于闲置状态，为保证土地资源的有效利用和开发而征收拆除。爆破这个体育场所用的电子雷管达到 2 吨左右，爆破费用在 500 万元上下。

目前我国人均体育场地拥有面积是很低的，老百姓身边的体育设施也是很少的。对于老百姓来说，他们最需要的是身边的、小型的、便民的体育设施。政府与民众在建设体育设施上的理念差异，一方面导致我国的不少城市花费巨大的代价建设大型体育中心，却苦于赛事资源不足，大型体育中心的维持、运营十分困难；另一方面，老百姓缺少体育活动场地的情况仍然很突出。这几年我们在推行中小学校体育场地向社会开放，这是为了解决老百姓健身难而采取的不得已的选择。真正要改变老百姓体育活动场地不足的局面，最主要的解决办法仍然是多提供老百姓身边的体育设施和场地。

（资料来源：宋骞. 公共建筑规划，何时贴近市民需求——沈阳绿岛体育中心之殇[J]. 中华建设，2012(07).）

三、体育场馆建设投融资模式

当前市场经济高度发达的国家，尤其是体育产业也同时具有世界先进发展水平的国家，在体育场馆建设投融资模式方面也呈现出多样化的趋势，并取得了很好的效益，这对我国当前体育场馆建设投融资模式的选择也是一个很好的借鉴。

(一)冠名权融资

通过出售场馆的冠名权获得的资金可以成为场馆建设和维护费用的组成部分。在美国，冠名权融资是民间资本直接参与体育场馆融资的一种常用形式，目前在美国最受欢迎的四大职业体育项目——NBA、冰球、美式足球(橄榄球)和棒球——共122个体育馆中，有83个已经采取了企业冠名的运营模式。体育场馆冠名权为美国体育场馆带来了丰厚的收入。

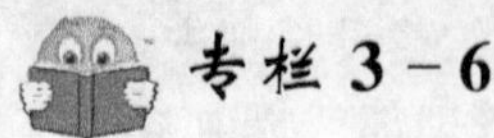

专栏 3-6

美国大型体育场馆冠名融资策略

美国对体育场馆特别是大型体育场馆冠名在20世纪90年代得到了爆炸式发展。在1990年后的10年间，66家企业将自己的名字用于原有或新建的体育场馆上，而且这种情况还在继续。在美国最受欢迎的四大职业体育项目篮球、冰球、美式足球和棒球的全部122个体育馆中，有83个已经采取了企业冠名的运营模式。据美国消费者杂志调查发现，80%的消费者能够正确说出该地区体育场馆冠名企业的名字。冠名企业除了要赢得广大市民及到场或电视机前的观众，还通过邀请相关单位观赏比赛与之保持友好的商业关系。企业不是单纯为冠名而冠名，而是想通过购买名称获得下一个实施整套市场计划的平台。在私人企业受益的同时，场馆和球队也同时获得巨大商业利益，以填补场馆建造以及运营等方面的开支。由于网络电信技术的高速发展，企业通过对某体育场馆10～20年冠名权的购买，就意味着每年该企业的名字可以通过印刷文字、空中电波、因特网等媒体形式与潜在顾客的眼球接触10亿次以上，每次按5美分计算，就等值于5000万美元，其效益是传统商业广告不可比拟的。荷兰电器巨人菲利浦以1亿美元购买亚特兰大鹰队的新球场冠名权，并供应该场馆的部分设施，如灯泡、电视屏幕、数码影音设备等，总投资额达到2亿美元，使该体育馆的经营出现了根本性的变化。据不完全统计，仅北美洲就至少有50家职业体育场馆是用企业的名字命名的，整个体育场馆冠名权市场的市值已超过20亿美元。

(资料来源：李定.美国大型体育场馆经营管理研究[D].武汉：华中师范大学，2008.)

(二)TOT投融资模式

TOT(transfer - operate - transfer)投融资模式，是指政府将一些已建成的大型基础设施项目转让给民间资本或外资，受让方则在一定时期内享有专营权，专营期满后，受让方将经营权无偿地交还政府。利用TOT投融资，政府既可以在特许经营期后获得由投资方改造后的项目，又可通过投资得到的资金用于其他新项目的建设。而投资方由于购买的是东道国的存量基础设施和经营权，有效地降低了项目风险。TOT模式同时还是企业收购与兼并的一种重要形式，这种模式在早期的体育场馆建设中较多采用，同时也是引发后面集中模式的萌芽阶段。

(三)PPP投融资模式

PPP(public - private - partnership)投融资模式，是政府、非营利型部门等公共部门和营利型企业就某一项目而形成合作关系。PPP有广义和狭义之分。广义的PPP是一个概念范畴，泛指公共部门和私营部门基于基础设施项目投融资的一系列合作，它按照合作形式的不同又可分为不同的形式，具体详见表3-1。

表 3-1 PPP 模式分类

分类	名称	基本含义
服务外包	服务协议(service contract)	公共部门与私营部门签订协议,由私营部门提供某种公共服务
	运营和维护协议(operate & maintenance contract)	公共部门与私营部门签订协议,私营部门代替公共部门维护和运营其基础设施
已有设施改扩建	租赁—建设—运营(LBO)	私营部门租赁公共部门的设施,向政府缴纳租赁费用,对设施进行改扩建,负责其运营和维护
	购买—建设—运营(BBO)	私营部门购买公共部门的设施,获得其产权,对其进行私营和改造
	转让—运营—转让(TOT)	私营部门租赁或购买公共部门的基础设施,对其进行改造更新后运营,特许期满后归还公共部门
新建	建设—转移—运营(BTO)	由私营部门投资建设,项目建成后移交给公共部门,再同公共部门签订协议,负责项目的运营
	建设—运营—转移(BOT)	由私营部门投资建设,在特许期内运营项目,特许期结束后移交给公共部门
	建设—拥有—运营(BOO)	私营部门建设并拥有项目,对项目进行运营,同时接受公共部门的监督

狭义的 PPP 模式指具体的投融资模式,即公私合作投融资。在这种投融资模式下,政府并不是把项目完全交给私营企业负责,而是和私营企业共同分担项目的相关事务。在 PPP 模式下,政府和企业就某一项目成立专门的项目公司,政府授予项目公司特许经营权,项目公司从项目的可行性研究阶段开始全程负责项目的设计、投融资、建设和运营等,公私合作贯穿项目始终。以下的讨论在无特别说明的情况下是指狭义的 PPP 模式。PPP 模式与其他投融资模式相比,其优势主要表现在以下几方面:

(1)PPP 模式缓解了政府的投资压力,实现了融资风险的转移。通过 PPP 模式投融资,有效地将社会资本运用到体育场馆的建设中,减轻了政府的财政压力,为体育场馆的建设筹集到更多的资金,解决了建设资金不足的问题,同时将融资风险部分转移给了私营企业。

(2)提高公共服务供给水平,促进政府工作效率提高。在 PPP 模式中,项目的组织模式与以往不同,公私合作双方由上下级关系变为合作关系,政府的角色由管理者转变合作者、市场参与者。由于缺乏竞争机制,政府在提供公共服务中的效率低下问题是一个普遍共识,PPP 模式的引入打破了政府在公共基础设施领域的垄断地位,使政府也要面对市场竞争的压力,促进了政府部门提高其管理水平和效率。公私双方的合作关系也保证了私营企业决策的独立性,克服了上下级关系带来的束缚。

(3)非公企业的经验得到充分发挥。PPP 模式下,参与公共基础设施项目的私营企业更早地参与到项目中,私营企业的先进技术和管理经验得到了更好的发挥,从而全面提高了项目公司的综合实力,为项目成功提供了技术支持和经验保障。

(4)风险分配更合理。PPP 模式在项目初期就可以实现风险的合理分配,由政府分担政策变动、罢工等政治风险和利率变动、通货膨胀等系统性风险。这种风险分担模式使相关各方承担的风险与各自的风险承担能力匹配起来，从而大大增强了 PPP 项目的抗风险能力，降低了承建商与投资商的风险，从而降低了投融资难度，提高了项目投融资成功的可能性，并且政府在分担风险的同时也拥有一定的控制权。

四、我国体育场馆投融资模式的策略选择

随着我国体育产业的发展，体育体制改革的深化，体育场馆投融资体制改革的逐步深入，其投融资模式也逐步形成了多元化趋势。

(一)奥运场馆及附属设施项目法人招标的运作模式

国家体育场不仅是 2008 年奥运会一座独特的历史性的标志性建筑，在场馆建设投融资方面也是我国社会公益设施政府投融资新模式的重大尝试，即采用 PPP 模式的项目。

国家体育场有限责任公司是北京市国有资产经营有限责任公司与中国中信集团联合体共同组建的项目公司，负责国家体育场的投融资、建设、运营和管理，是国家批准的中外合作经营企业。

2003 年 8 月 9 日中国中信集团联合体作为项目法人合作方招标的中标方与北京市政府草签了《特许权协议》，与北京市政府和北京奥组委草签了《国家体育场协议》，并与北京市政府的委托投资人北京市国有资产经营有限责任公司签订了《合作经营合同》。协议规定，国家体育场有限责任公司经营期限自 2003 年 12 月 17 日至 2038 年 12 月 31 日，届时国家体育场将被无偿移交给北京市政府，并确保所有设备设施处于良好运行状态且能够操作国际大型赛事。同时，中信联合体被授予国家体育场 30 年的运营权，期间政府不参与任何分红。

从中可以看出，国家体育馆项目 PPP 模式和 BOT 模式的灵活组合确保了政府的少投入。在减少政府承担的运营风险的同时，促使合作企业市场化运作，使项目的盈利预期大大增强。

(二)商业开发运作模式(BOT 模式)

北京万事达中心(五棵松文化体育中心)项目的运作是将预期盈利弱的体育设施搭配一定面积的商业设施，经包装后对国内外公开招标确定项目法人，由项目法人负责项目的投融资、设计、建设、经营和管理，此模式称为商业开发运作模式。北京万事达中心项目的特点，单就其中的体育馆本身而言，30 年的正常经营期内是亏损的，但是通过搭配一定面积的酒店、商业娱乐等设施，使项目整体将得到较好的效益。除北京万事达中心项目是按照商业开发模式运作外，会议中心项目的融资也采用了这个模式并获得成功。

(三)盈利项目同体育设施捆绑运作模式

国家体育馆和奥运村是捆绑招标，以有盈利预期的高档住宅奥运村平衡带有公益特点的国家体育馆，使得项目整体具有较强商业价值。这种融资方式称为盈利项目同体育设施捆绑运作模式。“馆”与“村”捆绑后成为招标中最为抢手的项目，最后中标的联合体更是强强联合，既有北京城建这类的大型建筑企业，也有拥有中国超级足球俱乐部的中信国安集团，他们共同负责国家体育馆和奥运村的投资、设计、建设和运营。

通过上述三种方式，政府就不必负担运营的经费。而对于企业而言，有实力夺标的企业在设计上就充分考虑了今后运营的问题，比如国家游泳馆项目，奥运会后已改建成一个水上娱乐中心。单纯靠体育设施盈利比较困难，所以北京市发改委考虑给他们很多附属设施的综合经

营，现在的业主都在招聘国际运营商来帮助他们，借鉴其运营经验，希望通过奥运会后的经营获得更大的回报。

当然，除了北京奥运场馆建设中一些典型的投融资模式之外，在我国其他地方和一些大型赛事活动的体育场馆建设中，也越来越多地采取了一些新的模式选择。总之，我国现行的以单位自筹和财政拨款为主的体育场馆投融资模式已成为制约当前体育场馆建设与发展的瓶颈。因此，我们应立足于借鉴和学习发达国家在体育场馆建设投融资方面的先进经验和部分省市在这方面的实践探索，运用新的理念，加快体育场馆建设投融资的体制改革，推动我国体育场馆建设可持续健康地发展。

本章思考题

1. 试述体育场馆经营管理的任务及方法。

2. 概述体育场馆的主营业务及多种经营。

3. 就某一个具体的体育场馆的经营管理问题，做一个策划，内容包括该体育场馆的经营环境分析、功能定位、市场定位、经营项目设置、经营形式等内容。

拓展阅读

麦迪逊广场花园：场馆中的麦加圣地

麦迪逊广场花园（以下简称花园），是世界上最著名的球馆之一，不仅仅是纽约尼克斯的主场，对很多超级球星而言，还是他们最喜欢的舞台。花园被职业球员和球迷奉为篮球的麦加圣地，同时，花园也是许多演艺明星最喜欢的地方，许多明星都是从这里走向世界，最后造就了他们传奇的演艺生涯。花园之于世界，远远超越了作为三支职业球队主场的意义，它不只是竞技舞台，更是表演舞台，每年都有数百场各种性质的演出轮番在花园上演。

1. 花园的传奇历史

花园的历史可以追溯到19世纪后期，最早的花园位于曼哈顿的第26街和麦迪逊大道交界处。1874年，一名商人把当时的“麦迪逊广场”改造为用来进行演出活动的“麦迪逊广场花园”，后来，由于原来的花园不能满足演出活动的要求，需要另选址建设新的花园。恰好1961年拥有宾州火车站所有权的宾夕法尼亚铁路公司因为财政困难，决定出售宾州火车站的领空权，于是与急于寻找地皮建设新场馆的花园公司一拍即合。1963年10月28日，原来露天的宾州火车站被推倒。1968年2月11日，地下是火车站、地上是体育馆的整体建筑全部完工，制造了曼哈顿岛，同时也是世界上一道独特的风景。新建的花园不仅仅是一座体育馆，从地面一层到四层，实际上是麦迪逊广场花园剧院，有5600个座位，每年一度的NBA选秀大会，就在这里举行；从地上第五层开始是花园球场，是NBA纽约尼克斯、NHL纽约游骑兵和WNBA纽约自由女神的共同主场。同时，花园也可以举办网球、拳击、室内田径等多种赛事。拳王阿里、乔丹等都在这里留下了精彩的瞬间。花园是除了奥林匹克运动馆以外最著名的室内田径场馆，是拥有100年历史的米尔罗斯运动会（Millrose Games）的举办场地。田径运动的风云人物用世界纪录写满了花园的史册，其中就包括飞人卡尔·刘易斯1983年在这里的惊世一跃，造就了长达16年的跳远世界纪录。

2. 花园的运营

花园由花园公司运营，该公司是一个典型的多元化经营的企业，在纳斯达克上市。公司从事体育赛事、场馆运营、文艺演出、无形资产开发、有线电视等多个领域的经营，还拥有纽约无线城市音乐厅、彼康剧院、芝加哥剧院等场馆的经营权。

(1)体育赛事的圣地。由于花园公司的幕后老板多兰家族拥有花园及其相关地产的100%的权益，同时该家族也是NBA尼克斯、NHL游骑兵和WNBA自由女神的所有者，因此，花园作为三家职业球队的主场也就不足为奇，三家球队的所有赛事都在花园举行。除了职业赛事外，纽约部分高中的学生篮球赛和部分传统赛事也在花园举行，已具有很多年的历史，如部分狗秀、拳击赛等，成为花园的传统赛事。在花园的空闲时间，会对外出租，承办各种赛事和演出等活动，花园在这些活动中更多的是扮演场地出租者的角色，会根据客户的需求，由专业的团队帮助承租者组织、策划活动。

在花园举行的所有赛事、演出等活动的门票都可以在花园公司的网站上购买，售票系统由花园公司与美国特玛捷公司合作，网上购票十分便利。

(2)球场的多功能使用。在花园的入口处，可以看到在花园举行的各种活动的精彩瞬间展示，也可以看出花园的多功能与多用途。除了各种赛事以外，还有演唱会、政治集会以及其他各种不同性质的活动，达数十种之多，体育赛事仅是花园举行的众多活动中的一部分。花园之所以能举办多种活动得益于其场地的多功能设计。花园的场地可以在篮球场、网球场和冰球场等多种场地之间进行转换。篮球场地的拼木地板下垫着厚厚的一层塑料状的特殊隔热层，而在它的下面，则是约一英寸厚的人造冰面。由于铺上一次人造冰的成本很高，而且费时长达18个小时，一般情况下冰面将保持一整个赛季。遇上篮球比赛，隔热层将保证最上层的拼木篮球地板完全不受冰的影响。在篮球比赛结束观众离场后，为了第二天的冰球比赛，工作人员立即开始移除铺在场地上的临时座椅和活动坐席，按照冰球场地的设置，重新调整底层座椅。由于地下的冰层对举办室内网球比赛有影响，因此，在举办网球比赛时需要将地下冰层完全融化。

花园球场底层的坐席都是活动式坐席和可伸缩坐席，有时候还有很多临时坐席。花园在举行篮球比赛时，座位为19763个，冰球比赛时为18200个，在举行其他活动时，花园的坐席容量根据活动的规模以及舞台的大小等确定。花园的包厢位于顶层，球馆大部分空间都留给了持散票进场的普通坐席观众。而且包厢的数量非常少，每个包厢只能容纳10个人，正是这种格局，营造了花园的平民气氛，使来花园看球的名人们，大多坐在场边或者和普通观众混杂在一起，与民同乐。在比赛的间隙，摄像机的镜头会对准这些明星，引起球迷的一阵欢呼和尖叫。

花园除了举行各种体育赛事外，还经常举办各种演出和表演，包括歌剧、演唱会、各种show、宠物狗表演等。

2010年2月下半月至4月上半月的59天时间里，花园正在进行维修改造，但使用天数却达到43天，仅有16天时间闲置，若将球场和剧院的使用时间加起来，花园则天天在使用，没有一天闲置。而且，在部分时间，球场和剧院同时有大型活动，如在2月27日，球场有两场球赛，中午12点为纽约高中篮球赛，晚上7点为尼克斯的主场，时间间隔不到五个小时，当天在剧院还有一场演出，一天的大型活动使用频率达到三次，令国内所有的场馆羡慕不已。此外，在3月1日，球场还安排有一场室内网球比赛。

(3)餐饮服务。在花园的第五层设置有花园俱乐部会所，这是一个酒吧式的圆形空间，独特之处在于它的室内布置。每张餐桌，每面墙壁，都布满了体育照片，其中大多是纽约游骑兵队和纽约尼克斯队比赛的精彩瞬间，还有一些属于像穆罕穆德·阿里一样的世界拳王的比赛画面。这个会所是纽约城中小有名气的聚会场所，只对尼克斯队和游骑兵队季票拥有者和贵宾会员免费开放。随着赛季的进行，这里每个夜晚都热闹非凡，死忠的纽约球迷在赛前赛后总是会来到会所喝上几杯，讨论当天的比赛，在比赛期间这里还为球迷提供餐饮服务。

在比赛期间，花园为观众供应各种食品和饮料，在花园球馆的各个出口几乎都有食品销售点。同时，花园的球迷俱乐部也为观众提供餐饮预订服务，在球迷俱乐部内享受各种预订的美食。观众若不想错过精彩的比赛，坐在座位上也可以购买到各种食品和饮料，在球场内的观众席区不停地会有花园的销售人员流动销售食品、特许商品等，服务非常周到。

(4)观众互动。在每场比赛的暂停和间歇时间除了美女拉拉队的表演外，还有花园组织的各种观众互动活动，既有花园根据 NBA 官方要求组织的活动，也有花园自己组织的观众互动活动，互动环节非常多，如由起亚汽车赞助的观众定点投篮，每投中一个球，由赞助商奖励 100 美元以及派发各种小纪念品等。这时观众均会大声欢呼，以引起拉拉队员的注意，把小礼品投向自己所在的区域。这些互动活动多是由花园或 NBA 的赞助商策划的，给予观众强烈的现场体验与娱乐体验。

(5)无形资产全面开发。花园在无形资产开发方面也是下了很大工夫的，对花园的各种空间进行了充分的开发。在通往球场的走道上是各种赞助商的广告牌，在球场内的屏幕上以及观众席区的电子显示屏上滚动播放赞助商的广告，比赛门票的背面也是当地一家知名快餐企业的广告。所有的无形资产开发工作均由花园公司自主开发。

3.花园运营的成功经验及启示

花园运营的成功经验，可以归纳为三个方面：一是丰富的大型活动资源。花园常年大型活动不断，各种大型赛事、演出、表演等几乎排满了花园的日程表，而且花园是三家职业球队的共同主场。二是花园球场的多功能利用。可以说花园将球场的多功能利用发挥到了极致，在花园举行的体育赛事达数十种之多，部分项目的举办在国内是不可想象的。三是强烈的娱乐和现场体验。花园在音响效果与互动活动的组织方面都给观众带来一种强烈的震撼感，使观众觉得现场看球的气氛是不可替代的。这给我们的启示是我国大型场馆在运营中应积极争取各种大型活动资源，不应局限于体育活动，而应走场馆多功能利用和多元化经营之路，主动出击，与国内外演出经纪公司合作，发起或承办各种大型活动。同时，在举办大型活动时，应注意营造浓厚的现场氛围，组织各种观众互动活动，提高观众的参与热情，诱发观众的再次消费，为场馆培养较为稳定的消费群体。

（资料来源：陈元欣. 国外体育场馆运营案例集锦[M]. 武汉：华中师范大学出版社，2014.）

第四章 商业健身俱乐部经营管理

本章提要：通过学习本章，了解商业健身俱乐部的定义、类型，更深一步地了解商业健身俱乐部的经营，包括它的经营方式、特征等。最后还要懂得怎样去管理一个商业健身俱乐部，明确它的市场、定位以及营销方式和营销策略。

关键词：商业健身俱乐部；类型；市场定位；营销策略

随着社会的进步、人们生活水平的提高和都市"文明病"的出现，人们对生活质量和自己的身体健康有了更多的重视，因而对体育健身服务提出了更高的要求，需要更加专业和高档的场地、设备，需要更加丰富的项目和内容，需要更加专业的教练有针对性的指导和照料。在这样的情况下，商业健身俱乐部就应运而生了。商业健身俱乐部是体育产业化、市场化的最突出的产物，也是一种体育经营的组织形式。通过对商业健身俱乐部经营管理活动的研究，将有利于体育产业的开发及体育市场的拓展，这一行业已成为了国际体育产业的支柱性行业。

第一节 商业健身俱乐部经营管理概述

一、商业健身俱乐部的含义与类型

（一）商业健身俱乐部的定义

商业健身俱乐部是指以营利为主要目的，向消费者提供锻炼、健身、娱乐和休闲的场所、设备、服务以及专业化的指导，依靠市场机制和利益机制运转的会员制自主经营、自负盈亏、享有独立法人资格的经济实体。商业健身俱乐部的产品形式以无形服务为主，服务对象是所有付费的消费者。

（二）商业健身俱乐部的类型

1. 独立型健身俱乐部

独立型健身俱乐部是一种单一的健身俱乐部形式，这种健身俱乐部以经营单一健身项目为主，大多实行会员制，器械和场地设施较单一，如保龄球馆、台球社、溜冰场等。

2. 连锁型健身俱乐部

随着健身俱乐部的不断发展和兴旺，许多国际著名俱乐部的连锁机构和管理顾问公司纷纷进入中国，他们把先进的管理理念和模式带进我国，同时也使我国大众体育消费的竞争更加激烈。这种健身俱乐部大多有庞大的企业作背景，健身项目齐全、种类繁多、配套设施和经营管理都非常完善，并鼓励投资商进行加盟及连锁经营。连锁经营作为一种经营形式的革命，有其独特的优势，可以形成市场共识、经营共谋、资源共济、利益均占，实现建立在利益基础上的、有条件的资产优势互补。连锁经营的类型主要有两种，即直营连锁和特许连锁。特许连锁经营是直营连锁发展到一定阶段所产生的更高级的商业形态，它是一种知识产权的总体转让。

专栏 4－1

北京市青鸟俱乐部

北京青鸟健身有限公司成立于2000年初，是国内最早采用连锁化经营、最具规模的健身中心，顶级的健身器械、一流的教练团队、以人为本的高品质服务，成就了青鸟健身俱乐部的品牌！现有兆龙店、百盛店、中关村店、安贞环贸店、双安店、东四环阳光港湾店、加州水郡店、海逸店和广州天河店、大连渤海明珠店、杭州西城店、太原国贸店、包头店、西宁店、广州滨江店等16家分店。青鸟健身俱乐部实行会员制，拥有会员80000余名。青鸟健身是国内较早地将“健身运动”作为一种产业去经营的机构，率先探索一条前无古人的新兴行业的发展之路。青鸟健身俱乐部开业仅一年即被评为北京市体育休闲产业销售第三名，次年获第二；青鸟最早推出私人教练服务，随后又推出星级私人教练的体系；青鸟倡导“科技健身，青鸟先行”理念，将专业科学健身放在首位；青鸟协助国家体育总局编纂“五星级”商业健身房硬件与服务标准，次年即成为中国首批五星级健身中心，旨在树立中国大陆最专业化和高品位的健身场所，引领高品位时尚人士的休闲和社交，全力创造健身新概念。青鸟健身的姊妹品牌“青鸟阳光”也正逐步发展北京社区、远郊区县和全国各二线城市。

（资料来源：北京青鸟健身[EB/OL]. http://www.nirvana.com.cn/about/gsbj.asp.）

3. 附属型健身俱乐部

附属型健身俱乐部的存在形式是将健身经营作为企事业单位或某一机构的附属形式存在，起到完善这一机构功能的效果。这种存在方式也是目前较为常见的形式，又是“健身房”这一名词产生的最初形式。各大企事业单位和星级宾馆所附设的健身中心都属于这一类，这些场馆大多设施齐全，常常涵盖游泳池、健身房等。

专栏 4－2

儋州恒大名都健身会所

以“乐活、休闲、激情”为主题精心打造的恒大名都健身会所，作为目前儋州市区内首席高档健身房，是恒大名都倾力打造的大规模高档健身中心。自盛大开业之后，健身房里每天都热闹非凡，成为业主闲暇时主要的休闲场所。

健身会所位于五星级湖畔会所二楼，装修气派，600多平方米的舒适空间里，不仅配置动感单车、综合训练器、登山机、跑步机等上百件健身设施，还设有淋浴房、桑拿房等设备。顶级会所的先进管理理念，以住户为主要服务对象的会员制管理模式，集合数十名资深教练配置，常年开设瑜伽、健身球操等丰富多彩的国际流行课程，国际化的服务水准、专业化的星级服务，无不昭示着恒大名都健身会所不仅是一个运动的场所，更是一个融健身咨询、运动健身、私人教练以及健康生活指导的健康养生馆。

作为民生地产，恒大名都不仅以高性价比的人居价格让利民众，还致力于从生活的各个方面为业主们提供高品质的生活享受。除了让业主拥有私属的健身会所，恒大名都还专门为业主定制了四季游泳池、乒乓球室、桌球室、器乐室、篮球场等多项运动、休闲项目，让业主在尽情挥汗畅享健康生活的同时，更能以此来和谐家庭、邻里关系。未来业主们可以在健身房中舒活筋骨，或在网球场上尽情对抗，或在棋牌室对弈娱乐……它可以让业主随时享受多功能休闲会所的闲适。

（资料来源：恒大名都健身会所 打造儋州顶级运动生活[N]. 海口晚报，2012－05－24.）

二、商业健身俱乐部经营的基本特征

商业健身俱乐部可以分为一般的商业健身俱乐部和高级的商业健身俱乐部两种形式。

(一)一般的商业健身俱乐部的特征

一般的商业健身俱乐部的特征主要表现为以下几个方面：

1. 名副其实的商业企业

商业健身俱乐部以提供较高质量的健身服务为手段来获取赢利。因为来商业健身俱乐部活动的消费者与俱乐部之间的关系是一种商品买卖关系，所以商业健身俱乐部是名副其实的商业企业。

2. 活动内容丰富多彩

商业健身俱乐部的活动内容丰富多彩，设备先进而齐全，可同时满足健身消费者的多种需要。

3. 提供专家的辅导、咨询和保护

商业健身俱乐部一般均提供专家的辅导、咨询和保护，并协助体育消费者结合自己的兴趣爱好、身体条件和健康状况，选择合适的运动项目和器械，进行适量的运动，以利于消费者提高运动锻炼的针对性、安全性和效果。

4. 营业时间比较长

商业健身俱乐部营业时间比较长，一般都从清晨到深夜全天开放，周末和节假日也是如此。每个体育消费者可以自由地选择最适合自己的闲暇时间从事体育消费活动。

(二)高级商业健身俱乐部的特征

高级商业健身俱乐部的特征与一般商业健身俱乐部大体相同，但其也有自身的特征，主要表现在以下几个方面：

1. 市场定位以社会名流和绅士富豪为主

一般商业健身俱乐部的市场定位是以社会大众为主，而高级商业健身俱乐部的市场定位主要以社会名流和绅士富豪为主。

2. 运动项目以时尚、休闲、高端为主

一般商业健身俱乐部开展的运动项目以大众化的群体项目为主，而高级商业健身俱乐部开展的运动项目以时尚、休闲、高端的运动项目为主，如高尔夫球、网球、桌球、游艇等。

3. 功能定位以运动、游乐、社交等为主

一般商业健身俱乐部的功能定位主要是为社会大众强身健体、欢度余暇提供场所，而高级商业健身俱乐部的功能定位主要是运动、游乐、社交等，甚至是洽谈生意的理想场所。

4. 经营形式采取封闭式的会员制形式

一般商业健身俱乐部采取开放式的经营方式，健身消费者只要付钱均可以进入俱乐部从事体育消费活动，而高级商业健身俱乐部一般采取封闭式的会员制经营形式。

商业健身俱乐部不管是一般的还是高级的，其主要作用是为了满足人们消费买健康和欢度余暇时光的需要；同时商业健身俱乐部的发展，也促进了体育产业乃至整个第三产业的发展，并为社会提供了新的就业岗位。

三、商业健身俱乐部的运作管理

（一）行政管理

加强商业健身俱乐部娱乐业行政管理，目的在于理顺内部关系，使各项管理规范化、制度化、效率化、清晰化。商业健身俱乐部的管理机构由董事长、总经理和办公室、市场部、财务部、运动部、医疗部等职能部门组成。俱乐部的总经理由董事长任命，并对董事长负责。各职能部门则受俱乐部总经理的领导，对总经理负责。办公室负责档案、印鉴、公文打印、办公及劳保用品、库房、报刊及邮发；市场部负责会员招募、营销企划、会员服务；财务部负责人事、会计、总务；运动部负责生理评估、运动处方、具体运动项目；医疗部则负责医疗咨询、医疗保护等。

（二）计划管理

商业健身俱乐部的经营计划是安排健身产品销售任务的重要依据，健身俱乐部各个部门的经营活动，都必须严格按计划执行。商业健身俱乐部制订经营计划的主要依据是：宏观经济环境；董事长和总经理提出的企业经营方针和经营目标；市场需求状况和市场预测资料。

专栏 4－3

商业健身俱乐部经营计划制订程序

首先，要了解俱乐部存在的价值是什么？要从最原始简单的获利，提高到对地区社会有所贡献，提高员工的生活水平及提供更好的商品给消费者等。

其次，要清楚地了解并分析俱乐部本身的优劣点，例如健身项目的差异性、场地器材的优良性、销售能力的强弱性、健身教练的能力性等。

第三，要了解自己俱乐部周围的外部环境有何变化，包括消费者习惯的改变、政府法令变迁、劳工及环保等问题是否会为俱乐部本身带来可能的机会与威胁。

第四，在把握外在环境的机会与威胁以及详细了解本身的优缺点后，订立一个非常清楚的目标及方针，同时尽可能地数量化。

第五，明确目标之后寻找可能的执行计划方案。

第六，彻底执行计划方案。

第七，检查成果并改进。

制订计划，有一个重要的问题，那就是目标和对策之间的关系。不论哪类健身俱乐部都有基本目标，有了基本目标便有基本计划，而这个基本计划便决定了各部门或各功能的个别目标以及个别计划。同样，有了长期目标便有长期计划，这可作为年度目标、短期计划的基础，也可和更具体的、短期的目标计划相联系。换句话说，某一行动都是以下次的行动为目标的，每个计划不是单独或个别存在的，通常以下一阶段的计划作为目标。

（资料来源：经营计划书范本[EB/OL]. http://www.64365.com/contract/314.aspx.）

（三）会员管理

由于商业健身俱乐部的从业人员的所有服务都是在销售“服务”，让会员满意是商业健身俱乐部的营业宗旨。因此，在会员管理上，商业健身俱乐部奉行的服务策略是以活动刺激消费，以服务代替营销，主动提供各种活动。俱乐部以主动、积极的联系，充分了解会员的意见、反映并介绍自办的各种活动，邀请会员参与，加强会员与俱乐部之间的互动。俱乐部依据自身的定位，积极主动地策划各种活动，引导会员参与，并通过活动制造各种消费，创造利润，使会员产生适用感、实用感、尊贵感。同时由于入会费是商业俱乐部的重要经济来源之一，良好的会员售后服务及会员服务工作则是俱乐部长期招募会员的最佳方案。俱乐部针对不同年龄、不同层次的会员的需求，策划出相宜的活动，吸引会员及其家人参与，以凝聚会员与俱乐部之间的感情。

会员卡是会员在使用商业俱乐部各项设施或要求商业俱乐部提供各种服务时，用作识别身份、登录或结算消费的。会员卡可分为个人会员和团体会员。持有俱乐部会员卡的消费者可前往俱乐部及所属设施消费。会员在接受俱乐部所提供的服务后，应出示会员卡。当会员卡遗失时，原持有者应于一定期限内向俱乐部提出申请补发，并支付补发费用。

(四)服务管理

俱乐部的服务质量对于招募会员也是至关重要的。服务质量是衡量服务的提供对消费者服务期望的满足程度，即俱乐部所提供的服务是否符合消费者的期望。服务质量主要包括服务设施的平时保养维护、服务时间与迅速性、服务人员的态度等。商业俱乐部在进行服务质量管理时，一般以会员的需求、依据会员的满意度调查开发的新服务、对员工的激励方式、衡量系统需求对员工的影响等为衡量原则。为了提高俱乐部的服务质量，满足不同会员的消费需求，赢得会员的信心，必须加强俱乐部服务人员的训练与专业技能，提高对服务人员的监督，授权一线工作人员更大的处理权与判断范围，以技术、教育及质量为导向挑选服务人员，塑造员工荣誉感与质量感，掌握服务人员接洽业务的服务质量与绩效。

(五)财务管理

俱乐部在制订财务计划时，应当注意会员招聘的支出、会员招聘的奖励费用、会员的随机消费机会、俱乐部管理成本等方面。俱乐部的财务管理主要包括制订收支计划、资金周转计划、资金调度计划等三项重要财务管理计划。其中最为重要的是收支计划，它分为收入计划和支出计划两个方面。收入计划主要是以销售计划设定目标销售额，预测何时可有多少收入，包括销售收入的预测、销售收入以外的其他收入的预测。支出计划主要是采购贷款的支出计划、人事费用的支出计划、促销费用的支出计划、其他销售费用及一般管理费用的支出计划等。俱乐部的管理人员只有有效地掌握了财务计划，从数字上客观地了解俱乐部的实际运作状态，才能进行卓有成效的财务管理。

第二节　商业健身俱乐部市场定位及经营内容

一、商业健身俱乐部市场细分

当前我国的健身俱乐部同质性现象严重，而且不同层次的俱乐部分布不均匀，不能很好地满足消费者的需求。同时健身俱乐部的消费者大多数都是当地中产阶级以上，具有较高学历、较高收入、较高地位的人群。这类人群对生活有着较高的追求，有个性，注重生活品位和质量，需求呈现多样化等特点。为了更好地满足消费者的不同需求，以及准确定位健身市场，必须对这部分人群进行有效的细分。

1. 按地理环境细分

根据消费者所处的地理位置、自然环境来细分市场,这是一种传统的细分方法。具体包括城市规模、自然环境、气候水平、地理地貌、交通运输条件等。地理细分的主要依据是:处在不同地理位置的消费者,对于同一类产品通常会有不同的需要和偏好,因此对于产品、价格、分销渠道、广告宣传等措施的反应也不同。这种细分方法对于分析研究不同地区健身市场的需求特点、需求量及发展变化趋势具有重要意义,有利于开拓区域市场。在我国,如果想投资高档次的健身俱乐部就要定位在东南部发达地区的大城市。反之,中、低档的就要定位在中小城市。

2. 按人口状况细分

人口细分是健身俱乐部按照人口变量进行市场细分。人口细分包括年龄、性别、家庭人口、收入、职业、受教育程度、民族、宗教等。人口变量是区分顾客群体最常用的基本要素。进行这类细分的主要原因是消费者对产品的需求、偏好和使用率与人口变数密切相关。

健身市场按人口状况因素细分,主要有按收入细分可以分为高收入者、中等收入者、低收入者;按照年龄细分,可以分为儿童市场、青少年市场和成年人市场;按照性别细分,可以分为男性市场和女性市场。这种细分方法非常简便、清晰,易于操作,对于健身俱乐部开发项目、设计规模等方面的定位有很大的帮助。

3. 按消费者心理细分

按照消费者的心理特征来进行市场细分称为心理细分。心理因素包括生活方式、个性、购买动机、价值观念等。这是一个较难掌握但很有效的细分指标。随着居民消费水平不断提高和消费结构不断优化,人们进行体育消费已不局限于锻炼身体的需要,寻求精神满足和通过发展新技能促进个人发展成为左右人们进行体育消费的主要力量。

健身市场按消费者心理因素细分,主要有按照健身动机为细分标准,可以把健身市场分为健身型、健美型、减肥型、时尚型、社交型、休闲型等;按照消费态度为细分标准,可以分为节俭型(求廉)、保守型(求美)、随意型(求新);按照健身方式为细分标准,可以分为运动出汗型和舒服享受型。这种细分方法对于健身俱乐部的产品、价格、服务等方面的准确定位有很大的影响。

4. 按消费者行为细分

所谓行为细分,就是企业按照消费者购买或使用某种产品的时机、消费者所追求的利益、使用者情况、消费者对某种产品的使用率、消费者对品牌的忠诚程度、消费者待购阶段和消费者对产品的态度等行为变量来细分消费者市场。

健身市场按消费者行为因素细分,主要有按照健身效果为细分标准,分为提高技能型、塑造形体型、健康型、个性展示型;按照健身时间为细分标准,可以分为白天健身型、中午健身型、晚上健身型。这种细分方法对于安排健身项目和如何合理地安排场地、时间等方面有很好的帮助,使营销更加细致和准确。

进行体育健身市场细分,需要探寻不同利益的各种人群和人们所追求的主要利益。而且一般情况下都不是单一的细分标准,可以结合几个标准一起进行细分。

二、商业健身俱乐部的市场定位

所谓市场定位,是指企业根据市场竞争状况和自身资源条件,建立和发展差异化竞争优势,以使自己的实物产品或服务产品在消费者心目中形成区别并优越于竞争者产品的独特形象。

根据我国现有商业健身俱乐部的类型和目标人群的分析,发现还有很多的细分市场没有被重视和开发。当下我国商业健身俱乐部在市场定位方面的主要问题是俱乐部产品和服务同质性现象很严重,商业健身俱乐部要想在竞争中取得优势,就必须走差异化的定位策略。

商业健身俱乐部差异化定位一般包括健身产品、服务、教练员、俱乐部的形象、营销手段等几个方面。健身俱乐部进行定位时必须尽可能地使差异具有十分显著的特色,以最大限度地满足顾客的要求。

1. 商业健身俱乐部差异化特征的评价标准

(1)重要性:该差异所体现出的需求对顾客来说是非常重要的。

(2)显著性:同竞争对手之间具有明显的差异。

(3)沟通性:这种差异能够很容易地为顾客所认识和理解。

(4)独占性:这种差异很难被竞争对手模仿。

(5)可支付性:目标顾客认为因健身产品或服务差异而付出额外花费是值得的,从而愿意并有能力购买这种差异化产品或服务。

(6)盈利性:健身俱乐部能够通过实行产品差异化而获得更多的利润。

2. 商业健身俱乐部差异化的运用

商业健身俱乐部所追求的"差异"是在产品功能、质量、服务和营销等多方面的不可替代性。健身俱乐部营销的差异化主要从以下四个方面进行:

(1)产品差异化。各个商业健身俱乐部的产品都是很相似的,竞争力很差。虽然现有的健身项目已经够丰富和多元化,但是具体的某一种健身产品所对应的消费人群区分度很差,大部分的健身产品主要适合年轻人,对于中老年人的产品很少。还有一些个性需求的项目也很少,好像在健身俱乐部中,只要你说需要一些差异化的东西,那就用私人教练来解决,好像私人教练是万能的。其实我国的私人教练都是一些在体适能培训班里一星期快速培养出的年轻人,他们对于科学化、系统化的健身理念运用还有待提高。在市场细分中还有很多的市场没有被充分地开发,需要在项目上进行创新,开发出一些针对消费者需求的有特色的健身项目,以满足不同人群的要求,这样才能吸引更多的人进入健身俱乐部,实现他们的梦想。

(2)服务差异化。在当前的商业健身俱乐部中,服务也是很相近的,主要包括健康的咨询、测试及产品销售,还有一些附属服务。商业健身俱乐部还可以从许多方面提供各种服务项目,并通过各种独特的服务,形成俱乐部的差异化,使本俱乐部与竞争者区别开来。比如免费会员培训(不是讲座),免费会员培训是指对会员进行健康知识和器械使用方面的培训,以便使他们能正确有效地使用各种器械,科学合理地进行健身。另一方面,各个商业健身俱乐部的服务质量和方式还是有很大的不同。比如优良的咨询服务能提高企业竞争力,并能维持客户的忠诚度。如果质量欠佳,那就适得其反,得不到应有的效果。所以,商业健身俱乐部还要在服务质量的差异化上下工夫。

(3)人员差异化。随着健身市场竞争的加剧,人员素质的培训和提高对扩大商业健身俱乐部的声誉越来越重要。俱乐部通过聘用和培训比竞争者更好的人员来获得更强的竞争优势是大势所趋。我国目前许多大城市的商业健身俱乐部从兴建之初就存在着人员质量的问题。健身教练最初都是兼职的,可以在多家健身俱乐部进行工作,就像演员“跑穴”一样,从这家跑到那家,一天要跑好几个俱乐部。现在大量俱乐部已经改用专职教练的方式,但是还是有很多是兼职的人员,如在校的学生、教师等,流动性还是很大,没有一个完善的人员管理系统作为保障,这样是不可能形成一支过硬的人员队伍的。人员的差异化是很重要的执行环节,各方面设计得再好,但是不能被很好地操作完成,那就像“用不合格的砖瓦建造楼房,早晚会出事的”。

(4)形象差异化。树立俱乐部自身的形象和声誉是使俱乐部品牌化的一个重要的方式。现代人特别是中产阶级以上的人群,消费的特征就是品牌化。商业健身俱乐部的消费人群都在这个范围内。树立商业健身俱乐部的品牌形象以获取差别优势,是非常好的营销战略。要想为俱乐部或产品成功地塑造形象,需要具有创造性的思维和设计,需要持续不断地利用俱乐部所能利用的传播工具。例如,具有优秀创意的标志,并融入该商业健身俱乐部的文化氛围,传达俱乐部产品或品牌的个性,是实现形象差异化的重要途径。具有个性的商业健身俱乐部还可以通过赞助体育、文化、健康、教育活动等,树立自己的形象,获得良好声誉。现在已有很多商业健身俱乐部在形象工程上做得很好,都走出了自己的创新之路。

三、健身娱乐场所经营内容

1. 游泳馆(池)

游泳馆(池)是一种重要的健身娱乐设施。这是由于游泳能给消费者带来诸多益处,因而热衷于这项运动的消费者越来越多。

游泳馆不受季节和天气的影响,任何时间都可以开放,因而使用率高,并且水温、室温都比较容易控制。一般在繁华地区的俱乐部因地价昂贵,为了节省占地面积,游泳馆都建得较小,许多游泳馆附设在星级宾馆、饭店中;而在远离繁华市区的俱乐部内,游泳馆则相对大一些。

室外游泳池受季节、气候变化的影响较大,在南方可以春、夏、秋三季使用,在北方一般只能在夏季使用。室外游泳池水质和温度控制比室内游泳池的难度要大,但室外游泳池的视野比较开阔,空气也比较清新,符合回归大自然的时尚,对锻炼身体的益处大,因而受到很多消费者的欢迎。

2. 健身房

健身房是休闲体育俱乐部中最为常见的经营项目。它融体操运动、器械运动、田径运动等运动项目于一体,具有显著的健身健美功能。它的各种器械都具有模拟运动的特点,每项运动所需要的场地都很小,这对于节约场地、提高场地利用率非常有利。同时由于健身房的器械种类多,运动量、运动速度都可以调节,因此健身房对各种体质、年龄、性别的消费者都适用,无论何种消费者都可以因人而异地进行锻炼。目前,健身房中使用得比较多的器械主要有跑步机、运转机、动感单车、划船模拟器、举重器、多功能组合练习器、健骑机、哑铃等。

随着瑜伽、普拉提、跆拳道等健身项目的兴起,许多健身俱乐部都在健身房中开辟了一定空间的操房,健身操房的领操台一般都配备整块大型玻璃镜,以增强视觉效果,有条件的操房墙壁用玻璃分隔,配备了音响设施,以增强健身气氛。同时与器械区保持“亲密接触”,以提高整个健身房的视野效果。

3. 高尔夫球场

高尔夫球场对场地的要求很高，它需要一大片占地面积不小于60公顷的绿化极好的丘陵地带，所以高尔夫球场一般建在近郊区。近些年，为了满足体育消费者对高尔夫球运动的需求，一些新型的与传统高尔夫球有密切关系的运动场所应运而生。

(1)高尔夫练习场。这种场所是为练习打高尔夫球而开设的，场地比正规高尔夫球场小得多，一般只有100米×200米，因此可以建在离市区较近的俱乐部内，以减轻运动者舟车劳顿，因而颇受消费者欢迎。

(2)模拟高尔夫球场。这是一种用现代科技手段模拟展现出某个或某几个高尔夫球场场景的模拟球场，它能反映出运动者在该模拟球场打球的方位。一般在一间约50平方米的房间里，用幻灯机或是投影电视投射出某个100多公顷的真正球场的场景，根据感应的力度和方向将球的影像及球的飞行轨迹反映到屏幕上，并通过计算机反映出球的飞行距离，使击球人产生在现实球场击球的感受。

(3)城市高尔夫球场。这种高尔夫球场也称为微型高尔夫。它是用木材或水泥等材料制作出各种不同障碍的球道及洞穴，从9洞到26洞的都有。它只有推击杆，没有开球杆，球杆的长度也较短，从74厘米到90厘米不等，适合不同身高的消费者使用。

4. 网球场

网球运动在经济发达国家兴起较早，也很普及。我国的网球运动开始于19世纪30年代，但一直不够普及。随着中国网球公开赛和上海网球大师杯的举办，以网球运动为主营项目的商业俱乐部前景被看好。网球场地可为室内和室外两种，室外的网球场的地面又分为草地、沙地、塑胶场地等。

5. 保龄球馆

保龄球运动于20世纪80年代初传入我国，目前已开展得十分普及，是商业体育俱乐部中比较常见的娱乐项目。由于保龄球运动的趣味性很强，能使消费者提高兴致，同时运动量适中，能增强消费者的体质，不论体质好坏，消费者都能从中得到锻炼。

6. 滑雪场

滑雪运动是一项集身体练习、挑战自我和适应环境等为一体的冬季体育项目，它可以全面提高身体的素质和机能，改善人体器官功能，提高人体适应环境能力，在强调回归自然的同时，突出较强的动感和参与性，是人类冬季最贴近自然的一种运动方式，它与高尔夫、马术、台球并称为“四大绅士运动”。滑雪运动已不再是居住在冰雪地域的人的专利，非冰雪地域的人们也深受滑雪运动魅力的感染和吸引，他们通过各种途径参加滑雪运动和观赏滑雪赛事，亲身体验滑雪运动的魅力和价值。滑雪场已成为滑雪旅游业中不可或缺、最具特点的经营内容。

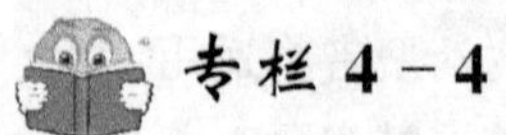

北京云佛山滑雪场

云佛山滑雪场位于北京市密云县溪翁庄镇，隶属于云佛山旅游度假村，总占地面积45万平方米，是目前华北地区规模大、设施齐全的绿色滑雪场。云佛山滑雪场拥有可容纳3000人同时更换雪具、雪服的超大型雪具斤，并有高温蒸气消毒烘干室，保证雪服、雪靴的干爽清洁；超大停车场可提供800多个车位，800米高空索道四条，与原有的1000米高级道观缆车每小时可输送3500人次,2500多平方米的中式快餐厅可容纳1500人就餐。

雪场拥有大、小拖牵9条,缆车两条,压雪机两台,造雪机10台,拥有国际标准长度为1000米的高级道一条,300～700米长的中级道三条,100～300米长的初级道四条,600米长的雪地摩托车道一条,还有1.5公里长的越野健身滑雪道一条。为满足广大滑雪爱好者的乐趣,还设有雪地摩托车、冰车、滑雪圈、雪雕等多种娱乐滑雪项目。除此之外,还可以堆雪人、打雪仗,享受冰雪乐趣,追忆童年时光。在云佛山滑雪场可以尽情地享受冬日阳光,感受冰雪乐趣。

(资料来源:滑雪场介绍[EB/OL]. http://wenku. baidu. com/view/a6a5a42f3169a4517723a3fa. html.)

7. 其他项目

随着行业竞争越来越激烈,只经营单一项目,不能同时满足不同层次、不同兴趣的消费者的需求,从而使自己处于劣势地位。因此,大多数商业健身俱乐部在搞好自己的主营项目的同时,也开发其他大众健身项目,如台球、射箭、乒乓球等。此外,还增加一些配套设施,如卡拉OK歌厅、游戏机、咖啡厅、酒吧、网吧等,从而形成多层次、多需求、多服务的商业健身俱乐部。

第三节 商业健身俱乐部的营销方式与营销策略

一、商业健身俱乐部的营销方式

(一)文化营销

文化营销是现代人的追求。现代人的生活观,不只是满足基本的衣、食、住、行的需要,更多的是实现自我价值的需要,而健身运动就体现了这一文化内涵。如健身街舞的出现,不单单是一种健身方式、一种新的动作体现,更体现了年轻人追求自由、尽情表现自我的内在的个性文化。有氧健身操体现出的洒脱、豪放、生命运动不息的文化传承,体现着现代人积极生存、奋斗拼搏的生活观念。现在愈来愈多的消费者走进健身俱乐部就是追求这样的一种生活方式。商业健身俱乐部的文化营销活动一般奉行以下几项原则:

(1)塑造健身俱乐部特定的文化理念、宗旨、目标。

(2)建构俱乐部自身的经营管理制度、品牌个性等文化元素。

(3)特定的文化赋予健身产品,使消费者感到这种健身产品所体现的价值观与自身的价值观相一致。

(二)关系营销

关系营销是俱乐部与顾客、内部员工、政府、竞争者、社会组织等利益相关者建立、保持并加强关系,通过互利交换及共同履行诺言,使有关各方实现各自目的的营销方式。

健身俱乐部是高接触度的服务项目,所以和消费者建立良好的关系是至关重要的。健身俱乐部的信誉主要靠口碑宣传,让消费者对俱乐部产生信任和忠诚,而关系营销是最好的方式。关系营销的核心是为了满足顾客的基本需要和实现企业的基本目标。健身俱乐部与消费者之间的关系应该是朋友,这对消费者忠诚是至关重要的。简单地说健身俱乐部与客户建立起"一对一"关系或对话的任何营销方式,都可以称为关系营销或忠诚度营销。健身俱乐部应当详细了解顾客个性及其消费习惯和行为,这种了解是通过双向的交流与沟通来实现的。

(三)体验营销

体验营销是指健身俱乐部通过采用让目标顾客观摩、聆听、尝试、试用等方式,围绕消费者感官、情感、思考、行动、关联五个方面使其亲身体验俱乐部提供的产品或服务,让顾客实际感知健身产品或服务的品质或性能,从而促使顾客认知、喜好并购买的一种营销方式。

这种方式以满足消费者的体验需求为目标,以服务为舞台,以健身产品为道具,生产、经营高质量产品,拉近企业和消费者之间的距离。健身俱乐部大多数以提供以健身场所为依托的健身项目为核心产品,因此消费者只有亲身在俱乐部中体验,才能够与自己的期望、竞争者所提供的产品相对比,从而确定是否在该俱乐部消费。体验营销有利于消费者体验到产品的差别,从而坚定消费者在本俱乐部的消费意念,有利于消费者对俱乐部品牌、产品、服务忠诚度的建立。健身消费本身就是一个体验过程,健身俱乐部可以淋漓尽致地使用各种体验营销的手段,让消费者感到每一次来俱乐部都是一次美好的体验,给他们带来无尽的附加价值,使他们感到离不开健身俱乐部。健身俱乐部可以在健身活动的各个环节设计不同风格、不同特征的体验方式,以给消费者不同的感受。体验营销主要有:

(1)感官体验。健身俱乐部在对环境设计、风格、主题、广告、整体形象设计上充分地利用视、听、嗅、味、触五种感官的美好体验使消费者获得美好的享受。

(2)情感体验。运用人、机构和情境等情感介质对消费者的情感进行刺激,使之产生美好的情感体验。营销人员微笑的面孔、健身教练激情的动作、功能完善的设施和运动空间悦耳的音乐,无不给消费者一种动感、富有生命力的情感激励。

(3)思考体验。消费者到健身俱乐部来渴望学习和掌握一些健身知识,俱乐部应利用一些墙报宣传、知识讲座等创意的方式引起消费者的惊奇、兴趣、对问题进行集中或分散的思考,为消费者创造认知和解决问题的体验。

(4)行动体验。消费者在每一次的健身行为中都会产生不同的身体感受。教练员要很好地运用这一体验的方式,精心设计每一次课,通过增加消费者的身体体验,指出他们做事的替代方法、替代的生活形态与互动,丰富消费者的生活,从而使消费者被激发或自发地改变生活形态,使消费者在锻炼中感受不同的行动体验。

(5)关联体验。消费者通过对俱乐部在感官、情感、思考与行动营销等层面的体验,个人对理想自我、他人和文化等一系列社会系统产生关联,使自我与健身产品相融合完善过程体验。如让消费者参加一个健身操项目,使健身操所体现出的自由、激情、狂热的个性特征被消费者所感知,产生关联体验,进而使其更加喜欢这一健身方式。

(四)品牌营销

品牌营销是指企业通过利用消费者的产品需求,用质量、文化和独特性的宣传使目标客户形成对企业品牌和产品、服务的认知—认识—认可的一个过程。当一个健身俱乐部正经历从卖方市场转变为买方市场,产业增长方式从数量规模型向质量效益型转变变革过程时,品牌作为一种重要力量,对市场对决的输赢作用巨大。品牌是一种错综复杂的象征,它是企业或产品属性、名称、包装、价格、历史声誉、广告方式的无形总和。一个有影响的品牌可以征服消费者,取得越来越大的市场份额。品牌竞争就是以品牌形象和价值为核心的竞争,是一种新的竞争态势。树立品牌可从以下几个方面入手:

(1)分析行业环境。从分析其他健身俱乐部开始,准确地掌握它们在消费者心中的大概位置,以及它们的优势和弱点。然后寻找一个“新概念”,使自己与其他健身俱乐部区别开来。

(2)卓越的品质支持。健身俱乐部必须以优质的业务质量为根本树立良好的品牌形象。这里所指的业务质量,是一个综合性品质的概念,包括健身俱乐部的交通位置、硬件设施、服务质量,以及对服务过失的补救等。

(3)通过媒体、广告等方式的持续传播。健身俱乐部要靠传播才能将品牌植入消费者心里,并在应用中建立自己的宣传体系。要确保在每一方面的传播活动中,都尽力体现出品牌理念。

(五)深度营销

深度营销,就是以健身俱乐部和顾客之间的深度沟通、认同为目标,从关心人的显性需求转向关心人的隐性需求的一种新型的、互动的、更加人性化的营销新模式、新观念。它强调将人文关怀的色彩体现到从产品设计到产品销售,乃至产品整个生命周期的各个阶段。深度营销的核心,就是要在"深"字上做文章。健身俱乐部导入深度营销模式的一般流程是:

(1)选择容量大或发展潜力大,自己有相对优势的、适合精耕细作的目标市场;

(2)深入调查,建立区域市场数据资料,通过市场分析找到开发的重点和突破口,制订有效策略及完善的实施计划;

(3)强化区域营销管理平台,实现营销前、后的整体协同,一体化响应市场的运作机制,提高响应客户需求的速度和能力;

(4)选择和确定核心客户,开发和建立区域范围内的客户数据库,在特定节日对核心客户给以不同的问候和优惠,构建人文营销价值链;

(5)集中营销资源,提供综合服务和指导,通过电话、网络等方式及时准确解决消费者在消费过程中所遇到的问题,使消费者体验到最大限度的关怀。

一般而言,健身俱乐部发展不平衡和区域差异性大等特点将长时期存在,所以深度营销模式还将会是国内健身俱乐部市场的主导模式。

(六)网络营销

网络营销是信息网络时代的新的营销方式,它与传统营销相比,能够超越时间约束和空间限制,更直接地满足消费者的需要,从而具有更大的优势①。通过网络,建立一个与消费者"全无阻式"的信息交流、沟通平台。

(1)信息发布。健身俱乐部要紧随网络技术的发展,及时建立自己的官方网站,以及微博、微信平台,及时发布俱乐部的有关信息。信息发布也是网络营销的基本职能,要有专门的人员进行管理和及时更新,如各类课程的时间安排,各种健身方法、新兴项目的介绍,各种促销活动的报道,还有优秀会员和教练的介绍等,要让网站成为消费者和合作伙伴了解健身俱乐部的窗口。

(2)网上调研。通过在线调查表或者电子邮件等方式,可以完成网上市场调研,相对传统市场调研,网上调研具有高效率、低成本的特点,因此,网上调研成为网络营销的主要职能之一。要建立会员对俱乐部的意见和建议的反馈系统,让会员把真实的感受和体会在网上发布,俱乐部要及时针对会员的意见和想法反馈,进行回答和解决问题。把网络变成一个俱乐部和会员之间信息交流的通道。此外,也可以利用网络进行管理人员的网络会议等交流活动,还可以对经常参加网络交流和探讨的会员给以奖励。

---

① 郑玉霞,董毅,窦毅.我国商业健身俱乐部发展现状及营销策略分析[J].商场现代化,2008(4).

网络资源的潜力是无限的，健身俱乐部对网络的资源进行合理有效的开发，将成为俱乐部发展的有利保证。

(七)数据库营销

数据库营销作为一种个性化的营销手段在体育场馆获取、保留与发展客户的各个阶段都将成为体育场馆不可或缺的竞争能力与有效工具。

数据库营销的核心要素是对客户相关数据的收集、整理、分析，找准目标消费与服务对象，有的放矢地进行营销与客户关怀活动，从而扩大市场占有率与客户占有率，增加客户满意度与忠诚度，取得健身俱乐部与客户的双赢局面。

实施数据库营销时，健身俱乐部需要在总体战略与服务理念、人员组织配置与素质和信息技术系统几个方面协同配合。

开展数据库营销的基本战略包括以下几个方面：

(1)开发出适合健身俱乐部与客户接触沟通的主要方式。

(2)建立一个完整的客户服务体系，并识别哪些是优质客户，最大限度地建立其忠诚度。

(3)分析找出客户特征，并用之来复制优质客户；不断测试检验，让每一次营销战役都能成为客户增强对健身俱乐部了解的机会。

(4)改变健身俱乐部的认知、人员角色与绩效系统，使之适应体育场馆与客户关系的新架构。

(5)组建能有效管理数据库的专业团队，不断充实、升级营销数据库。同时，注重对客户的人文关怀，客户在特定节假日消费时，给予一定的打折优惠等。

(八)会员制营销

会员制是较成熟且较流行的营销方式，是商业健身俱乐部营销的一个重要形式。它是由商业健身俱乐部发起并组织管理，吸引客户自愿加入，目的是定期与会员联系，并为会员提供具有较高感知价值的服务方式。

健身会员制是通过定向募集会员的方法获得稳定的客源，一般分为封闭式会员制(会员人数是既定的，会员卡是可以转让的)和开放式会员制(会员人数一般不是固定的)两种形式，以及团体会员和个人会员两种类型。对于商业健身俱乐部而言，留住一个老客户的成本要大大低于赢得一个新客户的成本。并且老客户比新客户更成熟，更了解商家的产品和服务。从二八法则可知，商业健身俱乐部80％的利润来自于其20％的客户，这20％的客户基本都是老客户。所以，商业健身俱乐部固定住老客户，就能使自身赢利有保障。商业健身俱乐部可以通过充值办卡的方式捆绑会员的钱包，也可以通过情感营销的方式捕获会员的心。

会员卡是会员在参与健身休闲活动时用作识别身份、登录或结算消费的凭证。会员分为荣誉会员、个人会员和团体会员三种形式。在做会员制营销时必须注意：一是不能将目标顾客变成会员之后就不管不顾，这样会员流失也会很快，达不到会员制营销的效果；二是不能将目标顾客变成会员之后降低自身的服务质量或出现一些服务问题，这样也很容易导致一部分会员流失。

(九)会籍顾问推销

会籍顾问是商业健身俱乐部促销方式中的一种传统的促销方式，是指商业健身俱乐部通过派出销售人员与一个或者一个以上可能成为购买者的人进行交谈，做口头陈述，以推销产品，促销和扩大销售。在商业健身俱乐部市场中，会籍顾问推销是最重要的促销工具。

(1)会籍顾问推销的特点。首先是注重人际关系。会籍顾问既代表着商业健身俱乐部的利益，也代表着顾客的利益，会籍顾问应深知满足顾客是达成销售的关键。其次是具有较大的灵活性。会籍顾问能与顾客保持联系，可以立即获得顾客的反应，从而有针对性地做出调整，促使交易的达成。再次是针对性强。与广告相比会籍顾问推销针对性强，无效劳动少，目标明确，往往可以直达顾客。

(2)会籍顾问推销的类型。会籍顾问推销可分为外部会籍顾问和内部会籍顾问两大类，其中外部会籍顾问是进行旅行推销，上门访问客人；内部会籍顾问是在办公室内通过电话、网络等开展业务，并负责接待可能来访的客人。近年来，随着电话营销、网络营销的发展，会籍顾问营销为销售队伍的建设和管理提供了广阔的发展平台，这使得会籍顾问推销将在体育场馆的促销过程中发挥更大的作用。

二、商业健身俱乐部的营销策略

(一)高档次健身俱乐部的营销策略

高档次的健身俱乐部定位人群主要是上层人群。上上层包括近年来暴富起来的千万富翁、亿万富翁们；上下层是指一些规模较大的个体私营企业老板、高科技企业的CEO、行业中的佼佼者、体育和演艺界的大腕以及新近出现的一些“知本家”。高档次健身俱乐部的营销策略主要有：

(1)健身产品策略采用一些较成熟的、多样的、精致的健身产品。要求不能过于新潮和时尚，运动量也不宜过大，是一些较稳重的运动项目。

(2)价格策略一定要是高昂的价格，与中档价位差距要大。因为价格在高档健身俱乐部中是身份的体现和象征，一定要区别于中档消费的人群。一般年卡在万元以上的消费群体，大部分是终身制的会员制度，入会费在几万元以上。

(3)促销策略不能过于宣传，也不要经常变化，要保持较长时间的稳定。因为上层人群一般是较固定的人群，不在乎价格，而在乎环境和舒适。而且不愿意有很多的闲杂人员，保密和保安工作要做好。促销手段在这里是不会起到很大的作用，有时候反而会引起消费者的不满。

(4)渠道策略采用直销方式，地址也很重要，要选择上层人群经常出入的高档生活区和活动中心区，建筑物要在豪华的酒店和公寓内。

(5)人员策略要选择素质高、有声望的教练员和管理人员，具有稳重的工作作风。一般不需要很多的营销人员，因为高档健身俱乐部的销售不是靠推销，而是靠声誉和会员之间的口碑传播。

(6)有形展示策略的设施器械一定要高档的、国外先进的设备。要有着先进的、科学的特点，有别于一般的设备。装修环境要具有高档、豪华、有品位的风格，让人一进入就有舒适、豪华的感觉。

(7)附属的服务项目要具有全面、周到、高档、优质等几个特点。人性化的特点要突出，给人一种超享受的体验。

(二)中档次健身俱乐部的营销策略

中档次的健身俱乐部的定位人群主要是中层人群。中上层是指那些中小企业家、包工头、身兼数职的知识分子、外企的中上层管理人员、高科技企业的管理人员以及规模较大的国有企业的老总们等。中中层是收入稳定甚至稳中有长的国家公务员、事业单位的有职称的专业技术人员、效益较好的企业的技术工人以及那些经营业绩尚可的小业主们。中档次健身俱乐部的营销策略主要有：

(1)健身产品策略采用一些新颖、多样的健身产品。要有特色，特别是推出一些新潮的健身项目，是很受欢迎的，运动形式多样，运动量安排要根据不同人的特点采用多种方式。因为这部分人群的特点是多样、消费不稳定。

(2)价格策略采用中档的价位，要区别于高档和低档的价格。一般在千元以上、几千元不等之间，低于高档价位很多，但又不能太低，低于千元就属于低档次。

(3)促销策略采用丰富多样的方式。中档次健身俱乐部的促销活动是非常活跃的，要采用有自身特色的促销方式。因为中层人群的消费是多变的，根据这一特点要进行多种方式促销活动，如果没有特色，千篇一律就不会吸引更多的消费者注意。

(4)渠道策略采用多种方式。可以采用一对一的直销方式，拥有大量的销售人员，即会籍顾问。也可以采用分销的方式，运用多种企业联合销售和赠送等方式等。经营形式可以是多家的授权连锁方式、直销连锁等方式。地址选择要在繁华区的大厦和中层人群的居住社区等场所，也就是白领的活动区域。

(5)人员策略要挑选那些水平较高的、知名教练员和素质高的营销人员。要对这些和消费者直接接触的人员进行规范、统一的培训，使他们有着很专业的营销手段。因为中档次的健身俱乐部竞争很激烈，在场地设备相近的情况下，人员的差异化很重要，这也是营销成功的基础。

(6)有形展示策略的设备器械要采用国内外较先进的设备，因为有形展示是消费者最直观判断俱乐部档次的依据，在设备上输给竞争对手，那么就会使自己的消费档次有所下降。环境装修等方面要有特色，能够吸引消费者的注意，使之有较好的感觉。场地面积要具有大型的500平方米以上的水平。

(7)附属的服务项目要多样、新颖、周到。这也是增强俱乐部竞争力的手段之一，消费者往往在这些方面有更深的体会，在健身产品和设施同质化严重的情况下，竞争的就是服务。

(三)低档次健身俱乐部的营销策略

低档次健身俱乐部的定位人群主要是中下层，包括乡镇企业和效益一般甚至不太好的国有企业职工、经营业绩不太好的小业主、大部分退休人员等。低档次健身俱乐部的营销策略主要有：

(1)健身产品策略是采用有特色的、少量的健身产品。低档次健身俱乐部因为资金有限，投入过多的健身产品是不实际的，只需有自己的特色项目即可。

(2)价格策略采用低廉的价格，吸引中低层次的人群加入，一般在千元左右。现在大众健身的意识很强烈，只是很多人由于经济条件有限而不能进入健身俱乐部享受健身服务，所以采用低廉的价格是很有效的，对消费者来说实用性强。

(3)促销策略采用多种方式的优惠政策。低档健身俱乐部的促销方针就是让消费者感到经济实用，性价比高，以吸引消费者。

(4)渠道策略采用直销、分销等方式。地址一般是选择社区会所，租用高档的大厦和商业办公楼费用过高，与其低价格不相匹配。

(5)人员策略采用有一定素质的、有职业心的人员。水平不一定很高，但是一定要有很强烈的责任感，对待消费者要非常热情和周到，能够满足消费者的要求。

(6)有形展示策略的设备器械可以是符合标准的国内设施。不需要使用很高档的国外设备，因为国外的设备很昂贵，与其低价格不匹配。场地面积不需要很大，在几十平方米到二三百平方米之间即可。

(7)附属服务项目和设施具备简单、整洁的特点即可。洗浴等设施简单可以，但必须是整洁的，因为消费者要求服务是标准的，而不是廉价、低档的。

本章思考题

1. 简述商业健身俱乐部的定义和类型。
2. 概述商业健身俱乐部的营销策略和运营方式。
3. 概述商业健身俱乐部的市场机制和服务质量。
4. 简单说一说你怎么去经营一个商业健身俱乐部。

拓展阅读

中体倍力健身俱乐部

中体倍力健身俱乐部有限公司成立于2001年9月7日，是由中体产业股份有限公司与美国倍力健身公司(Bally Total Fitness)合作成立的具备国际水准的一家高度专业化、规模化、高档次经营连锁健身俱乐部的合资公司。中体产业股份有限公司（股票代码600158)是国家体育总局控股的唯一一家体育上市公司，自1998年3月成立以来，始终致力于体育产业的经营与开发，并不断拓展体育市场经营领域，实现体育产业的多元化经营。美国倍力健身公司是全美国和全世界最大的健身中心商业运营商，具有40多年的专业健身历史，在美国和加拿大等地共经营400多家健身中心，有着成熟的经营策略和科学的管理经验，在全球拥有400多万会员，每天接待超过1亿2500万的健身者。

从国外健身业发展历程看，一个总体趋势是从起初的百家争鸣到最后只剩为数不多的几家。行业发展初期，在经营和管理上会存在一些不够规范的地方，但随着健身行业市场逐步成熟及优胜劣汰，最后能存活下来并不断发展壮大的健身俱乐部往往都具备了几个共同特点：经过多年的积累，已形成了一定的品牌优势；拥有科学的管理和专业的服务；背后强大的资金支持。

中体倍力采用美国倍力健身公司成熟的经营策略和科学的管理方法，结合中国的具体国情，以促进中国健身市场的规范化和专业化，推动中国健身事业赶上世界先进水平。公司以发展全民健身、提高人民大众的身体素质为己任。它的目标是为中国市场提供专业、高品质和本土化的健身服务。为了达到这个目标，中体倍力通过其成熟的"特许加盟"体系迅速地发展壮大。加盟商们在遵循中体倍力严格的品质标准的前提下，可以拥有和经营自己的"中体倍力"健身俱乐部。凭借着中体公司在中国体育产业界的资深背景、雄厚的财力支持和美国倍力健身公司全方位的专业管理系统，中体倍力的连锁俱乐部体系还将不断壮大。

中体倍力目前在全国范围内拥有40余家店，主要分布在直辖市和一级省会城市。中体倍力凭借科学化、专业化的完美服务，坚持创新的理念，使全国的会员量不断快速地增长。源源不断推出的贴近用户的新产品，诸如儿童体质能中心、有氧操工作室等主题项目，赢得了新老用户的一致赞许与支持。

（资料来源：北京中体倍力健身俱乐部[EB/OL]. http://csibally.cn.globrand.com/Company/.）

第五章 职业体育俱乐部经营管理

本章提要：俱乐部作为现代体育的基本组织形式，在职业体育的发展中扮演着重要的角色。本章将结合我国的职业体育俱乐部在自身的经营管理过程中的实际情况，主要阐述职业体育俱乐部的发展现状、本质特征、经营机制、经营管理模式、经营内容与方式及管理策略等内容。

关键词：职业体育俱乐部；特点；本质；经营方式；经营管理

职业体育是按照市场经济的基本规律，将职业运动员高水平体育赛事及其相关产品作为商品来经营，从中获得经济利益的一种经济活动。职业体育俱乐部是构成职业体育的一个重要要素，是构成职业体育的基本经营单位，是由投资者、经营者、管理者、运动员和教练员等组成的集合体，是大多数体育发达国家发展体育运动、开展体育运动所普遍采用的组织形式。

第一节 职业体育俱乐部概述

一、职业体育俱乐部的概念与类型

（一）职业体育俱乐部的概念

职业体育俱乐部是指为满足人们体育竞赛表演的观赏需要，将职业体育竞赛及其相关产品作为商品组织生产经营并追求赢利、自主经营、自负盈亏、具有独立法人资格的体育经济实体。

（二）职业体育俱乐部的类型

职业体育俱乐部主要有以下三种类型：

（1）联办合作型俱乐部。联办合作型俱乐部是由地方协会和企业以合资合作的方式组建的俱乐部，是职业体育俱乐部转轨初期的一种过渡方式。

（2）股份型俱乐部。股份型俱乐部也可称之为合伙人俱乐部，是指投资人为参与合伙经营的组织和个人（包含国有或私有机构），按合同的投资比例出资组建，入股成为股东，依协议享受权利，承担义务，并对俱乐部债务承担无限（或有限）责任的自然人或法人成立的体育俱乐部。

（3）独资型俱乐部。独资型俱乐部是由一个出资人（企业）独立出资和独立经营，产权、经营权、管理权都属于这一个出资人（企业），避免了联办过程中的诸多矛盾，但独资型俱乐部的出资人（企业）需要有雄厚的财力和体育市场的经营经验。

二、职业体育俱乐部的构成要素

(一)准公共性的竞赛产品

职业体育俱乐部的基本社会功能是以组织体育比赛的形式生产某一体育项目的竞赛产品。该产品一般具有排他性和非竞争性,属准公共产品范畴。所谓排他性,是指职业体育俱乐部以会员制的形式将非会员排除在外,非会员不能像会员那样享受俱乐部竞赛产品;所谓非竞争性,是指体育竞赛产品在被某一主体消费时不会影响到其他主体的消费。职业体育俱乐部竞赛产品,可以由多人同时消费,其消费是排他的,但又是非竞争的;超过拥挤点之后,其消费既排他又是竞争的……[①]竞赛产品的这种准公共性,决定了职业体育俱乐部竞赛产品消费的有偿性。因此,职业体育俱乐部必须通过提升竞赛产品质量、增加竞赛产品数量的方式来满足竞赛消费者的需求。

(二)职业化的运动员

职业体育俱乐部中的基本生产要素是具有专项运动技能的职业运动员。"职业"是相对"业余"而言的,其基本含义是指"个人服务社会并作为主要生活来源的工作"。所属运动员的职业化是区别职业体育俱乐部与业余体育俱乐部的标志。职业化意味着运动员从事相关体育比赛是取得劳动报酬的谋生手段,职业运动员与职业体育俱乐部之间存在劳资关系,职业运动员的基本法律地位是劳动者。

(三)联营性的竞赛机制

"体育竞赛不同于表演,自身无法构成对抗,必须有对手的参与,而且彼此水平越接近,对抗越激烈,比赛结果越具有不确定性,对观众的吸引力也越大。体育竞赛的这一特点决定了职业体育俱乐部的生产经营活动不同于其他企业,也有别于文化娱乐企业。"[②]体育竞赛产品的生产必然要在两个以上的职业体育俱乐部之间进行,职业体育俱乐部之间因此形成了一种特殊的联营关系。在联营过程中,一方面,它们共同生产了竞赛产品;另一方面,又会有而且只有一家俱乐部同时生产了"赢得竞赛"这一专有产品。一场比赛,一个生产过程,同时产生共有和专有两类产品,这是职业体育俱乐部联营生产的特点,决定了俱乐部之间竞争与合作的双重关系,并由此产生了协调这双重关系的竞赛机制。以美国 4 大联赛为代表的不存在升降级的"封闭型"职业联盟制度和以欧洲 5 大足球职业联赛为代表的存在升降级的"开放型"职业联盟制度就是联营性竞赛机制的典型代表[③]。

三、职业体育俱乐部的形成和发展

(一)国外职业体育俱乐部的形成与发展

职业体育俱乐部是现代竞技体育的基本组织形式,最先产生于工业革命时期的西欧。1650 年,在英国成立了著名的"赛马俱乐部"。其模式很快就被英国的板球、拳击等其他运动项目所效仿,并进一步在欧美许多国家流行。美国是最早出现职业体育俱乐部的国家。早在 1858 年,美国棒球运动开始了职业化。1869 年,美国第一家职业体育俱乐部——辛辛那提红

---

① 杨年松. 职业竞技体育经济分析与制度安排[M]. 北京:经济管理出版社,2006.

② 张林. 现代职业体育俱乐部的本质与特征[J]. 上海体育学院学报,2001,25(3):1-6.

③ 闫成栋. 职业体育俱乐部的法律性质[J]. 体育学刊,2011(1).

袜棒球队在美国进行巡回表演。1876 年芝加哥商人 W. A. 哈伯特联合各俱乐部业主建立了全美职业棒球联盟，取代了 1871 年成立的全美职业棒球运动员协会。全美职业棒球联盟成为后来美国各职业体育项目运作的基本模式。

美国在引进英国俱乐部体制的基础上，又创造了另一种重要的组织形式——联盟体制。20 世纪 20 年代，美国职业体育俱乐部发展迅速，1920 年、1924 年、1925 年分别成立了美国职业橄榄球联合会、美国职业冰球联合会、美国篮球联盟。20 世纪 60 年代以后，美国各种职业体育俱乐部迅速发展，观众对职业体育比赛的兴趣日趋增长，广播电视转播费不断上升，同时也由于俱乐部及其联盟运作的科学、合理程度不断提高，使职业体育成为有利可图的产业。随着职业体育的兴起，北美和西欧相继出现了以营利为目的的高水平职业体育俱乐部。

职业体育俱乐部经过一百多年的发展演变，由早期的个人制、合伙制发展到今天的股份制，已形成产权公众化、组织实体化、管理专业化以及经营市场化的格局。在总的发展趋势上，职业体育俱乐部正朝着商业化、娱乐化、社会化、国际化的方向发展。

(二)我国职业体育俱乐部的形成与发展

我国职业体育俱乐部是从计划经济体制下的专业运动队模式中转变而来的。1992 年 6 月，全国足球工作会议后，足球项目率先进入以“体制改革与机制转换为核心，以协会实体化、俱乐部制和产业开发为重点”的历史阶段，并成为整个体育改革的突破口。1994 年 4 月，万宝路全国足球甲级联赛揭幕，甲 A 与甲 B 共有 24 家俱乐部参加，标志着职业足球俱乐部正式开始运作。

我国以足球改革为突破口的职业体育试点起步后，开始对竞技体育管理体制推行单项协会实体化改革，20 多个运动项目管理中心相继成立，在职业足球俱乐部改革初见成效的影响下，篮球、排球、乒乓球等运动项目也分别在 1995、1996 和 1998 年成立了职业体育俱乐部或半职业体育俱乐部，实行了主客场形式的职业俱乐部联赛。

从整体上看，我国职业体育俱乐部仍处在初创阶段，在过去十余年时间里，我国职业体育俱乐部从计划经济体制下的专业运动队模式中转变而来，经过具有启蒙和试验性质的探索，积累了许多经验与教训。随着我国市场经济体制的完善，我国职业体育俱乐部与市场经济相适应的新体制、新机制将不断生长并占据主导地位，最终将建立和完善现代职业体育俱乐部的运行机制。

专栏 5－1

广州恒大足球职业俱乐部的历史沿革

1. 专业体制(1977—1993 年)

1977 年 10 月，广州市人民政府批准组建广州市青年足球队，1980 年改名为广州市足球队，1984 年广州白云制药厂每年赞助 20 万元共建球队，球队改名广州白云足球队，成为中国大陆首支由体育部门与企业合办的运动队。1989 年 1 月组建“广州白云足球俱乐部”。1993 年 1 月太阳神集团与广州体委签约，成立广州太阳神足球俱乐部，为中国首家股份制职业足球俱乐部。

2. 职业联赛(1994—2009 年)

1994—2000 年底，以广州太阳神足球俱乐部冠名参加职业联赛。2001 年初，太阳神退出，浙江吉利集团赞助球队。2002—2003年广州市香雪制药有限公司投入1600万元取得广州足球俱乐部30%的股份。2004年,广东日之泉集团以象征性的1元人民币获得广州足球70%的股权,广州中一药业以600万元冠名,球队以"广州日之泉中一药业队"征战该年中甲联赛。2006年年初,日之泉和香雪退出,广州医药集团有限公司获得球队90%股份,成立广州医药足球俱乐部,2009年,球队冠名广州医药白云山足球队。2010年初,广药集团正式退出,俱乐部由广州足协托管。

3.广州恒大(2010年至今)

2010年3月恒大地产集团以一亿元买断广州足球俱乐部全部股权,广汽集团以2500万元取得一年的冠名权,球队名称为广州恒大广汽队。2014年6月5日恒大集团与阿里巴巴集团召开战略合作发布会,正式宣布两大集团合作,阿里巴巴将作为恒大俱乐部战略投资者注资12亿元,并入股恒大俱乐部50%的股权。同时恒大地产集团董事局主席表示将来会再增资扩股40%,再引进20家战略合作伙伴,每家占2%的股权。

第二节 职业体育俱乐部的经营与管理

所有职业体育俱乐部都是一个经营实体,经营活动是职业体育俱乐部赖以生存的基础,是经济上独立核算、自负盈亏、实行合同制的先决条件和重要保障。职业体育俱乐部经营活动的特点是走体育与市场相结合的道路,实行企业化管理,严格按照市场经济的竞争、价格和供需三大基本法则来开展经营活动。经营的目的是努力创收以解决运动员的生计和训练、比赛等费用问题;以经济为杠杆,促进运动水平的提高,夺取更好的比赛成绩,为俱乐部及运动员本人增光;更为重要的目的,就是为俱乐部获取更多的利润。

一、职业体育俱乐部经营的本质和特点

(一)职业体育俱乐部经营的本质

1. 职业体育俱乐部是具有企业性质的经济实体

根据职业体育俱乐部的含义,从职业体育俱乐部发展的总体上看,处在市场经济条件下的现代职业体育俱乐部是一个企业性质的经济实体,具备一般意义上的企业应有的特点。具体表现为:职业体育俱乐部是职业体育的基本组织形式;是从事体育文化娱乐及其相关产品的生产经营的体育企业组织;是有其自身经济利益的经济实体;是经注册登记的具有独立法人资格的体育团体。

作为企业性质的经济实体,职业体育俱乐部必须按照企业的模式来设计与运作。首先,它的设立必须符合我国企业法和公司法中规定的条件,并接受工商行政管理、税务部门的监督与管理。其次,它应具有自己的名称、组织机构和场所。再次,它还应当具有符合法律要求的注册资本。最后,它应该能够在经营活动中独立自主地开展活动,自主经营、自负盈亏,在对外经营活动中,能独立地享有权利,承担义务,与此同时,在其内部的运作机制上应当按照企业机制运作。

2. 追求利润的最大化是职业体育俱乐部经营的本质

从职业体育的产生发展过程可以看到,职业体育俱乐部产生的前提是将竞技体育竞赛作

为商品并进入市场交换。竞技体育竞赛向社会提供的是非实物形式的商品，它是以服务来体现的。只有当人们为满足自身需要而愿意为之付费时，竞技体育竞赛的商业价值才能真正实现。因此，职业体育俱乐部是以经营某一高水平运动项目训练和竞赛，并开发其附属产品，追求利润最大化的一种特殊企业。

无论是国外还是国内职业俱乐部经营的本质，都是追求投资的回报和增值，这是由企业的本质属性所决定的。营利性是职业俱乐部的存在与发展的前提，它必须遵循经济规律，以最小的投入，获取最大经济利益。因此，作为从事商业性活动的职业体育俱乐部，如果不以追求利润最大化为经营目标，它就不是企业。从本质上讲，职业体育俱乐部的功能是生产具有观赏价值的竞技体育竞赛产品，并通过市场交换向消费者提供竞技体育竞赛表演娱乐服务。职业体育俱乐部经营管理成功与否，取决于它能否最大限度地为消费者提供优质服务，能否充分满足消费者观赏体育竞赛的需要。因而职业俱乐部经营的本质无论是国外的还是国内的，都是追求投资的回报和资本的增值，通过向社会提供服务来追求利润最大化。

(二)职业体育俱乐部经营的特点

职业体育俱乐部作为主营体育竞赛的体育企业有其自身的特点。因此，作为经营管理者必须了解自己的俱乐部有什么样的特点，并根据这些特点来开展经营，才能取得好的经营效益。我国职业体育俱乐部在经营上的特点(除开各运动项目的个性特征)主要有以下几个方面：

1. 以体育训练竞赛为根本

职业体育俱乐部经营的基石是俱乐部所拥有的运动队和运动员的训练竞赛水平。俱乐部一切经营活动都源于训练竞赛，没有训练竞赛活动，也就没有经营活动的开展。因此，职业体育俱乐部经营过程中的一个基本原则，就是任何时候都不能为一时之利而损害或影响运动队和运动员正常的训练与竞赛。只有运动队和运动员的训练竞赛水平提高了，俱乐部的声誉才能提高，拥有的无形资产才能升值，经营的领域才会更宽更广，经营的后劲才会更足。

2. 以无形资产开发为主要经营内容

职业体育俱乐部经营的主体内容，是围绕着俱乐部拥有的无形资产来开发和经营的。如俱乐部冠名权的开发，主场电视或网络转播权的开发，场地、队服、明星广告的开发以及俱乐部标志产品的开发等。即使是观众产品的销售和主场门票的销售也和俱乐部的无形资产有着紧密的联系。因为俱乐部越是形象好、声誉佳，无形资产的积淀就丰富，开发的潜力就大，市场价值也相对高。

3. 观众享受快乐为经营的宗旨

职业体育俱乐部是经营娱乐，而不是经营胜负。当然俱乐部竞赛成绩的好坏对俱乐部经营状况有影响，这是正常的也是难以避免的，但是职业体育俱乐部的经营状况完全受制于联赛成绩则是不正常的。其根本原因在于，俱乐部没有真正把观众作为消费者，缺乏与观众沟通的渠道，不关心观众的心理感受，不善于在主场营造“观众之家”的和谐氛围。众多职业俱乐部对主场气氛的包装以及对赛前、中场休息及赛后各环节娱乐性安排，其目的只有一个，就是无论胜负都要让观众感受到“家”的亲情和观赏竞赛带来的欢愉。

4. 同新闻媒体的沟通与合作越来越广

职业体育俱乐部作为体育企业，与新闻媒体保持密切沟通关系是十分重要的。这主要是职业体育俱乐部的训练竞赛活动需要有新闻媒体不间断地报道，而体育俱乐部在新闻媒体上的曝光频率和时间，又在很大程度上决定了俱乐部无形资产的市场价值。所以，对经营管理者来说，任何时候都应致力于改善与媒体的关系，保持更广泛的有效沟通与合作。

5. 中介机构的代理经营占有重要位置

职业体育俱乐部的经营，尤其是围绕无形资产开发、运动员转会、商业性比赛运作、网络商机的策划等各项商务活动，专业性和时效性强，把握开发时机的要求高，收益与风险也高。因此，俱乐部除常规经营活动可以自己经营外，重大商务活动的运作和新兴业务的开发，一般都需要请高水平的中介机构来代理经营。实践证明，学会、善于委托代理经营是职业体育俱乐部成功经营的制胜之道。

二、职业体育俱乐部经营的主要内容和方式

职业体育俱乐部经营的主要商品有两种：一是运动员所进行的比赛；二是伴随比赛而产生的各种衍生产品。

(一)职业体育俱乐部经营活动的主要方式

1. 出让冠名权

冠名权经营是职业体育俱乐部经营内容中最主要的一项。目前，我国各项目职业俱乐部冠名权转让收入一般都占俱乐部经营收入的50%以上，中超足球俱乐部除开发俱乐部冠名权之外，还进一步开发了城市冠名和球队冠名经营。冠名权经营实际上就是职业俱乐部寻找冠名赞助商的过程。它的开发过程和经营技巧与体育组织寻求赞助商的过程及运作技巧基本相同。

2. 组织门票收入

门票收入是职业体育俱乐部重要的财源。它反映了观众对比赛的满意程度，是衡量俱乐部经营优劣的重要标志，因而各俱乐部都十分重视研究观众上座率与门票收入情况，并采取一切可能的措施将观众吸引到比赛场上来。如实行主客场制、为观众提供各种服务与便利、为观众参与比赛创造各种条件与营造氛围、通过市场调查明确消费人群与科学制订门票价格、向球迷推出价格优惠的各类套票、出租豪华包厢等。俱乐部在进行门票销售时应当注意定价的合理性，尤其要考虑到当地的经济状况、人口密度等；并要合理拉开各不同等级之间球票的价格，保证大多数的人都能看得起比赛。

3. 发展球迷会员

俱乐部为扩大自己的实力和影响都积极发展自己的会员，并使会员费成为俱乐部主要经费来源之一。俱乐部的会员一般在本地发展，但一些影响较大的俱乐部在全国各地都有它的会员。经营会员的方式有多种，如一般会员、荣誉会员、理事会员等，并且保证会员能看到一些重大比赛。俱乐部还可为会员提供队服、纪念品和随队到外地或国外观看比赛的优惠，在交通费、住宿费等方面提供便利条件和提供优惠。这样既满足了会员看球的欲望，又为本队增加了啦啦队，增进会员与俱乐部之间的感情。另外俱乐部向会员出售优惠的年票、季票和月票，使会员成为最基本的观众，这样也使门票基本收入得到了保证。俱乐部还可办会员之家，提供休闲、娱乐、用餐等便利，活跃会员的生活和增进俱乐部之间的交往和感情。这样会员以球队为荣，球队以会员为后盾，共建俱乐部。发展俱乐部的会员并在会员中开展各种经营活动，是俱

乐部的重要经营活动之一。

4. 经营广告业务

俱乐部可经营的广告业务很多，如场地广告、比赛服装和器材上的广告、门票广告、赛场实物广告以及拍广告片等。厂商在利用比赛扩大自己的知名度、介绍和推销自己的产品时，愿意付给俱乐部或运动员的广告费是十分惊人的。据报道，国外有些俱乐部的广告收入有时要占一场比赛收入的30%～50%。在商品竞争激烈的现代社会，新产品要打开销路，名牌产品要保住自己的市场占有率，都争相做广告宣传，因而广告越来越不可缺少，从而使俱乐部的广告业务源源不断。就对广告需求程度而言，厂商远胜于俱乐部。因此，广告费就成为俱乐部的收入之一。

5. 出售电视转播权

出售电视转播权是职业体育俱乐部的又一经营活动，也是职业体育俱乐部经费主要的、可靠的来源之一。由于电视机构为争夺转播体育节目权而展开的竞价，导致电视转播费增长十分迅猛。在国外，电视转播权的出卖一般是俱乐部从众多电视台中选择转播费出价最高者。出售电视转播权一般采取集中销售方式，由体协掌管，各参赛俱乐部提取一定的比例分成。随着有线电视和网络在线直播的发展，以及为适应电视转播和提高比赛观赏性的要求，对体育比赛的组织、赛制、规则、器材等进行的改革，电视转播费将在职业体育俱乐部的收入结构中越来越占据着重要的位置。

6. 转会运动员

运动员转会是职业体育俱乐部经营的主要内容之一。运动员转会的经营主要是指俱乐部根据自己的经营目标和球队成绩的实际状况，以最合理的价格买入和卖出运动员的经济活动。对俱乐部而言，运动员转会经营最重要的是要清楚转入或转出运动员价格的估算方法，并以此为底价设计谈判方案，争取以最合理的价格与对方俱乐部达成协议。转会经营的核心是买入或卖出运动员的价格质量比，即根据俱乐部的实际情况，确定应转入或转出运动员的质量水平，在保证质量的前提下以最适宜的价格成交。由于职业体育俱乐部拥有众多优秀的球员及后备队员，因此球员本身就是一大笔财富。俱乐部若经济拮据，濒临破产，则可通过转让自己的球员，甚至是优秀球员，以换取转会费来渡过难关；若俱乐部经营有方，也可通过培养优秀的后备球员并转卖给其他球队来增加利润。

专栏 5-2

佛罗伦萨破产时 球员全成自由身

在2001—2002赛季的意甲联赛中，佛罗伦萨34轮仅积22分，最后以倒数第二名的成绩遭遇降级。雪上加霜的是，在2002—2003赛季之前，俱乐部又由于没能筹措到足够偿还债务的资金，遭遇到了破产的厄运。佛罗伦萨当时所欠的债务其实并不是很庞大，只要能够筹措到2200万欧元左右的现金，就足以帮助俱乐部暂渡难关。因此在宣布破产之前，佛罗伦萨也曾在转会市场上进行努力，希望通过出售球员来筹措资金。但是在当时的转会市场上，却没有任何一家俱乐部愿意为佛罗伦萨支付转会费，原因是他们更希望看到后者破产的结果，从而可以免费签入那些心仪的球员。

结果随着佛罗伦萨正式宣布破产，该队的原有球员全都变成了自由身，从而以零身价分别转投新东家。比如在2000年，佛罗伦萨曾经以1900万欧元的高价引进戈麦斯，但是在两年之后，当这位葡萄牙射手重新回到本菲卡时，老东家却没有为此付出哪怕一分钱。基耶萨是当时佛罗伦萨队内另一名身价较高的球员，在1999年以1750万欧元从帕尔玛加盟而来，俱乐部原本指望依靠将其出售来换取救命的资金。结果在佛罗伦萨破产之后，基耶萨选择了拉齐奥作为自己的新去处。

除了戈麦斯和基耶萨之后，佛罗伦萨队内的其他球员也各自找到了新去处，为他们的新东家省下了一笔转会费。其中值得一提的是老将迪利维奥，他在俱乐部破产之后，选择加盟在同一座城市新成立的另一家俱乐部——佛罗伦萨维奥拉。一年之后，新俱乐部在付出250万欧元之后重新买回了“佛罗伦萨”的名称，这也就是目前正在征战意甲的那支球队。

（资料来源：佛罗伦萨破产时 球员全成自由身[N]. 东方体育日报，2008-10-07.）

7. 经营商业赛事

商业性赛事经营是指俱乐部利用联赛间歇期，组织运动队或队员参加能为俱乐部带来收益的对抗赛、表演赛及擂台赛等。商业性赛事的经营既可以委托经纪机构来代理，也可以由俱乐部的市场开发部门自己运作。在经营过程中，主要考虑几点：一是尽可能选择收益高的比赛，要引入机会成本的概念来测算比赛的收益，使收益最大化、成本最小化。二是商业性比赛安排要有提升俱乐部整体形象、扩大俱乐部影响力和拓展俱乐部营销渠道及市场空间的考虑。三是要处理好赛训关系。总之，俱乐部商业性比赛的经营要处理好经济效益、社会效益和球队备战三者之间的关系，力求综合效益最佳。

8. 开发观众产品

观众产品经营是指俱乐部为引导观众形成对俱乐部的归属感而向观众提供的产品和服务。它既包括俱乐部标志产品的生产和经营，如俱乐部标志物、队服、鞋帽、围巾、球场模型、纪念品和明星卡等，也包括会员俱乐部、各类主题餐厅、酒吧、咖啡屋、训练营观摩、开办主题公园、俱乐部观光旅游等服务性产品的生产和经营。观众产品的经营，首先是拓展俱乐部财务来源的一个重要渠道。其次，观众产品的经营也是树立俱乐部品牌形象和引导观众形成对俱乐部归属感的需要。

专栏5-3

NBA职业篮球俱乐部的主要经营方式

1. NBA俱乐部的内涵经营

在NBA，一场高水平的篮球比赛可获得约20万美元的门票收入。在门票经营上，美国各俱乐部把球票分成月票、季票和普通票，此外，还有包厢票、专座票、场边座票和站票。其中票价各异，可满足各阶层人士的需要。为保证高水平的比赛，各俱乐部在经营中十分重视保障球队训练工作的需要。除场地、器材得到保障外，在球员的福利待遇上也给予极大的提高，使他们能全身心地投入比赛。仅1993—1994赛季，NBA球员的平均年薪就达155.8万美元，到1994—1995赛季，其平均年薪增长到180万美元。近几年，球员的薪金增长更是神速，如著名球员奥尼尔在2001年与湖人队签下6年1.21亿美元的合同，国王队的韦伯在2002年4月以6年1.23亿美元签下了合同。

2. 全球化的经营战略

(1)全球化的合作与报道。NBA 的成功,在很大程度上利用各种媒体的功能开展公共关系。NBA 每天为世界各地上千家媒体提供 NBA 咨询。另外,在 NBA 比赛期间,还向世界各国发出采访证,在 2002— 2003 赛季,总共发出 2454 张采访证,给来自世界各地 48 个国家的传媒采访 NBA 比赛。NBA 充分利用电视媒体的作用,为其大力宣传,并获取巨额电视转播费。2003—2004 赛季,NBA 与全世界 151 家电视台有合作关系,在全世界 212 个国家以 42 种不同语言转播 NBA 赛事,超过 6 亿户家庭收看 NBA 比赛。NBA 在为媒体提供大量的报道和节目的同时,也极大地宣传了自己,扩大了知名度,扩展了广告空间,并获取了可观的利润。

(2)全球化的合作伙伴。NBA 目前拥有 7 个全球性市场合作伙伴,即安休舍布什公司、阿迪公司、耐克公司、锐步公司、可口可乐公司、乐高玩具及佳得乐公司。NBA 让其国际市场伙伴在享受与全球最受欢迎的运动结盟之余,高度地提升自己的知名度。除了全球性的合作伙伴,NBA 在一些国家有不同的市场伙伴,如中国的红牛、搜狐及中国旅行社,西班牙、英国及爱尔兰的 MBNA,日本的 JOMO 等。

(3)赛事的全球化和球员的国际化。近几年 NBA 越来越成为一项国际性的职业体育赛事,如 NBA 在加拿大的多伦多猛龙俱乐部和 NBA 多国季前赛。在 2003—2004 赛季,有 73 名分别来自 34 个不同国家和地区的国际球员在 NBA 参赛;在 2004 年 4 月 19 日展开的季后赛里,有 30 名分别来自 21 个国家及地区的国际球员;2004 年全明星赛共有 6 名国际球员入选,其中包括中国的姚明。

(资料来源:高群盛. NBA 职业篮球俱乐部的经营方式探析[J]. 淮海工学院学报(社会科学版),2005(12).)

(二)职业体育俱乐部的经营方式

职业体育俱乐部的经营方式主要有自营和委托代理经营两种形式。

1. 自营方式

自营方式一般是指俱乐部自主开发经营一切商业活动,经营的主体可以是俱乐部分支机构,也可以是俱乐部主管市场开发的职能部门。自营方式下俱乐部所有权和经营管理权是合一的,这样可以更直接有效地控制俱乐部,避免模式化的管理,减少运营成本,获取更高的俱乐部利润。从发达国家职业体育俱乐部的经营现状来看,欧洲职业体育俱乐部大多采用自营模式。

2. 委托代理经营

委托代理经营是指俱乐部将全部或部分经营活动授权给中介机构,由它们来代理经营,经营的主体是有授权的中介机构。如北美职业体育联盟体制下的俱乐部大多采用“自营+代理”的复合经营模式。

从趋势上看,由于职业体育市场不断拓展,商务活动日趋繁忙,俱乐部经营业绩的优劣越来越取决于经营内容和营销方式的创新,因此,俱乐部的经营方式逐步由自营向“自营+代理”的方向转变,并正在成为一种潮流。

职业体育俱乐部采用代理经营方式开展的业务活动,主要是将俱乐部的无形资产开发的经营活动交由中介机构来代理经营,即委托人和代理人通过分工使各自的技能和优势得以发挥,从而产生出分工效果和规模效益。所以,职业体育俱乐部根据自身的实际情况,有选择地将部分专业性强的商务活动委托中介机构来代理经营，是一种较好的经营策略。

同时，职业体育俱乐部在采用代理经营时有可能会遇到某些代理人为谋求自身利益的最大化而侵害委托人利益的情况，针对这种情况发生的防范措施主要有两个方面：一是要慎重选择中介机构，要对代理人以往的业绩、声誉和资信情况进行全面的考察和评估，做到好中选优。二是把好签约关。要科学设计代理契约，明确代理人的责任、权利、义务和违约责任，同时还可以根据情况，设置奖励条款，以激励代理人创造最大价值，使其行为目标与委托人的目标在获利动机上保持一致。

第三节　职业体育俱乐部的运行机制与管理体制

一、职业体育俱乐部的运行机制

职业体育俱乐部的运作是一个非常复杂的体系，涉及组织、经营、投资、发展、约束等诸多问题，我们应该在借鉴国外职业体育俱乐部运行机制的基础上根据本国职业体育发展的实际，不断完善和确立职业体育俱乐部运行机制。

（一）政府与俱乐部分开的管理机制

政府与俱乐部分开的管理机制是指剥离政府与俱乐部之间的行政隶属关系，明确界定政府与俱乐部各自的职能，政府与俱乐部的关系主要表现为法律关系，政府依照法律管理俱乐部，俱乐部依法运作，不受政府的直接干预。政府与俱乐部分开的管理机制主要包括：

(1)政府不直接参与俱乐部的具体事务，不按事业机构来管理俱乐部；

(2)割断俱乐部在资金上对政府的依赖关系；

(3)割断俱乐部在收入分配等政策上对政府的依赖关系。

（二）面向市场的经营机制

职业体育俱乐部只有面向市场，及时对市场需求及变化作出积极反应，俱乐部经营才有活力，市场机制的作用才能发挥。面向市场的经营机制主要包括：

(1)俱乐部的宗旨应定位于“最大限度地满足人民群众不断增长的体育赛事表演观赏需要”，以“观众第一”为行为准则，以观众满意与否作为经营管理的评价标准；

(2)俱乐部经营利润最大化成为俱乐部追求的目标；

(3)俱乐部根据市场需要安排、组织经营活动，形成自己的经营体系；

(4)俱乐部要建立一支具有现代社会市场营销理念、熟悉体育训练竞赛、精通俱乐部经营、有市场开拓能力的俱乐部经营管理队伍。

（三）产权清晰的投资机制

产权关系是人们围绕财产而形成的责任、权力、利益关系，它以一定形式的财产为对象，有财产责任的担当者及权力和利益的管理者。产权主体在一定的约束下承担应负的责任，并获得相应的利益。产权清晰是保护投资者利益的必然要求。产权清晰的投资机制主要包括：

(1)理顺俱乐部的产权关系，使俱乐部产权关系清晰化，明确俱乐部法人财产权，真正成为具有独立法人资格的体育经济实体；

(2)建立以社会化多元投资为主体的俱乐部投资机制；

(3)俱乐部产权由凝固化走向产权转让的市场化，进行俱乐部产权经营，理顺俱乐部产权关系，建立起通过市场合理配置俱乐部资源的机制，实现俱乐部资产的资本化和社会化，以及俱乐部资产的增值。

(四)责权明确的决策机制

责权明确的决策机制是职业体育俱乐部实施科学经营管理，使各项经营活动有序进行的必然要求，它包括以下方面：

(1)确立俱乐部的市场主体地位；

(2)俱乐部法人对投资者负责，承担投资者资产保值、增值的责任；

(3)投资者在法律上与俱乐部法人同处于平等的民事主体地位，双方的权利义务以及财产关系的调整依法律和俱乐部章程进行；

(4)俱乐部依公司化的组织模式，按照现代企业制度的要求，建立健全俱乐部公司的法人治理结构，形成规范的组织管理和权力责任利益体系，从制度上实现投资者对经营者的监督控制。

(五)利益协调的激励机制

激励机制是俱乐部运行机制的中心环节，激励机制的基础是俱乐部各行为主体对自身利益的追求。要建立合理有效的激励机制，就必须建立科学合理的激励结构，协调所有者、经营者、员工三者之间的利益关系。利益协调的激励机制主要包括：

(1)通过物质激励与精神激励不断调动俱乐部各类人员的积极性，并集中到不断提高竞赛训练水平和经营管理水平的方向上来；

(2)市场机制在俱乐部各行为主体的利益协调中起基础作用；

(3)俱乐部的工资总额增长与俱乐部经营收益相协调。

(六)制度健全的约束机制

建立现代职业体育俱乐部必须转换经营管理观念，树立法制意识，形成一个完整配套的符合市场经济要求的科学有效的管理制度。制度健全的约束机制主要包括：

(1)科学的组织制度。建立一套科学完整的组织机构体系和组织规范制度，使俱乐部的权力机构、决策机构、执行与监督机构之间职责明确，规范投资者、经营者和员工之间的关系，形成激励与约束相结合的管理机制。

(2)建立一整套完整的管理制度。俱乐部的章程、训练制度、竞赛纪律、人员聘用制度、工资制度、财务会计制度等都要科学规范，并形成一个完整的制度体系。

(七)外部体系的监控机制

职业体育俱乐部为社会公众提供体育竞赛表演服务，社会影响面大，而且它的经营内容主要是无形资产，与社会评价休戚相关。它的运作是否规范，对其生存发展影响甚大。因此，在科学健全的内部管理制度的基础上，还应形成强有力的外部监控体系：即完善政府及法制体系的监控，完善行业自律组织的监控，完善社会舆论的监控。

二、职业体育俱乐部的运作管理

(一)俱乐部实行独立的经营管理

所谓独立的经营管理，即意味着俱乐俱是一个独立的经济实体和经营单位，有独立的管理机构和管理方式，并实行企业式的经营管理。俱乐部在符合条件的情况下向协会登记注册后，即享有法人的各项权利及义务。经济上自筹资金、自主经营、自负盈亏，并按国家有关规定上缴利润和税收。俱乐部在国家法律和规定范围内进行经营活动和开展竞争，其经营活动同时也受到法律保护和约束。俱乐部的收入必须用于自身建设，不能挪为他用或私人占有。

(二)职业体育俱乐部的管理机构

职业体育俱乐部是职业体育基本的组织形式，是具有法人资格的经济实体，能独立承担民事责任。因此，职业体育俱乐部具有较为明确的组织结构。职业体育俱乐部一般的组织结构为：俱乐部主席领导俱乐部董事会，俱乐部总经理管理运动员、经营部、财务部、办公室等部门，并直接对董事会负责。由于国情、项目特点、俱乐部性质与规模等不同，俱乐部的组织结构也有所差异。

俱乐部董事会主要由俱乐部股东或代表组成，对俱乐部发展的重大问题做出决策。俱乐部主席由董事会推选或指派，通常由出资最多的一方或由其指定代表担任。董事会聘请总经理负责俱乐部的日常事务和运作。俱乐部还设有主管具体业务活动的职能部门，如财务部主要负责俱乐部财务方面的工作，宣传公关部主管宣传、公关、广告业务等，运动管理部负责俱乐部球队的竞赛训练工作，办公室主管俱乐部的行政性事务，市场开发部负责俱乐部的经营开发，会员部负责俱乐部与球迷之间的联系，这些职能部门均对总经理负责。如北京国安足球俱乐部的董事会由中国国际信托投资公司及其下属企业的 6 名成员组成，董事长由中国国际信托投资公司董事长兼任，副董事长由下属企业国安总公司董事长、总经理兼任。董事会聘请有关专业人士担任俱乐部总经理。俱乐部实行董事会领导下的总经理负责制。俱乐部下设 7 个职能机构：办公室、财务部、经营开发部、国安足球队、接待部、青少年培训部和球迷管理部，分别经营管理相关业务。

(三)职业体育俱乐部的人员管理

对教练员和运动员实行合同制，即意味着允许竞争和球员流动。俱乐部按自己的需要和经济实力在所属协会规定允许范围内去聘请教练员和运动员，教练员和运动员根据自身的价值和球队条件与水平自由选择俱乐部。实行合同制是职业化管理的核心，合同制是聘方和受聘方通过契约的形式确立双方之间的劳资关系，明确双方的责、权、利，其契约具有法力效力。运动员和俱乐部合同关系中的纠纷，可由劳动法庭解决。吐故纳新是职业体育俱乐部生存和发展的根本之道，因此每一个俱乐部都应该重视后备人才的培养和选拔。俱乐部后备人才培养的主要途径有：一种是俱乐部自己培养，设青少年队；另一种是俱乐部成立专项体校；三是俱乐部从学校代表队中选拔。

(四)职业体育俱乐部的成本管理

职业体育俱乐部成本管理的基本原则是：根据市场的实际情况，在满足俱乐部日常开支的情况下，用尽可能少的资金来争取尽可能多的经济效益，使投资者得到最大、最为可观的利益回报。职业体育俱乐部是一个独立的经济实体，必然要讲求效益，讲投入与产出比，讲成本核算和控制。如美国 NBA 各个俱乐部十分讲究成本管理，注重投入后的产出，同时经营着球赛门票、电视转播、广告、服装、器材、标志产品、吉祥物、餐饮、娱乐、旅游、博彩等业务。凡是可以获取利润的业务，俱乐部都会努力去经营。

我国职业体育俱乐部在成本管理方面重视不够，在一些关键场次比赛中，为了赢得比赛胜利，成倍增加奖金，这种不计成本、不管投入产出的做法，导致俱乐部陷入了严重亏本的境地，使得原本满怀希望的股东一个个灰心离去；同时还造成社会效益的负面影响。因此，职业体育俱乐部在运作管理中应当重视成本管理，尤其要重视训练和竞赛的管理，训练水平高，竞赛成绩好，就是最好的成本控制。同时也要重视投资效益，在进行一项投资之前，要看它能带来多少效益，不能进行只讲对俱乐部的支持不讲经济效益和社会效益的投资。

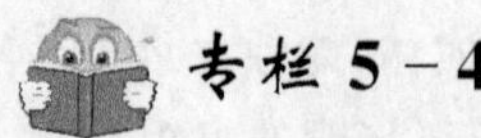

专栏 5－4

“恒大模式”对我国中超俱乐部管理的启示

1. 建立高效的俱乐部管理体制

高效的俱乐部管理体制是恒大足球俱乐部得以成功发展的根本保证，是球队保持良好球队风格的关键所在。广州恒大足球俱乐部执行了严格的俱乐部管理制度，其中包括“五必须”、“五不准”、“五开除”的管理制度。违背了“五必须”、“五不准”、“五开除”的管理制度都会受到相应的惩罚，队员杨昊因为训练迟到了几分钟，不仅受到批评还被俱乐部罚款 500 元，外援雷纳托因为仅仅违反了“五必须”中足球比赛开始之前和结束之后，不管球队的成绩如何，所有球员必须向现场和电视机前球迷致谢，而被俱乐部停赛 3 场，并罚款几十万元。

2. 注重人才的引进和人才的输出

人才是俱乐部得以发展和建设的前提，恒大集团在恒大成功的经验基础上，投资重金 1 亿元人民币将广州足球俱乐部的全部股权收购，组建成为恒大足球俱乐部，俱乐部在成立初期先后投入资金 4000 多万元收购张琳芃、姜宁等国脚，同时花费巨资引进外援，这在极大程度上加强了球队的战斗力，同时俱乐部积极引进国际级水平教练团队，2012 年里皮与恒大俱乐部签订了为期 3 年的合同，团队年薪约为 1200 万欧元。作为恒大足球俱乐部的老板许家印多次在公开场合强调恒大俱乐部的人才投资：该花的钱猛花，不该花的钱一分不花。

3. 重视对青少年足球运动人才的培养

青少年足球建设的好坏，是衡量一个俱乐部发展的重要指标。2011 年，恒大足球俱乐部与皇马足球俱乐部签订战略合作协议，双方将会在广州地区建立一家亚洲规模最大的足球学校，皇马足球俱乐部会为足球学校里的学员制订专业的日常训练计划，同时两家俱乐部会在商业合作、青少年足球等领域开展更为广泛的合作。2012 年 9 月 3 恒大皇马足球学校正式成立。

4. 建立巨大的“恒大”经济效应

恒大集团作为我国房地产行业的领军人物，在我国房地产产业中发挥着举足轻重的作用，但是由于我国特殊的国情所限，大多数人对房地产行业持有不友好的态度，但是，目前我国多家中超足球俱乐部都是由各地的房地产商所支持的。恒大集团勇于担负起我国足球振兴的伟大使命，积极投入到足球事业中来，为我国的足球事业作出了极大的贡献，这在很大程度上改变了人们对于恒大集团的认识与看法，为恒大集团创造了极大的品牌效应和知名度。

（资料来源：张阳. 中超俱乐部管理模式的构建研究[D]. 济南：山东大学，2013. ）

本章思考题

1. 简述职业体育俱乐部的本质及组织类型。
2. 概述职业体育俱乐部的经营方式和主要内容。
3. 简述职业体育俱乐部的管理模式。

4. 任选一个职业体育俱乐部，做一个简单的营销策划书。

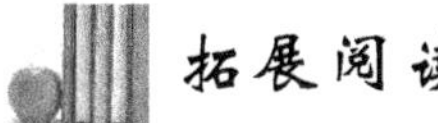

拓展阅读

“皇马”的经营之道

9300万欧元购进C·罗纳尔多，6500万欧元买到卡卡，皇马的“烧钱”举动震惊世界。大家都在问：“皇马哪来那么多钱？”

昨天下午，记者来到位于马德里北部、已有62年历史的皇马主场伯纳乌。经过仔细的探访，记者发现皇马“不差钱”自有它的道理。

1. 参观者每天排长队

在所有马德里的导游图上，伯纳乌球场都被作为一个著名景点突出介绍。“你不想看看全世界著名的大球场是什么样吗？”一份导游手册上这样介绍。

参观伯纳乌球场是要买票的，而且不便宜，原先是9欧元，现在已涨价到15欧元(著名的马德里大皇宫门票才8欧元)。让记者吃惊的是，即便是在工作日，参观伯纳乌的游客依旧在购票窗口前排起了长队。一位工作人员告诉记者，“每天都是这样”。

参观的内容包括球场的看台、替补席、荣誉室、新闻发布厅等。在荣誉室，皇马的许多座奖杯给参观者极大震撼，俱乐部为所有效力过的球员制作的“球员墙”也让人深受感动。在与皇马有过交手的俱乐部队旗陈列中，记者找到了当年中国龙队和北京国安的队旗。

2. 合影留念皆有文章

皇马精心安排了参观路线，让参观者既能感受到皇马的俱乐部文化，同时又能为俱乐部的经济建设“添砖加瓦”。

在参观过程中有两个拍照环节，一个是和巨大的冠军杯合影，一个是通过电脑合成与皇马巨星合影，这必须由工作人员拍摄。拍完后游客会领到一个号码牌，到最后出口时凭号拿照片并付钱。

在参观过程中，你还可以了解到皇马的很多小秘密，比如皇马的场边替补席，每个椅子都是价格不菲的蓝色沙发椅，让人觉得“坐板凳”也是一种享受。

此外，参观者还可以坐在皇马的新闻发布室的桌子前，正儿八经地留影。但精明的皇马在话筒旁放了一个标牌，上面写着“不是真的”，以防有人拿着照片出去“招摇撞骗”。

3. 衍生产品大有赚头

最后一站是俱乐部纪念品销售部，这是一个上下三层楼的大商店，也是参观路线的唯一出口。

皇马主席弗洛伦蒂诺夸口，“光卖球衣就能挣回买C·罗的钱”。记者看到，商店里皇马球衣标价70欧元，印上球员名字的售价85欧元。所有的球衣里，C·罗的球衣确实卖得最快。

皇马用自己的标志设计了无数衍生品，大到野营帐篷，小到婴儿奶嘴。一路接受皇马俱乐部文化熏陶的参观者此时已彻底折服，很多纪念品连标价都不看就直接往购物篮里装。记者粗略估计了一下，参观门票收入加上纪念品收入，伯纳乌球场在闲置期间一年的收入就接近3000万欧元。根据2009年最新的俱乐部收入排行榜，皇马一年的收入大约为3.3亿欧元。

皇马果然深谙经营之道。

(资料来源：张玮. 皇马“不差钱”，自有“生意经”[N]. 解放日报，2009-08-26.)

第六章 体育赛事经营管理

本章提要:体育赛事表演业是体育产业的支柱产业,也是体育经营管理的重要内容,搞好体育赛事的经营管理,对于拓宽竞赛资金来源渠道、提高竞技运动水平、满足体育消费者的观赏需要等均具有十分重要的意义。因此,本章重点讨论体育赛事市场化、赛事经济特点、赛事策划与无形资产开发、赛事经营管理的基本方式以及赛事绩效管理等。

关键词:体育赛事;竞赛赞助;市场化;经营策划;资金管理

体育赛事是体育产业的支柱产业,也是体育经营管理的重要内容。搞好体育赛事的经营管理,对于拓宽竞赛资金来源渠道、提高竞技运动水平、满足体育消费者的观赏需要等均具有十分重要的意义。

第一节 体育赛事及其经济特征

一、体育赛事的含义及分类

(一)体育赛事的含义

体育赛事是指以运动项目为内容,以争取优胜为直接目的,在裁判员的主持下,按统一的规则要求,有计划组织与实施的运动员个体或运动队之间竞技较量并与之相关的一系列活动的总称。

传统意义的体育赛事侧重于赛场的竞技较量过程,而体育赛事是一项复杂的社会活动,不仅包括体育比赛的筹备、管理、服务、实施等各项组织活动,还涉及门票促销、运动员包装、媒体推广、赞助与广告策划、标志品开发等各种经济活动。所以,现代意义上的体育赛事已经发展成为一项融合社会政治、经济、文化等诸多要素的综合性的活动。

(二)体育赛事的分类

依照不同的标准,体育赛事有不同的分类体系。

(1)依参赛者的年龄,可分为青少年比赛、成年比赛和老年人比赛。

(2)依参赛者的行业,可分为职工运动会、农民运动会和学生运动会等。

(3)依比赛包含的项目数量,可分为综合性比赛和单项比赛。

(4)依比赛组织方式,可分为集中组织的比赛和分散组织的比赛。

(5)依比赛区域规模,可分为地区性比赛、全国性比赛、洲际比赛和世界大赛。

(6)依比赛的形式、任务,可分为运动会、冠军赛、锦标赛、对抗赛、擂台赛、邀请赛、选拔赛、等级赛、友谊赛、表演赛、达标赛、积分赛、大奖赛、巡回赛等。

(7)依比赛的性质,可分为职业性比赛、商业性比赛和业余性比赛等。

上述各类比赛又各有不同的项目。因此,体育赛事活动具有多方面的价值,如竞技价值、健身价值、观赏价值、商品价值、宣传价值等。

二、体育赛事的市场化

(一)体育赛事市场化的本质

所谓体育赛事的市场化是指体育赛事的组织者,对体育赛事产品按市场化规律进行运作,以使体育赛事的观赏价值和商业媒介价值通过市场实现其商品价值的过程。

体育赛事的市场化运作是按照市场化的模式进行体育赛事运作及管理的过程。从市场经济角度讲,体育赛事的市场化是一个商品交换的过程。在体育赛事的市场化过程中,观众、企业及其他社会组织是购买体育赛事产品的消费者,赛事的组织者则是商品的生产者。举办体育赛事是组织运动员进行高水平竞技体育表演,为观众提供审美享受服务的商品生产过程。由于体育赛事能够为社会提供一种具有观赏价值的服务产品,能够聚集大量观众观赏,具有形成大规模公众场合的功能,所以体育赛事拥有巨大的无形资产,具有极高的商业媒介价值。因此,体育赛事市场化的实质就是体育赛事组织者采用各种手段,对赛事的体育服务产品和无形资产进行开发和营销活动,以实现体育竞赛表演业的商业价值的过程。

(二)体育赛事市场化的基本特征

1. 观赏价值与市场价值相互影响

观赏价值是基础,决定了体育赛事的市场价值能否实现和实现程度的高低。而体育赛事的观赏价值又是由市场决定的,赛事的市场化促使赛事经营管理者尽可能提供高质量的“产品”,以满足市场的需求。

2. 体育赛事具有过程不可复制的唯一性

作为服务形态的产品,体育赛事的生产与消费具有不可重复性,甚至是一次性消费的特点。

3. 体育赛事具有极强的实效性

体育赛事服务产品具有生产与消费同时性、即逝性的特点。体育赛事的无形资产,如竞赛冠名权、广告发布权等一般也都有特定的时限。

4. 产品价格的不确定性

体育赛事的主要产品是服务产品和无形资产,其“价格”往往受时间、地点、规模等种种因素的影响,具有较大的不确定性。

三、现代体育赛事的经济特点

现代体育赛事一般泛指国际或国内的各种大型体育赛事,如奥运会、亚运会、全运会、世界杯,等等。现代体育赛事的经济特点主要表现在以下几个方面:

(一)体育赛事的规模大、耗资多

随着生产社会化、现代化和国际化的发展,体育运动的规模、速度和竞技水平也相应地得到了发展。就体育赛事来说,无论是世界性、洲际性体育赛事,还是全国性、地区性体育赛事;

无论是计划内的正规比赛，还是商业性体育赛事，都有一个明显的特点，即体育赛事规模越来越大，特别是世界性的体育大赛，竞赛项目设置、参赛国家和地区及参赛运动员人数是越来越多。如奥运会规模越来越大，如表 6-1 所示。

由于体育赛事规模越来越大，所设的项目及参赛的运动员越来越多，从而使举办体育赛事所需的资金也越来越多。如 1964—2012 年奥运会的耗资如表 6-2 所示。

专栏 6-1

表 6-1 六届奥运会规模比较

时间	地点	届次	会期	所设比赛项目	参赛人数	参赛国家和地区
1896 年	雅典	1	5 天	9 大项 32 个小项	331 名运动员	13 个
1996 年	亚特兰大	26	17 天	26 大项 271 小项	1 万多名运动员	197 个
2000 年	悉尼	27	17 天	28 大项 297 小项	10200 多名运动员	199 个
2004 年	雅典	28	17 天	28 大项 301 小项	10684 名运动员	201 个
2008 年	北京	29	17 天	28 大项 302 小项	11438 名运动员	204 个
2012 年	伦敦	30	16 天	26 大项 300 小项	10500 名运动员	205 个

专栏 6-2

表 6-2 1964—2012 年奥运会耗资比较

年份	地点	耗资	年份	地点	耗资
1964 年	东京	30 亿美元	1992 年	巴塞罗那	16.35 亿美元
1972 年	慕尼黑	10 亿美元	1996 年	亚特兰大	15.73 亿美元
1976 年	蒙特利尔	14 亿美元	2000 年	悉尼	15.6 亿美元
1980 年	莫斯科	90 亿美元	2004 年	雅典	37 亿美元
1984 年	洛杉矶	4.69 亿美元	2008 年	北京	23.47 亿美元
1988 年	汉城	25 亿美元	2012 年	伦敦	145.6 亿美元

体育赛事所需资金的用途主要分为两大类：一类是用于体育赛事所需的场地和设施的改造及建设的费用，这类费用占全部资金的比重较大；另一类是体育赛事的组织费用，其所占的比重则相对较小。

举办大型体育赛事尽管所需费用较多，但是其回报也是无法估量的。因为举办大型体育赛事，不仅能吸引全世界的关注，而且也是承办国市政建设提前发展的一次极好的机遇，所以目前大型体育赛事的申办国家或城市是越来越多。

(二)体育赛事赞助的作用日益明显

体育赛事所需的巨额赛事经费单靠政府的拨款是不可能的，因此，必须依托社会，寻求企业公司和商业财团的捐赠和赞助来筹集所需的大部分或全部资金。由于现代体育赛事的举办是全球注目的焦点，赛事本身也是极佳的广告媒体，因此越来越多的大型企业和财团愿意赞助体育赛事，以借赛事的机会来开拓市场、推销产品，提高企业的知名度及产品的市场占有率。体育赛事赞助作为赛事和经济之间的一个平等互助的结合点，起到了促进赛事和经济共同发展的双重作用。因此，现代体育赛事的赞助作用日益明显。

专栏 6-3

洛杉矶奥运会成功分析

1978 年国际奥委会雅典会议决定，由唯一申请城市美国洛杉矶承办 1984 年第二十三届奥运会。奥运会的花费是巨大的，如 1972 年，慕尼黑花了 10 亿美元；1976 年，蒙特利尔花了 14 亿美元；而 1980 年，莫斯科竟花了 90 多亿美元左右。彼得·尤伯罗斯任主席后，面临的第一个难题是经费来源问题。洛杉矶奥运会是 1896 年奥运会创办以来首次由民间承办的运动会，既无政府补贴，又不能增加纳税人负担，加之美国法律还禁止发行彩票，一切资金就都得自行筹措。彼得·尤伯罗斯领导这个委员会白手起家，广开财源，采取了如下主要措施：与企业集团订立资助协议；出售电视广播权和比赛门票；压缩各项开支，充分利用现有设施，尽量不修建体育场馆；不新盖奥林匹克村，租借加州两座大学宿舍供运动员、官员住宿；招募志愿人员为大会义务工作等。尤伯罗思利用自己的聪明才智，使组委会的工作井井有条，一切如愿以偿。本届奥运会原计划耗资 5 亿美元左右，后来不仅没有出现亏空，而且有盈余。

彼得·尤伯罗斯以特殊的经营方式，为奥运会顺利度过困难时期作出贡献，为此国际奥委会向其颁发了奥林匹克金质勋章。彼得·尤伯罗斯开创了民间承办奥运会的先例，尽管他的某些做法遭到非议(如收取火炬接力费等，在美国境内的火炬接力，参加者每跑 1 英里需缴纳 3000 美元)，但这种以工商企业的方式，充分利用商业手段的做法，不仅给许多经济不发达国家承办奥运会以启迪，同时也给奥林匹克运动的发展带来了生机。

(资料来源：洛杉矶奥运会成功分析[EB/OL]. http://wenku.baidu.com.)

(三)体育赛事的经营管理手段日益市场化

在市场经济条件下承办体育赛事必然要借助市场经济的各种手段。由于现代体育赛事规模大、耗资多，在政府的投入日益减弱甚至没有的情况下，决定了体育赛事的组委会必须充分发挥和开拓体育赛事的各种经济价值，运用市场经济的基本原则和运行机制来对体育赛事的经营活动进行筹划、组织、市场开发和经营管理。例如，上海八运会通过土地置换建设体育场馆，无形资产转让以拍卖的方式进行等都是市场化运作的成功典范。通过体育赛事的经营活动及市场开发，不仅要做到经费收支平衡，而且还要争取略有赢利，这是现代体育赛事为世人竞相争办的魅力所在。

第二节 体育赛事的运营

一、体育赛事的运营主体

体育赛事的运营主体较多，只要担负了一定的体育赛事运营任务的群体或组织都可称为体育赛事的运营主体。当前,我国体育赛事的运营主体主要有政府、社会体育组织和企业三种类型。

(一)政府部门

1. 国家及地方体育行政部门

我国体育赛事的管理体制是在国家和地方体育行政部门的统一领导下,由各级运动项目管理中心分管各项目的全国性或地方性体育赛事事务。因此,国家及地方体育行政部门就成为我国体育赛事业的管理部门。

长期以来,我国体育赛事管理体制是在"集权制"基础上逐渐改革完善的。进入21世纪后,我国的体育赛事从竞赛体制、组织结构、科技含量、运行机制等方面都已出现新的格局、新的态势和新的成效,正逐步探索和形成适应社会主义市场经济,符合现代竞技体育发展规律和国际体育发展趋势,国家办与社会办相结合,集中与分散相结合,多方位、多层次、多元化的体育竞赛体系。2000年,国家体育总局提出要"开放体育竞赛市场,通过招标、申办等形式,鼓励社会各界积极承办各类体育竞赛。完善全国运动会竞赛制度,改革全国运动会的赛制和奖励办法",并在2002年颁布的《新时期体育工作意见》中要求:举办好全国运动会和国内其他赛事,要全面、科学安排国内各项赛事,改革完善竞赛制度,充分发挥竞赛的功能和效益,为实现"奥运战略"目标服务。注重开发竞赛的社会效益、竞赛效益和经济效益,实现举国竞赛体制的创新。

2. 具有行政管理职能的事业单位

由于我国体育管理体制的特殊性,国家体育总局及地方体育局下属的运动项目管理中心属于具有行政管理职能的事业单位,负责所辖项目的行政管理。它既负责项目的普及、提高和国家队、地方队的建设,又从事常规赛事和职业联赛的管理。截至2012年年底,国家体育总局共成立了23个直属运动项目管理中心,承担着所有奥运项目和绝大部分非奥运项目的具体管理职能。各项目管理中心都下设专门的部门,负责本项目市场开发的运营。根据项目的不同,其部门名称略有变化,如篮球运动管理中心称为市场部、网球运动管理中心称为开发部、举重摔跤柔道运动管理中心称为奥运保障部,而体操运动管理中心称为事业发展部等。当政府作为竞赛表演业的运营主体时,协会的运营开发部就属于办事机构。截至2012年年底,我国已有70余个全国性单项运动协会的运营开发部。为了使协会的运营开发部在市场运营中发挥应有的功能,运动项目管理中心应具有方向性和目标性的管理职能,形成职责分明、分工到位、出现问题易于追究的管理机制。具体内容包括:"制定有关的操作程序、商务纪律和原则;培养和遴选商务专家或代表和建立激励和约束机制等。"另外,行业协会运营开发部还可以发挥职业联盟的功能,以俱乐部整体的身份进行市场运营,提升市场竞争力和俱乐部的运营效益。

3. 各级地方政府

随着我国社会经济的发展和产业结构的升级,各级地方政府为了提高城市的知名度和提升城市的国际竞争力,纷纷寻找突破口。而体育赛事的聚焦功能正好符合政府提升城市品牌、完善城市形象的需求,为此,各级地方政府成为各大体育赛事的主要需求者。当前,地方政府在体育赛事业中的作用主要有:通过政策、法规积极支持体育赛事业发展,加强体育场馆等基础设施建设,积极培育市场运营主体,参与赛事的组织协调,协助进行赛事市场推广,为赛事承办企业无偿提供政府公共资源等。

(二)社会体育组织

社会体育组织大都负责体育赛事业的竞赛环节,甚至还负责指导和监督整个赛事的运营,包括综合性体育组织和单项体育组织。社会体育组织与赛事紧密联系,表现形式一般有以下两种:一是直接成为赛事的运营主体,即赛事组织成员,如第 27 届悉尼奥运会有一套监督机制,采取了董事会和合同的方法,奥运会组委会与澳大利亚奥委会在经费下拨和使用的关系处理上采用了董事会形式;二是以联络形式进行指导,以奥运会的赛事组委会与国际奥委会、各国际单项体育协会的联络为例,在举办城市揭晓后,国际奥委会即成立协调委员会,对奥运会的筹备工作给予监督和指导,并指定一名专员与组委会保持联系。协调委员会定期检查组委会工作,组委会定期向其进行汇报。

由于我国竞赛管理体制的原因,当前,社会体育组织在体育赛事业中的力量还较为薄弱。

(三)企业

1. 体育中介公司

体育中介机构是开展运动员经纪代理、赛事产品营销、赛事咨询、广告和保险等业务的组织。体育中介机构依据市场功能大致可分为经纪类、咨询类和监督类三个类别。体育经纪类主要包括各类体育经纪公司、体育推广公司、体育传播公司以及个体体育经纪人等;咨询类主要包括体育资产评估、体育市场顾问公司等;监督类主要包括各类法律、仲裁、审计、会计事务所等。按营业性质又可分为主营和兼营两类,主营类包括体育经纪公司、体育传播公司、体育推广公司以及个体体育经纪人等;兼营类主要包括广告公司、文化传播公司以及其他商务贸易公司等。

体育中介机构通过对体育赛事进行策划、包装、筹资、组织实施等运营活动以达到体育赛事推广的目的。这主要有两种方式:一是代理体育组织的赛事招商,包括赛事赞助商的招募、赛事门票或纪念品的销售;二是买断赛事经营权,即体育中介公司基于市场风险和利润的分析比较,对于盈利把握性和可能性大的赛事采取预先支付、从体育组织买断经营权的方式,独立承担赛事的商业运营和享有赛事的全部或主要收入。采取后一方式的大多是实力较雄厚和赛事推广经验丰富的体育中介公司。

在我国,体育中介公司对于国家体育总局计划内体育赛事推广主要还是以接受单项运动协会委托代理的方式获得项目来源。但随着我国运动项目职业化进程的不断加快以及商业性赛事的逐步活跃,体育中介机构作为赛事运营的主体参与体育赛事推广业务的规模正日益扩大,范围正在逐渐拓宽,重心开始转向商业性赛事。

2. 生产企业

生产企业由于有资本优势,将成为体育赛事业运营的主体。在产品竞争日趋激烈的今天,生产企业迫切需要宣传自己的产品品牌,借助承办体育比赛推广、营销产品越来越成为生产企业宣传自己的主要手段。在赛事运营时,它们一般优先考虑赛事的长远效益,兼顾赛事的当前效益。

二、体育赛事的运营策划

现代体育赛事,不管是大型国际体育赛事,还是国内、地区、行业等中小型体育赛事,一般都有相应的体育赛事组委会或专业的体育赛事机构来组织和管理。从经营管理的角度来研究体育赛事，其主要任务有以下几个方面：

(一)赛事主办者

1. 建立体育赛事组织机构

体育赛事组织机构是体育赛事经营管理的主体。一个体育赛事组织机构包括筹备委员会和组织委员会。成立体育赛事组织机构必须明确体育赛事组织机构的性质及意义。体育赛事组织机构分为营利性和非营利性组织机构。因此，体育赛事组织机构具有发展赛事的职能，是实现规模效益的必要条件。

2. 计划体育赛事

当一项赛事被确定后，必须制定竞赛规程。竞赛规程是赛事计划的重要组成部分，是竞赛的组织者和参加者必须共同遵循的法则。竞赛规程的主要内容包括竞赛的名称、时间、地点、项目、参赛资格、比赛方式、仲裁委员会的组成和有关的参赛经费要求等。

3. 遴选举办地和承办者

遴选举办地的目的是确定最适宜的承办者。确定承办者或者承办地主要有两种方法，一是有条件的成员轮流依次承办比赛，二是会员组织申请承办或投标，由体育组织按照一定的规则和程序确定承办者。

(二)赛事承办者

1. 进行竞赛市场调研，制定赛事运营战略

体育赛事的承办者在赛事举办之前要进行体育赛事市场需求的调查研究。调研的目的是为了努力把握体育市场上的体育消费者，特别是观赏型体育消费者的消费需要及消费热点，并据此制定相应的体育赛事经营的战略，确立体育赛事的经营目标及经营方针。这些对于各类商业性体育赛事的承办者来说则显得更为重要。

2. 编制体育赛事集资计划，筹措体育赛事所需资金

现代体育赛事的组委会或专业的体育赛事承办机构，其下属一般均设有专门的集资部，具体负责体育赛事所需资金的筹措。集资部的主要任务就是根据体育赛事规模的大小及所需经费的预算来编制集资计划、招商计划，落实资金筹措的渠道、方法和措施，以确保体育赛事所需资金的及时到位及体育赛事的如期举行。

3. 编制体育赛事经费支出预算，做到量入为出

体育赛事的承办者要根据体育赛事经费筹措的计划来编制相应的体育赛事经费支出预算。编制体育赛事经费支出预算的原则是：既要保证体育赛事各项合理开支的需要，又要贯彻勤俭节约、增收节支的精神；既要加强财务监督和管理，又要注意提高资金使用的效益，力求收支平衡、略有盈余。

三、体育赛事运营方式

体育赛事的运营方式是指与体育赛事产品生产和服务创造密切相关的各项管理方法。不论采取何种运营方式，体育赛事必须考虑政府的目标和规章、媒体要求、赞助商的需要和举办地社区的期望等多种要求。体育赛事动机是多样化的，而且其运营主体和组成也不一致，体育赛事运营方式应基于这两方面做出相应改变。以营利为目的、满足社会体育竞技观赏需求的商业性赛事，如职业联赛、各种商业比赛、大奖赛和巡回赛等，其运营方式需要通过各种营销手

段与市场开展交易互动，为赛事创造最大商业利益；以提高运动技术水平、发展体育文化为目的的赛事，如大型综合性赛事、各种杯赛和锦标赛等，主要关心的是社会效益，商务运作是次要的，对项目的宣传也是次要的，主要是宣传当地政府。

以下主要介绍几种典型赛事的运营方式：

（一）职业联赛的运营方式

职业联赛的组织结构、营销方式在市场中融为一个整体，共同构成了职业联赛独特的运营方式。我国职业联赛的组织机构包括管理机构和职业体育俱乐部。我国职业联赛的管理机构主要是各个项目的协会，它们隶属国家体育总局，国家体育总局和各协会全面开发各项职业赛事。以全国性职业足球赛事为例，它是由中国足球协会（简称足协）负责管理，各地足球协会按照中国足协的部署，参与全国性竞赛并举办地方性竞赛，各地足球俱乐部在中国足协和本地足协的领导下开展工作。作为我国职业足球顶级赛事的中超联赛是由中国足球协会主办，并由中国足球协会超级联赛委员会（以下简称中超联赛委员会）进行组织和管理。中超联赛委员会下设竞赛部、资格部、裁判部、技术部、商务部、安保部、新闻部和财务部 8 个职能部门，并在各俱乐部主场赛区设立赛区委员会，全面管理赛区事务，同时与中国足球协会裁判委员会、纪律委员会、安保委员会分工协作，共同完成对中超联赛的管理。目前，在我国职业联赛的市场运营内容中，门票、广告赞助等占据相当大的比例，电视转播权收入相对较小，而国外高水平的职业联赛，电视转播权一般占据运营收入的很大一部分。

NBA 联盟是职业联赛市场化成功的典范，其运营方式是：对内协调各利益主体的利益分配、统筹整个联盟的内部运转，对外与市场、政府及其他社会组织进行联系、交易并创造收入。我国职业联盟可以借鉴 NBA 联盟管理机构的组织结构，对职业联赛和职业俱乐部做适当的调整。NBA 联盟的市场运营内容包括常规赛事门票、转播权销售、表演赛与季后赛门票、停车费、球队赞助、联盟的衍生产品（如网络游戏、服装、玩具、食品、儿童用品，甚至餐厅和大巴）、所有权收益等。

（二）其他常规性单项赛事的运营方式

在我国，除职业联赛外的其他常规性单项赛事（锦标赛或冠军赛等）有两种举办形式：一是国内举办国际赛事，二是国内举办国家或地区性赛事。赛事组织者通常为体育行政机构、社会体育组织、公司企业或个人，通过设立积分制度、高额奖金等形式吸引职业运动员参加赛事。赛事组织者经过与职业运动员本人或围绕职业运动员产生的经纪团队或职业运动员所属的组织（运动队或学校等）进行沟通协商，达成参赛意向，确定参赛人员，然后在商定的时间和地点举办赛事，满足观众对于该项赛事或项目观赏和娱乐的需要。职业运动员在赛事组织者的运作下开展赛事，同时观众到达现场观看或通过电视、广播、报纸等媒体获知赛事信息，观众向赛事组织提供必要的利益或价值，然后赛事组织者依据竞赛成绩，根据前期与运动员或运动员组织达成的协议，将观众提供的价值和利益分给运动员和运动员组织，以此维系赛事的后继举办。

不同的项目和赛事，其运营的方式会存在很大的差别。在我国，射击和游泳项目基本上以专业运动队的形式存在，他们完全依靠政府部门，此类项目职业赛事的开展往往是相关协会接受政府委托向社会提供竞赛表演产品。相比之下，高尔夫、网球项目的开展，政府行为就少很多，例如高尔夫球赛事通常是由体育中介机构或生产公司联合中国高尔夫球协会共同举办，参赛的职业运动员多数是个体运动员，赛事往往具有浓厚的商业气息。

(三)综合性赛事的运营方式

自1998年以来,国家体育总局及其下属的各运动项目管理中心向社会公开赛事计划,下放招标权限,扩大竞标范围,面向社会实行赛事承办权公开招标或拍卖。如1998年,有458个全国性赛事及在我国境内举办的国际性赛事的承办权向社会实行公开招标或拍卖。到了2010年,体育赛事向社会公开招标的项目超过了1000个。有能力、有兴趣承办赛事的全国各地各级体育部门、企业公司、各种中介机构等,只要对赛事感兴趣均可投标。

我国国内最大的综合性运动会——全运会,原来只在上海、北京、广东三地举行,但是自从第十届实行面向全国公开招标后,江苏南京、山东济南和辽宁沈阳三个城市陆续成为第十届、第十一届和第十二届全国运动会的承办城市。要对全运会进行有效的运营,必须在一定的管理体制之下。其模式是以国家体育职能部门管理为主,发挥地方政府和社会体育组织的辅助作用,实行分级管理的综合性管理。这种模式具有以下优点:政令统一,易于形成与发挥"举国体制"的优势,便于集中领导、分级管理、统筹全局,能够有效利用各种有限资源。

过去体育赛事的资源主要由政府掌控,而国家及各省区市运动项目管理中心往往将最有市场开发价值的竞赛资源进行垄断,使得其他社会体育组织无法进入体育赛事业市场,这必然造成体育赛事业的自身造血功能不足,难以实现可持续发展。随着我国体育管理体制的不断改革和竞技体育的发展,以全运会为代表的综合性赛事步入市场化运作已成为不可逆转的趋势,在考虑其运营方式时也必须以科学可行的市场开发工作为重点。在建立和提升赛事品牌的基础上,制定市场开发整体规划与策略,充分挖掘、整合各项资源,拓宽市场开发渠道,实现推动经济发展和社会进步的体育多元化功能。1997年,上海市举办了第八届全运会,一改以往各届全运会实行由国家、地方拨款的运营模式,首次尝试了对市场开发,向社会筹集经费,增设集资部、广告部等专门的运营机构,取得了一定的成效。2001年,第九届全运会把市场营销事务委托给拥有专业市场营销人员的公司,促使全运会的市场运营又有了重大的转变。2005年,第十届全运会不再集中于"集资"上,而是设立了资源开发部,营销工作面向市场,整体开发,使全运会的市场运营达到了一个更高的标准。在2009年山东举办的第十一届全运会上,赞助合作商达到了59家,协议总额突破了7亿元。

(四)商业赛事的运营方式

商业赛事,顾名思义其商业氛围浓厚,必须把赛事完全当成商业活动来运作。美国网球公开赛就是典型的例子,它是世界上最赚钱的网球赛事,为了在商战中取得最大经济利益,他们把美网男女单打冠名权、美网系列赛等以赞助招商的形式出售;组委会还几乎将所有参加美网的球星拉来造势;对于赛事本身也从细节入手,增大赛事的竞技性和趣味性;加大运动员与观众的互动;建立配套设施供球迷娱乐;在赛事转播期间,美国网球频道还会邀请观众与主持人一起评论赛事。商业赛事运营的成功与否与赛事的推广方式有着必然的联系,为此,应加强与媒体的合作、与明星运动员的合作、与赞助商的合作,销售各种与赛事有关的产品和为观众提供各种配套服务来提升赛事的知名度,实现赛事的强势宣传。

我国的商业赛事运营方式正逐渐与国际接轨,朝着规模化、专业化的方向发展。但是,我国重大的商业赛事还是通常采用行政主导的运营方式,因为国内政府部门掌握着众多的社会资源,大型商业赛事的举办离开政府部门是很难获得成功的。目前,我国政府在商业赛事的举办中仍然发挥着不可或缺的作用。但是对于商业赛事,这种运营方式明显不利于商业赛事的市场化发展,商业赛事从行政主导向市场主导的运营方式转变已成为必然趋势。

四、体育赛事运营的发展趋势

随着我国体育产业的不断发展，作为体育产业的核心组成部分，体育赛事以其独特的魅力受到越来越多的关注。在经济全球化、国内产业结构升级以及居民需求结构调整等众多因素的综合影响下，我国体育赛事呈现出其特有的发展趋势和特点。

(一)赛事与城市发展融合化

随着城市营销时代的到来，体育赛事已成为国内外各个国家和城市竞相追逐的对象，尤其是奥运会和足球世界杯等超大型赛事，竞争尤为激烈。各个国家和城市都希望通过举办体育赛事拉动或促进城市的飞速发展。在西方国家，利用体育赛事促进城市发展的成功案例很多，如英国曼彻斯特就将申办和举办各项体育赛事作为推动城市发展的重要战略，连续两次申办奥运会，并在 2002 年举办了英联邦运动会，这一战略被认为是提高城市吸引力、促进城市融合、宣传城市以及投资高端体育设施的有效措施；西班牙的巴塞罗那通过举办 1992 年奥运会极大地改善了城市形象，巩固了巴塞罗那作为不断进取的欧洲大都市的地位，也使游客数量大大增加，成为欧洲极负盛名的旅游胜地。西方发达国家的经验表明，体育赛事已成为旧城改造和新城建设的催化剂，是城市功能整合、规划布局调整的重要契机，在社会文化和经济发展两个方面为城市的可持续发展提供了内在动力。在城市化进程不断加快的中国，体育赛事也将逐步被诸多城市所青睐，成为城市名片上的重要字段、城市印象中的突出元素以及城市欲望的诉求之一。

(二)赛事运营方式标准化

体育赛事具有某些共同的特点和属性，且多数赛事具有稳定的举办周期，因此，从赛事稳定、高效、可持续发展的角度出发，赛事的管理与运营需要实现标准化。赛事运营的标准化主要体现在两个方面：一是竞赛管理的标准化，即竞赛计划、组织、协调和控制等环节的规范化与标准化；二是赛事运作的标准化，即赛事资源开发、媒体服务及商业运作等工作的标准化。

长期以来，由于我国体育管理体制等因素的制约，我国体育赛事的运营缺乏制度化、标准化的意识，赛事运作不规范、赛事运营效率不高、赛事资源开发的力度和效果不大，严重制约了我国体育竞赛表演业的健康发展。从世界体育竞赛表演业的运营模式看，竞赛管理、赛事商业开发、志愿者管理、媒体服务等方面均为我国提供了相对成熟的经验，值得我们吸收和借鉴。

(三)赛事市场要素全球化

体育赛事市场要素的全球化是指运动员、教练员、裁判员、赛事观众、媒体、志愿者、运作团队和赞助商等要素的全球流动。体育竞赛表演市场的全球化是后奥运时期我国体育竞赛表演市场的一个显著特点和趋势。

从赛事运营主体看，借助国际化的人力资源已成为越来越多国内赛事的惯常做法。北京奥运会的电视转播、新闻服务等借用了大量来自全球专家的经验和智慧。另外，志愿者的全球流动也逐渐凸显，如北京奥运会的新闻服务志愿者就招募了 200 多名来自美国、加拿大等国的大学生。

与此同时，赛事观众全球流动的趋势也日益明显。国内联赛的异地球迷、国际赛事的异国观众，带动的不仅是赛事产业的自身发展，还包括旅游及相关产业的兴盛。实践证明，在经济全球化趋势的推动下，要实现我国体育竞赛表演业的持续发展，就必须借助全球化的人力资源，借助市场要素的全球流动创造体育赛事价值的最大化。

(四)赛事运营人才专业化

体育赛事的发展需要专业的赛事运营人才。随着我国体育管理体制的改革与完善，体育赛事正逐步由“政府办”向“社会办”的运行模式转变，体育赛事的运营主体将逐渐趋于多元化。这集中体现在两个方面：一是单纯由社会力量举办的体育赛事将越来越多，更多专业化的赛事运营公司和中介机构将加入到体育赛事供给中；二是由政府主办、社会力量承办或协办的体育赛事将日渐频繁。

随着赛事运营主体的专业化，打造一支人员配备合理、专业知识扎实、业务技能熟练、组织管理高效的运作团队已成为许多赛事主办方的首要任务。赛事人才队伍的培养不仅需要高校等相关人才培养机构的参与，还需要赛事主办机构的积极参与，前者向赛事人才授以专业知识，后者则提供实践经验，两者的有机结合是赛事人才队伍专业化的重要前提。

第三节　体育赛事资金支出及管理

体育赛事资金支出是指在体育赛事过程中所发生的人力、物力和财力的消耗，即各种费用的支出，这是保证体育赛事顺利进行的必要条件。因此，要对体育赛事资金支出及管理进行研究。

一、体育赛事资金支出分析

体育赛事，特别是大型体育赛事的经费开支主要有以下几个方面：

(一)市政建设

大型体育赛事由于规模大、人员多，运动员来自四面八方、世界各国。为保证体育赛事顺利进行，必须搞好举办地的市政建设。市政建设的内容主要包括机场、港口、道路、广播、通讯、供电供水、安全防卫系统等的建设。

市政建设属于基础性建设，是接待国内外运动员、教练员、裁判员、记者和旅游者所必须具备的基本条件，它不仅为体育赛事提供各种便利，而且也反映一个国家、一个城市的政治、经济、文化、教育、卫生、体育等事业的发展风貌。市政建设应结合城市发展的战略综合规划。市政建设是体育赛事的间接开支，一般由承办地政府投资建设，因为这种投资可以使承办地长期受益。

(二)比赛场地建设

体育场地建设是为体育赛事提供良好的物质条件，也是为运动员提高运动成绩的一项基础性工作。体育场地种类繁多，竞赛规模越大，需要的比赛场地也就越多。体育赛事体育场地的建设，应根据体育赛事的规模及档次的需要，一般以扩建、改建为主，确实需要新建的比赛场地，也应本着美观、适用、多功能和以中小型为主的原则，在保证质量的基础上，尽量降低成本，以提高投资的经济效益。比赛场地的建设还应考虑以后经营项目的设置，从而为比赛场地今后的生存及经营开发提供条件。

比赛场地建设在国外一般由体育赛事组委会投资建设，因此有些比赛场地在比赛后就会卖给他人，以及时收回投资。比赛场地建设在国内则一般由政府投资建设。例如，八运会上海投资56亿元人民币新建、改建体育场馆40个。其中体育场9个、体育馆8个、游泳馆3个、训练中心6个、网球中心3个、社区体育中心3个、射击馆2个、棒垒球场1个、马场1个、曲棍球场1个、水上配套设施1个，共计建筑面积70万平方米。十二运会辽宁省总投资为20亿，场馆群总建筑面积为30万平方米，能举行23个项目的比赛。

国外竞赛场馆的几种模式：①洛杉矶模式：少建，尽量利用原有的体育场馆（特别是大学的体育场馆）；②亚特兰大模式：新建，但事先考虑好出路，如亚特兰大奥运会主体育场结束后就改建为一个棒球场，并事先就找好了买主；③一时找不到买主，政府出资维修、保养，如法兰西体育场。

（三）竞赛业务费用开支

体育赛事业务费用开支是直接用于体育赛事的费用，其对于体育赛事的顺利进行具有重要的作用。

体育赛事业务费用的开支主要有：①组织费开支，包括设备器材费用、公务费用、公关费用、出场费、奖品费用、奖金费用等；②人员费，包括住宿费、交通费、差旅费、伙食补助费、医疗费等；③大型活动费，包括大型团体操表演、飞机跳伞表演、大型展览会等所需要的各项费用。体育赛事业务费用的开支应尽量以节约为原则，因此各竞赛项目的承办权可以采取竞拍或招标的形式，利用社会力量来主办，这样可以减少体育赛事组委会业务费用的支出。与此同时，尽量多招募一些志愿人员，也可以减少体育赛事组委会业务费用的支出。

二、体育赛事资金的管理

（一）体育赛事资金管理的原则

1. 责权分类原则

所谓责权分类原则，是指对体育赛事资金收支的“职责和权利”进行分类。体育赛事资金收支，既有时限要求，也有货币结算关系问题。在资金管理中力求以“责、权”为标准来区分，哪些资金是收入性的或带有收入性的，哪些资金是支出性的或带有支出性的。这对保证体育赛事顺利进行及全面考核、计算体育赛事经营效益具有十分重要的作用。

2. 物价兑等原则

所谓物价兑等原则，是指把竞赛经营过程中组织进来的物品按照现值等价折成货币资金的方法。遵照这一原则可以全面、及时、准确地反映资金收支情况，并保证资金的安全和完整，提高体育赛事的经济效益。

3. 保证原则

体育赛事是以竞赛的组织为前提的，因此，在竞赛经营计划的执行中，应经常考虑体育赛事本身的需要，这不仅是体育赛事各种能力和因素得以构成及利用的保证，也是保持体育赛事能够顺利进行的重要手段。应该指出的是，在遵循保证原则的同时，也要贯彻精打细算、勤俭节约的精神，这在一定意义上同样是对体育赛事需要的一种保证。

4. 分账归类原则

所谓分账归类原则，是指在实际工作中对体育赛事资金的收支设立账户，并在此基础上按照收支项目归类的一种核算方法。遵循这一原则的好处是：一方面分账可以提供竞赛内容考核计算资料，另一方面可以提供经营收支项目的考核计算资料，从而为体育赛事资金管理创造了有利条件。

5. 财务约束原则

财务约束原则也称财务管理体制和制度，作为体育赛事经营管理原则之一，它有三层含义：一是体育赛事经营资金的活动必须符合国家法律、法规和财务制度的要求；二是在不违反上述要求的前提下，确立适应竞赛主体经营开发的财务管理体系；三是设立具体的财务管理制度、办法等。

遵循上述五项原则，对体育赛事经营活动的资金管理和实现体育赛事的目的都是十分重要的。

(二)体育赛事资金管理的内容

1. 体育赛事资金收入的管理

体育赛事资金收入的管理应当注意以下几点：一是所有经营性收入及其他各种渠道的收入，都要及时入账，以便考核、检查体育赛事经营的成果及效益；二是在资金收入时，要注意可比指标的使用，以便保证收入资金计算具有科学性和系统性，并为整个体育赛事的顺利进行提供服务与保证。

2. 体育赛事资金支出的管理

体育赛事资金支出的管理，就是要根据各部门的职责范围和工作任务编制经费支出预算，并实行费用包干。计划外的经费支出要从严掌握，杜绝任何大手大脚或滥支滥用竞赛资金的现象和行为。与此同时，还应制定一些体育赛事资金开支标准及财务管理办法等文件，以便统一协调整个竞赛资金支出的管理。

3. 体育赛事成本费用的确定

体育赛事走向市场及商业化的操作，客观上提出了计算体育赛事经营成本的问题。体育赛事经营成本要从成本项目、开支标准和费用负担等方面加以考虑，并相应做出具体的规定。

体育赛事成本的计算主要包括以下内容：

(1)体育场馆建设费或体育场馆折旧费、场地租借费等。体育场馆及其器材设备是开展体育赛事的物质前提。体育赛事所需的体育场馆，一般应坚持以租借现有的体育场馆为主，以改建、新建为辅的原则，这样可以节省大量的成本支出。如果确实必须新建的体育场馆，也应根据体育赛事的实际需要，以中小型、多功能为宜，这样一方面可以减少投入，另一方面也有利于比赛使用以后体育场馆的经营开发。体育赛事所需体育场馆的建设如果是由体育赛事经营者投资兴建的，则应该考虑其竞赛结束后的出路问题，这样也可以极大地减少成本的支出。

(2)人员接待费。人员接待费包括住宿费、伙食费、交通费、医药费、差旅费等。人员接待费的开支标准要以财政、税务、劳动、人事、物价等部门的规定为依据，严格控制人数和参赛天数。要正确区分各项费用负担，建立、健全财务制度，贯彻精打细算、勤俭节约的原则，把人员接待费降低到最低限度。

(3)组织活动费。这部分费用由裁判员培训、宣传、公关、奖品、安全保卫、通讯联络、大型活动、药物检查等方面的各种费用所构成。由于体育赛事经营情况不同，这部分费用及范围有较大的不确定性，其开支标准也没有统一的规定。这就要求体育赛事经营者实事求是，从体育赛事的实际需要和资金投入的可能性出发，做出科学的、可行的投入决策，力求获得资金使用的整体效果和最大效益。

(4)器材、设备及场地布置费。不同项目、不同级别的体育赛事对场地、器材、设备的需求也是不一样的。一般来说，器材设备的准备在满足并保证竞赛需要的前提下，尽量以租借为主，这样可以减少费用的支出。如果确实需要购置的也应以实用、够用为基本原则，切忌求"洋"、求"大"、求"豪华"等不良决策的发生。为体育赛事所需而购置的器材设备，在竞赛结束以后可折价出售或转让他人，以减少成本的支出。另外，体育赛事所需场地的布置，既要符合竞赛的要求，也要有一定的限制，其开支应以节约为原则。要加强对各种场地布置材料的购置、入库、领用、归还等环节的管理，以减少损耗，从而降低成本的费用。

(5)竞赛经营管理费。这是体育赛事承办者为竞赛经营管理活动而付出的不易计入竞赛的直接费用项目的一切开支，包括人员工资、福利费、贷款利息、养路费、水电费、燃料费、罚款费等。这部分费用一般比较稳定，可参照以往实际使用的比例计入体育赛事的经营成本。应当指出，经营管理费属于经营性开支，应尽量减少浪费，压缩支出。

(三)体育赛事资金管理的程序和做法

1. 做好预算编报

预算就是一种计划，它体现体育赛事的指导思想和总的要求，是整个体育赛事经营活动的集中反映。预算是调整体育赛事所需经费与可能筹集到的经费之间的综合平衡工作，也是执行经费开支的依据。经费开支是否得当在很大程度上决定于预算安排是否合理。因此，体育赛事经费预算要及早编制。

编制预算前要进行深入细致的调查研究，以提高预算的准确度。编制预算的依据是：竞赛委员会的有关决定、调查研究所掌握的资料数据、经费开支标准和财务管理办法、各部办和各竞赛项目委员会(赛区)工作安排和经费预算、场地的租借(改建或新建)、器材设备需要购置的数量、当地的物价水平和群众的消费水平等。

编制预算必须考虑以下原则：消耗性费用应当尽量节约，但要打足预算；场馆及器材设备方面的费用必须充分保证，但要量力而行；各项目竞赛委员会(赛区)的经费支出应实行包干管理；适当留有部分机动费用。

2. 推行经费预算包干，充分提高资金使用效益

经费预算包干是指预算经费一经核定，就实行包干使用、节余留用、超支不补的原则。实行经费预算包干能够加强竞赛经费开支的计划性，调动基层节省经费开支的积极性，并能较好地控制竞赛经费的开支。

3. 制定和宣传体育赛事财务管理办法

大型体育赛事一般都存在机构多、人员多、涉及面广、开支复杂等问题。如果没有统一共同遵守的规章制度和管理办法，是很难控制竞赛经费支出的。为了加强竞赛经费开支的财务管理，需要制定"经费开支标准和财务管理办法实施细则"等文件，以对体育赛事的财务管理指导思想、经费预算管理办法、经费收支管理办法、财产物资管理办法等方面做出具体规定，便于有关人员共同参照执行。

4. 积累数据，精确核算

在体育赛事资金管理过程中注意积累各种数据是相当必要的，这一方面可以随时掌握竞赛经费的运动情况，另一方面也可以为进行体育赛事经营效益的精确核算提供第一手数据资料，同时也能为以后的体育赛事经营管理提供参考。

第四节 体育赛事经营绩效管理

体育赛事绩效是体育赛事的经营主体通过体育赛事的策划包装、无形资产开发，以及比赛实施过程，对体育组织及社会所产生的影响。体育赛事经营绩效是指从体育赛事承办之日起，体育组织或经营者在一次体育赛事中的资产营运和财务收益方面的经营成果。

一、体育赛事经营绩效评价

进行体育赛事的经营绩效评价，对社会大众、体育管理部门而言是极其有益的信息，是有关部门或组织决策赛事发展的重要依据，是体育组织申请政府拨款、向企业提出赞助要求和进行社会募捐活动的重要沟通信息，也是赛事经营管理者优化经营方式提高经济效益必需的反馈信息。

(一)体育赛事经营绩效评价的主要内容

一般营利性体育组织或经纪公司组织策划的若干支运动队或部分运动员参加的比赛，涉及的财务评价科目及其主要内容如下：

1. 主营业务

(1)比赛：主要包括组织实施比赛的翔实支出和比赛门票收入的具体科目。

(2)广告权：主要包括广告权销售的具体支出和广告权收入实际科目。

(3)转播权：主要包括转播权销售支出和转播权实际收入科目。

2. 其他业务

体育赛事的其他业务包括比赛场馆的零售服务，如饮食、服装、运动器材等，停车场服务，出售多余的赛事包装材料，转让开幕式和闭幕式等文化活动备用的服装、道具和设备等。

3. 相关费用

(1)营业费用。营业费用是指赛事经营过程中所支出的各种费用，包括设置经营网点的各种费用等。

(2)财务费用。财务费用是指经营者为筹集赛事资金而发生的费用，主要有四种形式，即利息净支出、加息、汇兑损益和支付金融机构手续费用。

(3)管理费用。管理费用是指体育组织或经营者为管理赛事的运营而产生的各项费用。

4. 销售税金及教育费附加

销售税金包括增值税、营业税、消费税、城市维护建设税，以及教育费附加(非税)。对体育赛事表演行业而言，销售税金主要是营业税、城市维护建设税和教育费附加。

5. 所得税

所得税是体育组织因赛事的经营运作必须缴纳的税金。营利性体育组织按照应交所得税计算每月或季度预缴，年终汇算清缴。由于体育比赛并非每月或季度都有，因此体育组织按一届或一次赛事交所得税。

(二)体育赛事经营绩效评价的基本指标

体育组织或经营者对赛事进行经营绩效评价，主要是从财务效益方面进行分析研究。财务效益状况是分析评价赛事经营绩效的重要指标，包括利润和资产保值增值。因此，可以考察体育组织经营某次赛事的收益水平和资产状况，其主要指标是体育组织经营某次赛事的利润、净资产收益率和总资产报酬率。

1. 利润

利润是指经营者在一定会计期间的经营成果。利润包括营业利润、投资净收益、补贴收入和营业外收支等部分。具体计算参考会计学方法计算。

2. 净资产收益率

净资产收益率是指体育组织在一次比赛或一定时期内的净利润与平均净资产的比值。该指标的功能是反映经营者投入赛事的自有资本获取净收益的能力，反映出投资与报酬之间的关系，是评价体育组织赛事经营效益的重要指标。

3. 总资产报酬率

总资产报酬率是指体育组织在一次比赛或一系列比赛，或者一定时期内获得报酬总额与平均资产总额的比值。该指标反映出体育组织包括净资产和负债在内的全部资产的总体获利能力，反映体育组织经营赛事的获利能力和投入产出状况，是评价赛事资产运营效益的又一个重要指标。

（三）体育赛事经营绩效评价的基本方法

1. 收入核录的方式

（1）现金或支票方式。

（2）委托银行收款或非赛事举办地代理收付。

（3）分期收款，即先收订金，再分期收取全款；应将实收部分作为经营收入。

（4）委托代销，代理方将实收款额交给经营者才能作为经营收入。

2. 比较法

比较法是通过指标之间的对比，发现不同时期、不同赛事或不同体育组织及经营者之间经营绩效的差异及其存在的问题。常用的比较方式包括：赛事经营的实际指标与计划指标相比较；本届赛事的经营指标与以往同类赛事的经营指标相比较；体育组织自身与其他体育组织的经营绩效比较等。

3. 比例法

比例法是通过计算赛事经营过程中有关指标之间的比例关系，比较各种比率之间的差异或变化，以分析赛事经营绩效，其中包括结构比例法和时期比例法。结构比例法是指某项经济指标的各个组成因素占该指标总值的比例，用以分析该项指标内部各因素的变化，从而掌握该指标的特点，作为调整经营方式的依据。时期比例法是将不同时期的同类指标进行比较，并以不同时期之间的比例数分析该项指标变化的特点。

4. 综合分析法

综合分析法是在综合分析影响赛事经营绩效各种因素的基础上，参照预先设定的标准针对评价指标进行定性或定量分析，评价经营绩效。

二、影响体育赛事绩效的因素

体育赛事市场软环境影响市场发展的方式和潜力。因此，从社会文化、宏观经济形势、行业管理体制、政策法规、经纪行业和社会保障六个方面因素讨论其对我国体育赛事绩效的影响。

(一)社会文化

社会文化的发展为开拓我国赛事表演市场创造了良好的氛围和环境。如奥运争光计划和全民健身计划有益于培养赛事表演市场的主客体，北京奥运会促进了我国体育赛事行业规范的建立，加入 WTO 促进体育赛事表演业与国际惯例的接轨。

(二)宏观经济形势

经济持续稳定增长促进体育赛事表演业的发展，市场需求不足导致体育消费者市场有下滑趋势，买方市场形成导致有市场的赛事首先被开发。

(三)管理体制

体育赛事表演业在市场经济体制下主要由各单项运动管理中心管理本项目赛事表演市场的主体和客体，这也就形成了运动项目管理中心直接管理我国主要的赛事表演市场和省市体育局主管本地竞赛表演市场的管理模式。因此，客观上形成了政企一体的管理体制，管办合一的运行机制。

(四)政策法规

目前，我国虽然未制定赛事表演市场的专门法规，但有些法规性文件涵盖了赛事表演市场，或者部分条款适用于赛事表演业。但是体育赛事表演业还缺乏专门的政策法规，目前只能借助相关的规章制度规范赛事表演业的市场行为，这也是本行业存在的关键问题。

(五)经纪行业

目前，我国体育赛事经纪业的基本现状有：一是部分地方和协会实施了地方或协会的经纪人制度，二是开展一些赛事及运动员经纪业务。我国体育赛事经纪业存在的主要问题：一是缺乏全国性的竞赛表演经纪人管理法规，二是国内重大商业赛事被国外著名经纪机构垄断，三是经纪业务较少且水平层次都较低。

(六)社会保障

体育赛事表演业最重要的社会保障莫过于运动员的伤残保险、退役或伤残后的失业保险，以及相应的升学就业保险等。目前，我国体育赛事表演业的社会保障制度尚未完善。

三、体育赛事经济效益及提高的途径

努力提高赛事的效益是体育赛事经营管理的根本目的。体育赛事效益主要反映在社会效益和经济效益两个方面，在这里主要讨论提高体育赛事经济效益的途径。

(一)体育赛事的经济效益

体育赛事的经济效益可以用举办赛事的投入与举办赛事的收入的比值来表示。举办大型赛事的投资，一是直接赛事投资；二是赛事场地设施基建投资；三是赛事所需的市政建设投资。在计算效益时通常以第一项投资为计算标准。在收入方面，一般有赞助费收入、广告收入、门票收入、电视转播收入等。

体育赛事所以具有经济效益，是由体育赛事的商品价值决定的。而商品价值主要体现在赛事具有较强的观赏价值和具有很好的广告宣传价值上。体育赛事经济效益的高低，与体育竞赛的项目、级别、对象、水平有着密切的关系。

(二)提高体育赛事经济效益的途径

体育赛事的经济效益如何,不完全取决于体育赛事本身,在很大程度上还要取决于体育赛事制度、计划、赛事策划和赛事推广。实践证明,体育赛事可以通过主观的努力提高经济效益,而努力提高效益的主要途径是提高赛事的经营管理。

1. 提高体育赛事计划的科学性

体育赛事计划的目的在于指明体育赛事的方向,减少各种非确定因素的干扰和冲击,同时为体育赛事的运行设定控制的标准。因此,提高体育赛事计划的科学性,在体育赛事运作中占有非常重要的地位,是保证体育赛事效益实现的基本前提条件。

2. 提高体育赛事的社会化程度,努力拓宽筹资渠道

提高体育赛事的经济效益,必须提高体育竞赛的社会化程度,通过企业财团赞助、出卖电视转播权和广告权等多种形式开发赛事无形资产,拓宽集资渠道。

3. 做好赛区管理工作,提高赛事质量

赛区管理水平如何,直接关系到赛事的经济效益。因此,必须重视提高赛区管理的质量,通过各种有效手段不断提高赛区的管理水平。

4. 组织好赛场观众

经营管理者必须重视消费观众的组织工作,切实加强赛事的宣传教育,科学策划推广体育赛事,确定适宜的票价,采取各种措施,吸引赛场观众。

5. 加强体育赛事财务控制

财务控制是在赛事经营过程中,以计划任务和各项定额为依据,对资金的收入、支出、占用、耗费等进行日常的核算,以便实现赛事计划规定的财务目标的过程。财务控制是落实赛事计划任务、保证赛事效益实现的有效措施。

6. 防范体育赛事的风险

体育赛事风险是指体育赛事过程中突然发生的,给体育赛事组织者和社会造成极大影响的破坏性事件。体育赛事风险包括人员风险、财务风险、场地器材安全风险、时间风险等。防范体育赛事风险,是体育赛事效益管理的重要目标。因此,体育赛事经营管理者必须树立风险意识,加强风险管理,并采取积极有效的防范措施。

本章思考题

1. 简述现代体育赛事的经济特点。
2. 概述体育赛事的主要经营内容。
3. 请你为下一届全国运动会组委会提供一个富有创意的经营策划。

拓展阅读

中华人民共和国第十二届运动会市场开发情况说明

中华人民共和国第十二届运动会将于2013年9月在辽宁举行。第十二届全运会是国务院批准,国家体育总局主办,辽宁省人民政府承办的重大体育盛会。第十二届全运会是在我国全面实施“十二五”规划、构建社会主义和谐社会、加快小康社会建设进程的大背景下,举办的

一届综合性的体育盛会。它是汇聚全国优秀运动员的最高水平的综合运动会,通过营造对体育运动的乐趣与美的体验,激发全国公众对体育运动的热情与参与。同时,也是向全国乃至全世界展示我国综合经济实力和体育发展水平的高端平台。

1.赛会规模

(1)大赛项目:游泳(跳水、水球、花样游泳)、射箭、田径、羽毛球、棒球、篮球、拳击、皮划艇(激流回旋)、自行车、马术、击剑、足球、体操(艺术体操、蹦床)、手球、曲棍球、柔道、现代五项、赛艇、帆船(帆板)、射击、垒球、乒乓球、跆拳道、网球、铁人三项、排球(沙滩排球)、举重、国际式摔跤、武术(套路、散打)、高尔夫、橄榄球等31项。

(2)场馆设施:65个体育场馆(其中现有29个,新建21个场馆,改扩建15个)。新建占地122公顷、建筑面积120万平方米的全运村,包括运动员村、媒体村、技术官员村、广播电视中心、新闻中心等。

(3)参赛单位:全国31个省(自治区、直辖市)、香港特别行政区、澳门特别行政区、中国人民解放军、新疆生产建设兵团、各行业体协等46个代表团。

(4)参加人员:12500名运动员、9297名教练员和体育官员、5684名裁判员、4821名新闻记者和媒体人员、3600名电视转播人员、6270名观摩团人员、40000名以上工作人员及志愿者、近1000万人次观众和游客。

2.合作意义

第十二届全运会作为我国规格最高、影响最大的综合性体育赛事,为社会知名企业全面提升国际关注度、社会知名度、市场美誉度提供了不可替代的平台,为国内外知名品牌充分展示科技、创新和专业能力提供了最佳平台。各合作企业通过与全运会进行市场开发合作,开展一系列商业性和公益性活动,充分展示企业形象、产品和服务,并获得巨大的发展机遇。

3.合作方式

第十二届全运会的市场开发将在"政府支持、市场运作、社会赞助"的筹融资渠道与机制下进行,主要体现在技术、产品和服务等方面的合作。

4.合作等级

(1)第一等级:合作伙伴;

(2)第二等级:赞助商;

(3)第三等级:供应商(独家/非独家)。

每个等级将设定合作的基准价位。在同一等级中,不同类别的基准价位将有所差异,以体现不同行业之间的差别。具体价位将在销售过程中向潜在合作企业做出说明。坚持"公开、公正、公平"原则,根据行业的不同情况和销售进程,采取以下一种或几种销售方式:①公开销售:通过官方网站和其他媒体公开征集企业合作意向;②定向销售:向具备条件的企业发出征集合作邀请;③个案销售:直接与符合条件的企业进行销售洽谈。根据不同等级的合作企业对第十二届全运会贡献的价值,销售进度将体现差异。

自2011年3月起,第十二届全运会开始进行自主招商,不同等级的招商介入时间如下:①合作伙伴:2011年3月起;②赞 助 商:2011年12月起;③供应商(独家/非独家):2011年5月起。

5.合作标准

(1)企业资质:企业具备综合实力,发展前景良好,在国内同行业中处于领先地位,有充足的资金；

(2)企业品牌：企业具有良好的社会形象和信誉，企业的品牌和形象与第十二届全运会办赛理念相融合，产品符合绿色环保标准；

(3)合作报价：企业报价必须超过所设定的基准价位；

(4)保障能力：企业能够按照所签合同约定提供充足、先进、可靠的产品、技术或服务；

(5)推广措施：企业完善的推广方案，并保证相应的投入，以充分利用全运会平台进行市场营销，同时宣传和推广第十二届全运会。

6.合作程序

(1)第十二届全运会组委会将以公告或新闻发布会形式向社会公开征集合作意向，或向企业发出合作邀请；

(2)企业提交合作意向书及企业信息；

(3)对企业资格进行评审；

(4)与企业洽谈合作方案；

(5)企业提交正式的合作方案；

(6)确定合作企业。

在实际操作中，以上步骤根据实际情况增加或减少。

7.权益回报

根据对第十二届全运会贡献价值的不同，不同等级的合作企业将享有以下不同的权益回报：

(1)享有第十二届全运会合作伙伴、赞助商、供应商称号，享有与其相应等级的排他性权益；

(2)享有与其相应等级的第十二届全运会特殊标志的使用权益；

(3)享有第十二届全运会比赛场地、新闻发布会、宣传展台、宣传手册等广告的权益；

(4)享有现场展示的权益；

(5)享有参加第十二届全运会火炬接力活动的权益；

(6)享有第十二届全运会组委会提供的接待权益(包括门票分配、酒店预订、制证等)；

(7)享有参加合作企业俱乐部论坛和相关活动的权益；

(8)享有购买赛时媒体广告、户外广告和第十二届全运会组委会出版物版面广告的优先权；

(9)享有与第十二届全运会相关活动(包括火炬接力)合作的优先权；

(10)享有参加第十二届全运会合作企业识别计划和反隐性市场计划的权益。

8.特许经营

特许经营是第十二届全运会市场开发的重要组成部分，是推广全运理念，提升全运品牌的重要载体。经组委会授权的特许企业，可以生产或销售带有第十二届全运会会徽、吉祥物等相关知识产权产品，特许企业须向组委会缴纳特许权费。

9.社会捐赠

中华人民共和国第十二届运动会组织委员会(简称“第十二届全运会组委会”)是接受社会向第十二届全运会捐赠的唯一机构，捐赠工作具体由第十二届全运会组委会社会捐赠办公室组织实施。第十二届全运会社会捐赠旨在搭起沟通的桥梁,发挥全社会力量,激发各界人士的关注、参与和支持,并对捐赠人给予非商业性的荣誉回报。

10.其他项目

(1)媒体合作(含电视转播权):通过五大媒体(包括电视转播权、报纸、广播和互联网、手机等新媒体)合作、整合和营销,最大限度地宣传推广第十二届全运会,同时为合作企业宣传推广企业品牌提供展示平台。

(2)票务:提供方便快捷的多途径购票方式,让更多的人亲历第十二届全运会,体验参与激情,共享盛典。

(3)其他的市场开发资源:全运会场馆冠名、全运会火炬接力等主题活动的冠名、公共广告资源等。

(资料来源:中华人民共国第十二届运动会市场开发情况说明[EB/OL]. http://sports.runsky.com/2011-09/15/content_4027104.htm.)

第七章 体育彩票经营管理

本章提要：体育彩票作为一种“取之于民、用之于民”的融资工具，能较好地解决一个国家体育事业发展中的经费问题。通过学习本章内容，一方面可以对体育彩票形成初步认识，另一方面可以在学习和了解各国体育彩票运营管理的基础上，加深对体育彩票业的理解，了解体育彩票业未来的发展趋势。

关键词：体育彩票；特点；种类；玩法；经营策划；营销策略

体育彩票业既是彩票的一部分，又是体育产业的一部分。体育彩票的发行不仅吸纳了社会闲散资金，为体育事业的发展提供经济上的支持，而且为社会经济的发展作出了贡献。当今世界体育彩票广为流行，也备受社会各方面的广泛关注。

第一节 体育彩票概述

一、体育彩票的含义

彩票是博彩的一种形式，是国家为筹集社会公益资金，促进社会公益事业发展而特许发行、依法销售，自然人自愿购买，并按照特定规则获得中奖机会的凭证。

彩票有两个特征：一是它的中奖概率极低，是以小博大的机会游戏，其中奖与否完全取决于随机开出的符号或号码；二是与其他博彩游戏相比，它的返奖率也较低。纵观各国彩票的返奖率，一般都集中在50%左右，而宾戈游戏的返奖率一般为74%、赛马竞猜为81%、老虎机游戏为89%、扑克牌的21点游戏为98%。

体育彩票的定义有狭义和广义之分。狭义的体育彩票指的是以体育比赛为媒体发行的彩票，亦可称为竞猜型体育彩票，如足球彩票、篮球彩票、赛马彩票等；广义的体育彩票指的是彩票的玩法或发行彩票的目的与体育相关的各类彩票[①]。

目前认为凡具备以下特征之一的就属于体育彩票：一是发行主体为体育管理部门；二是彩票发行所取得的资金主要用于各项体育事业；三是竞猜对象或中奖条件是以比赛结果为依据的[②]。

---

① 李万来. 体育经营管理概论[M]. 北京：人民体育出版社，2006.

② 张林. 体育产业概论[M]. 北京：高等教育出版社，2014.

二、彩票和体育彩票的分类

当前，共有100多个国家在发行彩票，彩票和体育彩票种类繁多，玩法各异，并有各种各样的分类方式和不同的游戏规则。目前，国际上的惯例是采取不同的游戏方式来划分彩票种类，按照游戏方式主要可分为传统型彩票、即开型彩票、乐透型彩票、数字型彩票和透透型彩票五大类，前两大类属于被动型彩票，后三大类属于主动型彩票。

(一)传统型彩票

传统型彩票是指任何以抽奖的方式决定获奖者的彩票，购买者所持彩票的号码与抽出的号码一致，即可获奖。传统型彩票一般由发行部门事先将销售量、奖组构成、中奖方式、奖级设定、奖金多少等相关情况公布于众，以吸引购买者。彩票印有固定号码，待销售一段时间或全部销售完毕后，进行公开摇奖，形成中奖号码，然后依彩票上的号码是否相符、相符几位等"对号入座"，来确定中什么奖。因印在票上的数字不由购买者选择，中奖规则事先设定，所以这种彩票也被称为"被动型"彩票。传统型彩票的特点是统一印制、统一编号，先销售，后开奖。在一般情况下，在预定的发行量销售完毕后集中开一次奖，也可按期（如半个月或一个月）开奖。

第二次世界大战前，传统型彩票曾风靡一时，我国发行体育彩票也是从传统型彩票开始的。

(二)即开型彩票

即开型彩票亦称"即开即兑型彩票"，是世界上流行的第二代彩票，即购票者在一个销售点一次完成购票和兑奖全过程的一种彩票，即开型分为"撕开式"和"刮开式"两种。

即开型彩票具有许多优点：①即开即兑，博彩者买到彩票后，马上就可以知道是否中奖，方法简便，易于操作。这种彩票具有节奏快、趣味性强的特点，这既迎合了人们的购买心理，又适应了现代人快节奏的生活方式。②设奖灵活，彩票发行者可以根据不同地区的需要，设计与当地经济条件相适应的奖组、奖级和奖金额。

目前，即开型彩票开展最好的国家是美国、法国、新西兰、西班牙和土耳其等国。2009年，全世界即开型彩票的销售额为635亿美元，占彩票总销售额的26.4%。2011年我国即开型体育彩票共计销售199.62亿元，占总量的21.3%。

(三)乐透型彩票

乐透型彩票是目前世界彩票的主流，其英文名字"lotto"是由意大利语转化而来的，最早见于1778年，其原始字意为"分享"，最初是一种纸牌游戏。它是由彩民自己选号码，通常是在一组数(16到100个号码)中，选出若干个号码，构成一注彩票。这种彩票最初形式为参与者从49个数字中选出6个，以决定是否中彩。乐透型彩票在世界各国的玩法种类繁多，但49选6的玩法仍占最大比例。我国香港的"六合彩"以及内地目前流行的"M选N"彩票就属于乐透型彩票。

乐透型彩票的主要特点是：①趣味性强。乐透型彩票不像传统型彩票，顾客被动购买已印好号码的彩票，无选择余地，而乐透型彩票顾客可以自由选择自己喜欢的数字。如顾客可以根据生日、电话号码、门牌号、车牌号、幸运号码等选择彩票投注内容。②奖金额高。由于乐透型彩票设置奖池，容易积累高额奖金，且头等奖的奖金随彩票销售额而浮动，销售额越大，奖金越高。同时，乐透型彩票若当期彩票头奖的奖号没有被选中，则奖金自动转至下期，从而使得其奖金像"滚雪球"一样越滚越大，这也是这种彩票吸引力大的关键所在。③与购买人数高度相关。市场大、有效需求高的地区，乐透型彩票销量好。正是因为如此，世界上还出现了多州、多国联合乐透型彩票，如美国的 15 个州和哥伦比亚特区联合发起的“乐透美国”彩票、斯堪的纳维亚各国的“北欧彩票”等。

乐透型彩票是目前世界上最流行的彩票品种。2009 年，全世界乐透型彩票的销售额为 937 亿美元，占彩票总销售额的 39%。

（四）竞猜型彩票

竞猜型彩票也称透透型彩票，这是一种将博彩与体育运动结合在一起的博彩形式，其实际是一种体育运动竞赛彩票，包含智力因素。该彩票是将体育比赛和彩票结合在一起，要求参加者预测体育比赛结果，主观和智力因素比其他彩票要大。最普遍的是足球彩票，也有国家选择棒球、篮球、橄榄球、自行车作为竞猜内容的。单就足球彩票而言，玩法也花样繁多，可以竞猜一场球哪方胜，哪个队先进球，比分是多少等。由于体育比赛本身带有很大的偶然性，加之过分商业化，一些人为获利控制比赛而打假球，从而使这一活动常常爆出丑闻。因此，对于竞猜型彩票，体育比赛的公正性、公平性是发行体育运动竞赛彩票的重要前提。由于竞猜型彩票的趣味性和智力性，使得该彩票在世界范围内有着广泛的群众基础。2009 年，全世界竞猜型彩票的销售额为 143 亿美元，占彩票总销售额的 5.9%。世界竞猜型彩票的总销售额虽然处于逐年增长态势，年销售额增长率较高，但在世界博彩总销售额中所占比例仍较低[①]。

 专栏 7－1

谁发明了竞猜型彩票？

最早的竞猜型体育彩票出现于 1922 年（壬戌年），英国利物浦的“小森林队”邀请球迷对足球赛的比分下注。大约 10 年后，这种玩法传入瑞典，1934 年瑞典发行了第一张乐透型体育彩票，主要是基于足球比赛。下注者事先竞猜哪个队获胜或哪场比赛的比分为零。通过运用自己的比赛知识，参加者在足球彩票单上下单注或多注。最早开展足球彩票的几个国家是瑞典、瑞士、芬兰、意大利和西班牙、匈牙利。

（资料来源：中国体育彩票历史[EB/OL]. http://www.yn.xinhuanet.com.）

（五）数字型彩票

数字型彩票是由购买者按照要求的位数选取数字，组合方式不同决定奖额多少的一种博彩形式。这种形式的彩票通常是每天开奖。

数字型彩票有三位数和五位数的玩法，购买者选取一个三位数或五位数的组合，我国目前销售的排列 3、排列 5 彩票均属于此类玩法。组合方式不同决定奖金的多少，最基本的分别是排列和组合两种，前者要求所预测的号码必须与开奖的号码在顺序和数字上完全一致，而后者则无顺序要求，只要数字相符即可。很自然，前者预测难度大，中奖机会小，奖金相对较高；后者预测难度小，中奖机会大，奖金相对较低。数字型彩票最流行的是美国，绝大多数州都发行这种彩票。2009 年，全世界数字型彩票的销售额为 168 亿美元，占彩票总销售额的 7%。

① 张林. 体育产业概论[M]. 北京：高等教育出版社，2014.

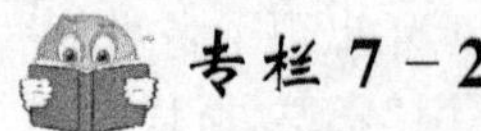

专栏 7－2

人工型和电脑型彩票

人工型和电脑型是根据发行手段来划分的，前者指主要采用人工而不采用计算机为发行手段的彩票，后者指利用电脑为主要发行工具的彩票。

目前，国际上电脑彩票已成为彩票销售的主流方式，1997 年全球各类电脑彩票占彩票总销量的比重达 62.7%。与人工彩票相比，电脑彩票具有明显的优势：①便于管理，采用电脑为发行手段，在数据收集、信息传递、安全保障等方面可提供便利，使彩票管理的层次简化，效率提高；②便于销售，电脑彩票销售点比较分散，可有效分流购买人群，而且其速度比人工要快得多，可信度也比较高，所以能有效增加销售；③降低成本，电脑彩票的人员、场地等方面的投资要小于人工彩票；④便于开设各种玩法，由于软件的可更换性和适应性，电脑可很快地适应各种玩法。

（资料来源：钟天朗. 体育经营管理：理论与实务[M]. 2 版. 上海：复旦大学出版社，2010. ）

三、体育彩票的特点与功能

（一）体育彩票的特点

体育彩票是一种商品，拥有商品的属性，但同时又是一种特殊的商品，具有独特的属性。这种特殊性表现在以下几点：

1. 公益性

体育彩票是“取之于民、用之于民”的公益活动，其公益性主要体现在经营目标、经营成果上。我国体育彩票收入中的公益金主要用于实施全民健身计划和奥运争光计划，公益金由各省、直辖市、自治区体育局设立专门账户统一管理，任何部门不得随意挪用，并需定期向社会公布公益金的使用情况，接受社会监督。

2. 收益性

发行体育彩票是一种特殊的社会经济手段，它虽然是为发展体育事业进行社会筹集资金，但又是一种政府专控的特殊商品，同时充当了政府补充财政收入的角色。体育彩票就是政府为解决体育事业投入不足，而给予体育行政主管部门或政府授权的体育组织的一项特殊的补偿性财政政策策略。

3. 宣传性

体育彩票并不是一个孤立的社会经济现象，同时具有一定社会文化内涵，是体育文化事业重要的宣传手段。体育彩票具备体育活动特有的魅力，以彩票作为载体的体育运动项目，会给各种不同兴趣爱好的群众提供更多的参与和选择体育文化知识的机会。体育彩票是提高全社会体育参与意识，培养公民社会责任感的有效手段。

4. 博彩性

体育彩票的实质是一种博彩，一旦中奖又可获得丰厚的回报，而且游戏结果不由任何人为力量控制，完全由游戏随机性决定。正是这种人人参与的公平性和人人有份的动力机制，满足了人们参与机会追求的行为动因。

5. 娱乐性

娱乐是人们的天然需要。在紧张的工作之余，通过适当的方式进行娱乐，以减轻工作和生活的压力，是保持人们身心健康的重要手段。体育彩票作为一种载体，为大众提供了一种文化娱乐的方式。购买体育彩票，参加一种竞猜，会给人期盼中彩的快乐和享受。朋友、亲戚之间交往送上几张彩票或相互切磋中奖号码，有时会带来意外的惊喜，极富娱乐性。体育彩票这种“以小博大”的娱乐方式，既能较好地满足人们在紧张工作之余寻找刺激的需要，又不会造成经济压力，因此为普通大众所接受。同时，体育彩票可以满足社会一些民众的竞猜心理，为减少社会上的赌博行为也能起到一定的作用。

专栏 7－3

属相与彩票

台湾彩票公布的中奖率第二的是属兔的人士，男女比例差不多。属兔的人虽然偏财运超强，但是多半消化得也快，对于经营方面的财运拿捏得不算太好，因此就算是受到财神爷的青睐，也要多留心自己的荷包，免得财来财去。虽说属龙的人中奖率是第三，但中亿万大奖比例高居榜首，不得不说财神爷对属龙的人有照顾了，就连香港首富李嘉诚也是属龙之人。

十二生肖中，猪是大富大贵的象征，也是幸福的化身。在我国民间，一直流传着一些关于幸运猪的小故事。猪也是财富的象征，儿童的储钱罐多是制作成为猪的样子，这也给小孩子从小灌输了猪代表财富的意识。所以，最容易发意外之财的属相肯定少不了属猪的人。

（资料来源：属相与彩票[EB/OL]. [2012－09－10]. http://www.scw98.com/News/201209/503878.htm.）

（二）体育彩票业的功能

体育需求的增长与国家投入不足的矛盾，是当今世界各国政府面临的重要问题，而体育彩票则在很大程度上缓解了这个矛盾。运用发行体育彩票的方式吸收社会游资、弥补国家财力不足、推动体育事业发展、提供就业机会、丰富人们的业余文化生活已成为体育彩票的主要功能。

1. 体育经费的来源

在我国，发行体育彩票是国务院为发展体育事业给予体育行业的特殊政策，也是进行体育体制改革和筹集资金资助体育事业发展的重要举措。2014 年 4 月，中国体育彩票迎来全国统一发行二十周年。截至 2014 年 3 月 31 日，体育彩票上市发行二十年来累计销售 7354 亿元，筹集公益金 2119 亿元，为我国体育事业、公益事业和社会经济的发展作出了卓有成效的贡献。体育彩票的公益金已成为我国体育事业发展的主要经费来源。从 1994 年到 2013 年，国家体育总局及地方体育部门共投入使用体彩公益金约 735.90 亿元。其中各地方体育行政部门共支出体彩公益金约 608.71 亿元，约 321.46 亿元用于全民健身计划，约 172.9 亿元用于奥运争光计划。国家体育总局使用体彩公益金共计约 138.19 亿元，集中支出约 133.60 亿元用于全民健身、奥运争光计划，其中，全民健身计划共计支出约 88.26 亿元，奥运争光计划支出约 45.33亿元。体彩公益金已成为体育事业真正的“生命线”。

在国外，彩票收入也是一个国家体育事业的主要经费来源。德国、美国、法国等国家由政府担负的体育经费只占全部体育支出的 1/3 左右，其余绝大部分依靠社会集资。在社会集资和吸引民众游资的多种途径中，占有突出地位并且最有效的措施便是发行体育彩票。

一些国家通过体育彩票集资用于体育事业的经费，已相当于或超过政府给体育事业的直接拨款。由于发行体育彩票已成为许多国家体育经费来源的重要支柱，一些国家对彩票发行实行法律保护，并且在体育法中明确规定，体育彩票是体育发展资金的重要来源。

2. 大型赛事的融资手段

承办大型体育赛事需要大量资金的注入。近年来，体育彩票已经成为各国为大型体育赛事筹集资金的重要方式。承办比赛的城市，往往还可利用发行体育彩票筹集的资金加强市容、市政等基础设施建设。奥运会和世界杯足球赛便是通过彩票集资的典型赛事。

例如，2012 年伦敦奥运会发行了一系列以“2012 年夏季奥运会”为主题的彩票，总收入达 7.5 亿英镑。举办 2012 年奥运会的花费高达 23.75 亿英镑，仅发行彩票的收入就占到总花费的 63%左右，是最主要的资金来源之一。2008 年北京奥运会，在以体育彩票为重要组成部分的国家彩票公益金中，有 27.5 亿元用于北京奥运会场馆建设和运作。2009 年，青海发行了以“环青海湖赛”和“大美青海”为主题的即开型体育彩票，这也是我国首个以单项体育赛事为主题的即开型体育彩票。

3. 社会财富的第三次分配

在市场经济中，人们通常把市场进行的收入分配称作第一次分配，把政府主持下的收入分配称作第二次分配。在两次收入分配之外，还存在着第三次分配——基于道德信念而进行的收入分配。体育彩票业属于第三产业，这种博彩活动不是直接的生产创造性劳动，其本身不创造价值，博彩活动的产值是对社会总价值的扣除和再分配，这种道德力量介入的分配，实质上是社会财富的第三次分配，这次分配具有超越政府和超越市场的特征。

从收入分配的角度看，第三次分配的重点性非常突出，它的影响是广泛的，它所发挥作用的领域是市场调节和政府调节力所不及的。由于它带有非功利性和非强制性等特征，有助于促进各部门的协调发展，提高社会生活的质量。

4. 带动相关产业发展和促进就业

体育彩票发行与销售的兴旺，可以带动其他产业的发展，并增加就业岗位。随着体育彩票业的发展，相应的服务和配套商品也随之涌现，如彩票出版物、彩票图书、各种彩票软件、彩票咨询服务、查询服务、邮政服务、银行服务、通信服务、广播及电视节目和新闻媒体的彩票信息传播等。

通过发行彩票增加税收和就业岗位，可以促进国家或地区的经济发展，这也是各国发行彩票的原因之一。如体育竞猜为美国内华达州每年带来了 3000 万的游客，同时也为该地区提供了上千个就业岗位。在我国香港，2009—2010 年度，作为全港赛马体育彩票的发行机构，香港赛马会聘用的全职或兼职雇员人数就达到了 26291 人。另外，该年度赛马会给政府提供了 136.21 亿港币的税收收入，几乎占到全香港所有税收收入的 8%，是维持香港低税率政策的核心力量。截至 2014 年 4 月，中国体育彩票向社会提供直接就业岗位约 50 万个。

5. 宣传体育的工具

以运动项目为媒体的竞猜型体育彩票，是以运动项目的比赛为对象，通过竞猜比赛的结果进行博彩。购买彩票，为了能够获得更大的经济收益，必然要了解比赛知识、关注比赛、研究比赛，这不仅可使体育运动爱好者更积极地参与，也能吸引一些原本对体育不甚了解的人与体育接触，逐步受到感染，进而熟悉和参与体育运动。发行体育彩票的过程，实际上是培养人们体育兴趣、吸引人们关注体育的过程。以我国竞猜型彩票为例，该玩法是以欧洲高水平足球联赛和 NBA 篮球联赛等为竞猜对象，这就要求彩民必须了解各国的联赛情况、各个参赛队伍的实力对比和其他一些外在因素对比赛的影响，通过这个参与过程，可以培养人们对足球的关心和热爱。

第二节 体育彩票的经营策划与经营管理

体育彩票是具有政策(计划)性和市场性双重身份的特殊产品,它的发行在注重经济效益的同时,也必须注意社会效益。因此,体育彩票的发行过程是市场营销与管理并重的过程。

一、体育彩票的经营策划

(一)体育彩票的玩法策划

玩法是体育彩票的生命线,拥有较大市场竞争力的玩法才能有效地保住并扩大市场份额,掌握驾驭市场的主动权。玩法研究的过程也是打造体育彩票品牌的过程,通过科学研究,可以研发出具有鲜明市场特征、较强市场竞争力的品牌。体育彩票玩法的策划应适应遵循彩民的需要的原则,以彩民需要为最基本的出发点。在设计玩法时,应事先对市场进行充分的调查和分析,了解彩民到底需要什么样的玩法,然后组织有关专家对新玩法进行论证。因此,玩法研究是体育彩票营销工作的核心环节,其包括以下几个方面:

(1)成立一个智囊团,作为"外脑"成员可由体育彩票管理人员、有关专家等组成。智囊团的作用就是广泛收集信息,对体育彩票的玩法建设提出参考性意见,发现某些玩法在营销过程中反映出来的问题并提出改进意见。这个智囊团可以是常设的,也可以是临时性的,它对体育彩票管理部门了解市场、集思广益、改进工作、科学决策有重要的作用。

(2)制定开发新玩法的流程。新玩法的开发是一个非常审慎的事,来不得半点马虎。为了保证新玩法的科学性、实用性和竞争性,应制定新玩法的研发流程,杜绝仓促决策、盲目上马的开发方式。在新玩法的开发过程中,首先是要进行科学的市场调研,以明确市场竞争情况和新玩法的市场定位;其次是在玩法规则的设计和确定的过程中,要广泛听取各方的意见,进行小范围的反复研讨并进行相关数据仿真测算,以此来预测其实际的市场效果;然后进入新玩法报批和软件的编写;最后是策划市场宣传和推广,实施后推出。

(3)挖掘体育彩票的内涵。体育彩票的核心内容在于"体育"二字,发挥体育彩票特有的市场优势,才能培养竞争力,使之符合长远发展的要求。要使体育彩票具有更多的体育含量,就要加大对以体育项目为载体的彩票玩法的研究和开发。我国目前真正意义上的体育彩票只有足球彩票一种,其玩法和竞猜对象与国外相比还比较单一,丰富足球彩票的玩法和引进更合适的竞猜对象是足球彩票未来发展的方向。同时,诸如篮球彩票、F1 彩票等也应纳入研发范围。

(4)已有玩法的改进。一个玩法在运行一段时间后,可能会暴露出一些隐性问题,这就需要对玩法进行改进。如福利彩票的双色球在运行一段时间后,推出了奖池过亿时实行奖池倒挂的制度,以此作为新的卖点。已有规则的适度调整是为了赋予该玩法更强的竞争力。在玩法规则的修订过程中,也需进行审慎的市场研究,综合考虑多方面因素,然后制定出有针对性、实效性的规则[①]。

① 朱爱民,谭晔茗.我国体育彩票管理体制的分析与思考[J].上海经济研究,2008(7).

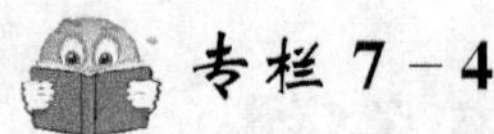

专栏 7-4

美国强力球趣闻——全球最具生命力的彩票玩法

强力球的历史可以追溯到1988年发行的"美国乐透"玩法,在1992年4月19日正式被更名为"强力球",其作为一款乐透型彩票游戏而闻名全球,是最具生命力的玩法之一。本文的强力球是特指在美国发行的一种彩票游戏,其他国家的强力球玩法(如澳大利亚等国)不在此介绍之内。

强力球彩票玩法在美国44个州是合法的彩票游戏,该玩法由多州彩票协会负责具体经营和管理。强力球奖池始于第一次开奖时注入的2000万美元,返奖率为50%,各州政府决定其他50%的使用领域和方向。

强力球开奖时间为三天一次。该游戏分为前区和后区,前区为59选5(白球),后区为39选1(红球)。每注号码1美元,有倍投和复式等投注方式,销售截止时间为开奖前一个小时。

2009年10月13日,多州彩票协会和拥有"超级百万"的组织签署了一项协议,允许各州自愿选择销售的玩法,不再要求排他性。以前销售"强力球"的州是不可以销售"超级百万"的。2010年1月31日,销售"超级百万"的10个州发布公告,表示自2010年2月3日开始销售强力球彩票。同时,23个销售强力球的州宣布自2010年2月2日起开始销售"超级百万"彩票。此时间点为美国历史上两大玩法的重大融合,对美国彩市的发展产生了积极影响。

强力球的开奖器使用一个随机数字发生器,每次开奖在四台开奖器中随机选择两台。该机型采用的是卤素灯,共有八套球(四白,四红),每次选择其中的一套球进行摇奖。强力球有两种领奖方式可供选择:25至30年分期领取,不扣税;一次性现金领取,税率普遍在40%~60%之间。

(资料来源:美国强力球趣闻——全球最具生命力的彩票玩法[N].中国体彩报,2011-06-02.)

(二)体育彩票的宣传促销策划

宣传在体育彩票营销中的作用很大。体育彩票宣传的重点在于其公益性、玩法、规则和销售成绩等。有力的宣传不仅可以提高销量,而且可以树立体育彩票的良好形象。宣传的形式可分为日常宣传和重点宣传两种。

日常宣传指利用体育彩票的事件进行不定期的宣传,它的目的在于保持社会公众对体育彩票的认知,不断向公众介绍体育彩票的玩法、发生的具有新闻价值的故事等,使公众不断加深对体育彩票的认识,吸引越来越多的彩民购买体育彩票。重点宣传是利用一些影响较大的事件对体育彩票进行较大规模的宣传。

体育彩票的宣传媒介有电视、报刊、广播、网络、户外广告、宣传单片等,采用的广告形式有软性文章和付费广告等。每一种宣传媒介在体育彩票宣传中起的作用不同,在具体的某一次体育彩票宣传中,所采用的宣传媒介应有侧重。如果宣传战线太长,可能会因为资金问题而影响宣传效果或收益。

(三)体育彩票的销售方式策划

体育彩票的销售方式按照不同的分类标准有不同的种类,按彩票发行的载体可分为电脑销售和人工销售;按规模大小可分为规模销售和分散销售。不同的销售方式各有其特点,具体采用哪种方式,关键要看销售的性质和要求。

(1)电脑型体育彩票具有科学、统一、稳定、安全和高效的特点，是目前世界销售彩票的最主要方式。电脑彩票适应的玩法有很多，如即开型、乐透型、竞猜型等。电脑体育彩票可以有效分散购买人群，避免社会不稳定现象的发生。

我国电脑体育彩票系统现已建成了包括国家体育总局体彩中心的数据中心(主中心)、省(自治区、直辖市)地方分中心和销售网点终端的三级半热线电脑体育彩票网络建设。全国体育彩票统一使用国家体育总局开发的电脑彩票管理软件，采取"统一管理、统一游戏规则、统一技术标准、统一印制"的管理模式。各省、直辖市、自治区电脑体育彩票游戏规则由国家体育总局报财政部批准，网点规模由国家体育总局批准。另外，主机设备、终端机选型由国家体育总局体彩中心审定，并负责安装与调试工作。目前，我国大部分省市都已建立了电脑体育彩票销售系统。为了适应体育彩票发展的要求，促进体育彩票的销量增长，开发全热线体育彩票销售系统已成为当务之急。

(2)人工销售方式目前主要出现在即开型体育彩票的销售中。人工销售的组织工作较难，成本较高，控制难度较大，不是一种常用的销售方式。但它曾在我国体育彩票发展的初期，电脑销售系统未建立前发挥了重要作用。在一些地方组织的分散性设摊销售中，人工销售也是重要的销售方式。

(3)规模销售是即开型体育彩票销售的主流形式。它的特点是时间集中、人员集中，采用大奖组、高奖额、低中奖率的促销方法，有一定的规模效应。这种方式以其巨大的规模和强大的宣传，给人以很强的视觉冲击，容易调动人们的购买欲望。但这种销售方式的弊端是它的组织成本较高，如果组织不当容易造成社会事故。

(4)分散销售是指以特许经营的形式，通过广泛分布的体育彩票销售网点常年、定点销售即开型体育彩票的一种形式。相对于规模销售形式而言，它具有覆盖面广、销售网络稳定和便于购买等特点。构成分散销售的网点有三种形式，即闹市区设摊、电脑体育彩票网点兼营和经营性商业企业兼营。这种销售方式可以避开规模销售的风险，降低销售组织成本，是即开型体育彩票销售方式的新路。

(四)体育彩票的销售网络策划

建立健全销售网络对保障体育彩票市场的稳健发展有重要作用。加强体育彩票销售网络的管理有三个方面的内容：一是销售点布局，二是销售点管理，三是管理机构完善。

(1)销售点布局。体育彩票管理和销售机构在审批电脑体育彩票销售点时，必须对销售点负责人的资格进行严格的审查，确认其具备一定的经济能力和能承担相应的法律责任。在确认其资格后，要与其签订内容详尽的合同书，以规范双方的权利和义务。应加强对销售点布局的宏观管理，销售点的布局要遵循经济、安全的原则，依照不同地区的经济发展状况和人口合理配置，严格限制同行业的恶性竞争，对私自移动销售点的人员或单位要及时予以处理，从而提高行业的整体效益。即开型体育彩票销售点的选择，要在保障安全的前提下，选择交通方便、地势开阔、人口稠密的区域。

(2)销售点管理。应完善相应的规章制度，对销售点的各种行为进行规范。加强销售点管理的内容包括营业时间、服务态度、财务结算、知识技能、票务管理、操作规则等方面，使销售点的操作合乎整个系统健康运行的要求。在销售点管理中的一个重要方面是安全防范管理，维护财务、票务安全，保障销售秩序正常。

(3)管理机构完善。目前我国体育彩票管理系统已基本形成了一套完整的管理体系和遍布全国的销售网络，建立了国家、省市、地方三级管理机构。随着我国体育彩票市场的深入发展，我国现有的计划性和市场性相结合的管理体制将面临更严峻的市场考验。体育彩票的管理体制必须更多地倾向于市场，以开发市场、服务社会公益事业为出发点，目前应以建立健全地方体育彩票管理体制为重点，充分发挥地方在体育彩票管理中的作用。此外，完善体育彩票管理体制有利于保障体彩市场的良性发展。

专栏 7－5

浙江宁波市体育彩票销售网点基本条件

(1)申请销售网点的选址须在市、各地体育彩票管理部门根据省中心计划统一规定的区域内；

(2)销售网点须位于居住人口相对集中，适宜增设体育彩票网点的空白区域，与其他体育彩票点的间距应在500米以上(人口稠密的中心城区间距在300米以上，大型商场、繁华商业区例外)，须距离中小学200米以上；

(3)销售网点须自有房产或租赁店面房(同等条件下，自有店面房优先)；

(4)店面房应出具自有房产证或能连续经营三年以上的租房协议等相关证明材料；

(5)能够安装浙江电信 ADSL 宽带及直线电话，营业时间保证每天12小时以上。

(资料来源：宁波市电脑型体育彩票管理规则[EB/OL]. [2009－09－29]. http://sgj.nbhtz.gov.cn/doc/wtpd/zcfg/bszc/2009_9_29/37432.shtml.)

二、体育彩票的经营管理

(一)国外彩票业的管理体制及运营模式

由于彩票行业的特殊性，世界各国都要对彩票业的运作实行政府管理与监控。因此，各国彩票发行的批准权一般都集中在中央政府。

1. 彩票的管理体制

各国的政治体制不同，经济发展水平不一，但就彩票管理体制来讲，基本上都由彩票主管机关、彩票发行机构和彩票零售商组成。

(1)彩票主管机关。彩票由于具有博彩性质，为降低彩票对社会的负面影响，发挥其社会筹资的积极功能，力求保证彩票运作“公开、公正、公平”，各个国家在彩票立法中都确定了彩票的主管机关。彩票主管机关有以下几类：

①财政部门。大多数国家彩票法规定，财政部门为彩票的主管机关，允许其在一个国家范围内发行多品种的彩票。如奥地利、保加利亚、塞浦路斯、丹麦、芬兰、法国、匈牙利、爱尔兰、拉脱维亚、卢森堡、马耳他、荷兰、比利时等国都是财政部门管理彩票。

②地方政府。采用这种类型主管机关的主要是联邦制国家，州政府是彩票的主管机关，并以州为单位发行彩票，最具代表性的国家是美国、加拿大、德国和澳大利亚等。政府通过决定彩票委员会的人员组成和明确授权来控制彩票的管理和发行是一种常见的管理模式。如美国各州政府通过由政府直接控制的彩票管理委员会对彩票进行管理。德国每个州对彩票的发行者都有法律规定，每个州设立彩票管理局并通过州财政部或内务部对彩票发行进行监督。

③体育部门。这种类型一般都是由国家奥委会或体育部门主管彩票的发行与管理，主要是为体育事业发展筹集大量的资金，比较有代表性的国家是意大利和俄罗斯。

④政府授权的非政府机构。有些国家的彩票法规定，允许政府授权某一非政府机构来发行彩票，如英国、希腊、罗马尼亚、葡萄牙、挪威、瑞典、瑞士。其中，英国是通过招标方式委托企业发行彩票，目前是委托 Camelot 公司发行彩票。但英国内务大臣专门任命了一名彩票总监，专门负责监督彩票发行企业的行为。

⑤银行。目前由银行主管彩票业的国家只有日本和巴西。日本是由第一劝业银行主管彩票业，它是一种国家银行和地方政府共同管理的体系；巴西是由联邦储蓄银行主管彩票业。

世界各国的彩票法都明确规定了彩票主管机关的职能，彩票主管机关有三种不同的基本职能：一是决定和审批发行彩票的种类和游戏规则；二是监督和管理彩票发行机构；三是管理和分配彩票公益金，即把公益金集中起来，按有关规定分配到相关的社会公益部门。

(2)彩票发行机构。世界各国的彩票主管机关都下设专业彩票发行机构，具体负责发行和经营彩票。比如美国各州政府都设有彩票管理委员会，法国财政部下设法国游戏公司，西班牙在财政经济部门下设有彩票管理局，意大利奥委会下设彩票发行中心等。而在由银行、政府授权的非政府机构主管彩票业的国家，银行和相应的非政府机构既负有管理职能，同时也直接负责发行彩票。

(3)彩票零售商。彩票发行机构按主管机关批准发行的彩票种类及游戏规则向零售商销售彩票，彩票零售商通常要与彩票发行机构签订销售合同，保证按彩票发行机构确定的游戏规则向公众推销彩票，并按销售额的一定比例获得销售收入，其标准通常为销售额的5%～6%。另外，许多彩票公司用红利或现金佣金给予彩票零售商进一步的补偿。

专栏 7－6

美国马萨诸塞州彩票售点布局

美国彩票发行是以州为单位，美国各州的彩票运作方式基本相同，以马萨诸塞州为例，彩票销售收入的分配比例为：返奖占68%，公益金占25%，代理费占5%，广告支出及管理费用占2%。它们的彩票销售点多，便利店占38%，餐馆、酒吧占24%，饮料店占13%，乡村俱乐部和老兵俱乐部舞厅等占9%，杂货店占8%，小卖部占5%，报亭、烟摊占3%。彩票主要销售选号型彩票和即开型彩票，还有无人售票机。一般安装在超级市场里，由购买者自己来操作，只要向机内投入纸币，就可以选购一张即开型彩票，如果中了末等奖，可以就地向商店领取奖金。

（资料来源：蔡有志，等．对我国现阶段体育彩票市场的分析研究[J]．北京体育大学学报，2001(6)：166－168.）

2．彩票的经营模式

彩票的经营模式在世界各国并不相同，归纳起来大致有三种模式：政府直营模式、企业承包模式和发照经营模式。

(1)政府直营模式。在这种模式下，政府设立专职部门直接主管彩票发行，或者成立专门的国营彩票公司负责发行。目前，政府彩票公司仍是最流行的组织模式。第一个设立政府彩票公司且目前仍在经营的国家是荷兰。在欧洲，17世纪至20世纪，西班牙、葡萄牙、瑞典、丹麦、荷兰成立且目前仍在营业的彩票机构大多数属于政府彩票公司。20世纪，欧洲各国政府开始允许公司申请经营“透透”游戏的许可证。这些组织在体育协会的支持下，如今已成为有权经营乐透型彩票的“透透”公司。在新南威尔士，彩票机构是以政府代理的形式开办的，1991

年被重组为企业实体性的彩票公司。在奥地利，政府停办了18世纪开办的国营彩票机构，将其工作交给一个奥地利私营公司联盟。在法国，政府成立了专门的彩票发行公司——法国国家游戏集团，负责政府彩票的发行工作，该集团是一个国家控股的经济实体。在意大利，财政部也直接发行彩票。

(2)企业承包模式。这种具有半公有制性质的彩票公司与政府有密切的关系，但获准以企业模式而非政府代理模式经营。一般来讲，这些彩票机构可有更多的余地以企业形式经营，一般不受政府机构的限制。它通常可提供比政府更高的薪水，其负责人通常称为总裁或首席执行官，并设有董事会。欧洲10多个国家成立的“乐透”和“透透”公司都是半公有制彩票公司的一个分支。政府为这种公司颁发经营“透透”型和“乐透”型彩票的许可证，其经营受到政府的严格控制，所获盈利用于公益事业。如加拿大的彩票经营采用的就是这种模式。近年来，美国不少州的彩票发行工作也采取颁发许可证的形式，交给私人公司承包发行，如纽约州1994年开始由GTECH公司承包发行即开型彩票。

(3)发照经营模式。在这种模式下，政府批准发照并由企业负责经营。这类彩票公司盛行于世界各国。最早出现且仍在经营的发照经营模式的彩票公司是澳大利亚维多利亚的塔特萨斯博彩咨询公司。塔特萨斯的创始人是乔治·亚当斯，他在19世纪90年代开办了第一个彩票公司。1897年，当州议会在法律上认可彩票时，塔特萨斯就成为了塔斯马尼亚的官方彩票机构。20世纪50年代，塔特萨斯博彩公司业务规模继续扩大，其80%的生意来自维多利亚。1953年年末，塔特萨斯与维多利亚政府达成协议，以利润提成的方式经营博彩业，每7～10年，维多利亚政府给塔特萨斯公司换发一次经营许可证。此外，属于德斯御彩票集团的德国多数“透透”型和“乐透”型彩票公司均为私人执照公司。另外，奥地利彩票公司是一个国家特许的私营公司，其主要股东是奥地利娱乐场。

3. 彩票公益金的管理模式

从各国的实践看，彩票公益金的管理模式大致有以下三种：

(1)集中筹资、统收统支管理模式。这种管理模式是把全部彩票公益金纳入国家或地区政府财政预算，由国家或地方政府财政部门统一支配使用，因而这种模式又称为“第一财政管理模式”。采取这种管理模式的国家有法国和韩国。

(2)集中筹资、分项使用管理模式。这种模式并不把彩票资金纳入政府财政预算，而是直接转入有关部门，用于各项社会公益与社会福利事业。在具体使用内容与资金分配比例上，采取这种模式的国家和地区间存在较大差别，因而，这种模式又称为“第二财政管理模式”。采取这种管理模式的国家主要有日本、巴西和澳大利亚等。

(3)集中筹资、混合使用管理模式。这种模式是上述两种模式的混合体，既将一部分彩票公益金交给国家和地方财政部门，纳入国家或地方的财政预算，又将其余部分用于其他具体用途。这种方式又分为两种具体方式：一是将大部分彩票公益金上缴国家或地方政府财政，小部分投向其他用途，如我国的香港特别行政区；二是把大部分彩票公益金用于具体事业，而将部分彩票公益金上缴国家或地区财政，用于统收统支，如保加利亚等。

(二)中国体育彩票现行的管理模式

彩票的发行不仅是一种经济行为，更是一种政府行为。政府依据国家有关法律规定对彩票的发行、销售全过程进行监督管理，当然还包括对彩票公益金的提取、分配和使用进行管理。

1. 发行管理

国家体育总局是全国体育彩票的管理机构，依照法律、法规和国务院的有关规定，负责中国体育彩票的统一发行、统一印制及销售额度的统一分配工作。各省、自治区、直辖市体育局的体育彩票管理中心具体负责当地中国彩票的销售管理。中国体育彩票管理中心在中国人民银行核准的彩票印制厂统一印制，任何单位和个人不得擅自印制彩票。

2. 销售管理

中国体育彩票的销售实行额度管理，取得体育彩票销售额度的地区不得跨地区销售。中国体育彩票必须直接上市销售，坚持自愿的原则，严禁摊派和变相摊派。中国体育彩票必须按面值销售，任何单位和个人不得擅自涨价和降价销售。电脑体育彩票已经成为主要销售管理方式，各省（市）销售中国电脑体育彩票，由省市体育彩票管理中心管理，并在各自的省（市）区域内建立销售电脑体育彩票的中心机房和一定数量的销售点，通过试点逐步推广。省（市）体育彩管理中心对所属销售点人员进行不定期的业务、技术培训，编制销售员手册，提出销售、管理、开奖、兑奖、维护设备等要求并及时总结经验，以确保销售工作顺利正常进行。

3. 资金分配

彩票资金是指销售实现后取得的资金，由彩票公益金、返奖奖金和发行经费三部分组成，其分配比例为35%、50%（含2%的风险金）、15%（含销售点佣金4%～6%）。

4. 公益金管理

公益金的管理机构具有两方面职责：一是作为公益金的财务管理和监督机关；二是作为具体负责公益金的提取、分配与使用的管理机关。我国相关法规明确规定，财政部和地方各级财政部门是公益金管理的行政职能部门，负责对全国公益金的管理和监督检查。国家体育总局会同财政部门负责安排体育彩票公益金的管理、分配、使用和监督检查。

体育彩票公益金按政府性基金管理办法纳入预算，实行“收支两条线”管理，专款专用，结余结转下年继续使用，不得用于平衡一般预算。

体育彩票公益金是用于发展体育事业的专项资金，具体包括以下几个方面：①资助开展全民健身活动；②弥补大型体育运动会的经费不足；③维修和增建体育设施；④体育扶贫工程支出；⑤社会保障基金支出。

经过多年的探索和研究，目前体育彩票公益金的使用与管理越来越规范。体育彩票公益金以“收支两条线”的原则纳入财政专户、实行专户管理，并形成了比较完善的管理、监督体系[①]。

专栏 7－7

体育彩票公益金的援建项目

1. 雪炭工程

国家体育总局划拨体育彩票公益金分期、分批在经济欠发达地区援建经济适用的公共体育设施。此项工程取雪中送炭之意，被命名为“雪炭工程”。2001年，为了解决三峡库区缺少体育设施的困难，国家体育总局决定与国务院确定的对口支援省市体育部门联合出资为库区20个县（区）各援建一处公共体育设施，共投入资金4560万元，这就是“雪炭工程”首期实施的

① 张玉超. 我国体育彩票近十年发行现状与对策研究[J]. 北京体育大学学报，2004(5).

20个项目。此后，将第二期"雪炭工程"的目标确定在"老、少、边、穷"地区，共投入体育彩票公益金1亿元，援建了46个项目。第三期计划投入资金5000万元，援建项目66个。到目前为止，"雪炭工程"已实施四期，在141个县建起了小型、适用的体育场馆，有力推动了经济欠发达地区体育事业的发展。

2. 全民健身活动中心

为更好地满足广大群众体育健身多元化需求，进一步引导和加强群众体育场地设施的层次建设，国家体育总局从2001年起，以体育彩票公益金作为引导资金，扶持并探索性建设"中国体育彩票全民健身活动中心"。健身活动中心建设原则上每省一个。首批全民健身活动中心建设单位11个，投入资金3000万元。第二批建设单位16个，投入资金4800万元。

3. 全民健身路径工程

1997年9月国家体委党组决定，在城市社区中配建一批群众体育活动场地、设施，称之为"全民健身路径工程"，主要器材包括健身路径、体质测定器材、小篮板、乒乓球台等。1997年到2004年，国家体育总局、全国各级体育行政部门用于全民健身计划的投入超过100亿元，利用体育彩票公益金共在城市和农村乡镇新建全民健身工程5627个，匹配全民健身路径23319条。

4. 青少年体育俱乐部

2000年国家体育总局决定，使用体育彩票公益金，有计划有步骤地在全国选择有条件的社区、体育场馆、各类体校、各类学校、各基层体育项目协会（青少年喜爱并易普及的运动项目），开展创办青少年体育俱乐部工作。国家与省（区、市）、地（市）三级体育行政部门体育彩票公益金共同作为俱乐部创办工作的投资来源。从2000年以来，我国以体育彩票公益捐赠的形式，在全国创建了1899所青少年体育俱乐部。

（资料来源：李万来．体育经营管理概论[M]．北京：人民体育出版社，2006.）

三、体育彩票的监管

体育彩票的经营活动，涉及国家、部门、单位和群众等各方面的利益，为了使我国体育彩票市场尽快走上健康、稳定的发展道路，必须加强对体育彩票市场的管理。

（一）严格执行体育彩票的报批制度

由于我国目前体育彩票的发行完全是一种政府行为，体育彩票的发行及经营活动由财政部和国家体育总局主管并实行宏观调控。国家体育总局根据我国国情和体育事业发展的需要定期（一般两年一次）向国务院及有关部门申请体育彩票发行额度，经国务院及有关部门批准后方可实施体育彩票的发行工作。具体工作由国家体育总局下属的体育彩票管理中心负责。各地体育局及有关大型体育活动组委会要发行体育彩票，必须向国家体育总局体育彩票管理中心提出申请，经批准后，必须在下达的发行额度内发售彩票，不得突破。

（二）规范体育彩票销售收入的管理

体育彩票的销售收入分为奖金、发行费和公益金三部分。根据国家有关部门的规定，体育彩票销售收入分配的具体比例为：总收入的50%以上作为中奖者的奖金，总收入的15%是发行费，总收入的35%是公益金。原则上所有公益金要全部留成，用作大型体育活动的举办经费。代理销售体育彩票的地方体育部门，所得公益金的多数应上交国家体育总局，其余留给地方体育部门,用作地区体育事业的发展。

(三)加强体育彩票的财务管理

体育彩票发行后所募集的资金,必须按规定使用,严禁挪作他用。发行单位必须建立和健全各项财务、会计制度,接受财政、审计部门的检查。同时要定期向社会公布公益金的使用情况,接受社会监督,对违反财经纪律、营私舞弊、贪污私分的,要依法从严处理。

(四)加强体育彩票的安全保卫工作

体育彩票也是一种变相的"有价证券",因此要制定并严格执行体育彩票的监印、计数、运输及保管制度。目前我国体育彩票的印制工作,由中国人民银行核准的彩票印制厂统一设计及印刷。各地不得擅自印制各种体育彩票。体育彩票的接收人员要认真清点数量、检查系列号、编组号是否相符,外包装是否完好无损。押运人员要认真负责、忠于职守,在押运过程中要做到人不离票,以保证安全抵达。彩票出入库要建立一套完整的手续,账目要清楚,交接双方人员要在彩票交接协议书上签字。

四、体育彩票的营销策略

目前体育彩票在我国社会和经济生活中的作用越来越大,体育彩票已成为我国体育产业的主导产业,其发展前景被普遍看好,但体育彩票要切实实现更好的发展,就必须注意研究市场,创造出更适宜的市场环境。

(一)增加体育彩票的科技、体育和文化含量

具有高科技、体育和文化含量的体育彩票才会具有较强的市场竞争力和生命力。我们目前处于一个科技高速发展的时代,体育彩票作为市场经济的产物,必须不断加大科技含量以适应社会和经济形势的发展,吸引购买者的兴趣。另外,体育彩票作为一种具有娱乐性的产品,应突出其文化价值,增加其体育含量。因此,应争取发行具有体育特色的彩票,使体育和彩票很好地结合起来,使体育彩票真正名副其实,吸引广大体育爱好者的兴趣。

(二)优化销售点布局,建立科学的销售渠道

由于种种原因,体育彩票销售点的布局不尽合理。有的销售点设在人口流动大的马路边,对道路交通造成隐患;设在连锁店等固定场所内的销售点不多,相当一部分是依附于某个店面之外,还有一部分销售点设施简陋,甚至露天营业,这对销售员和彩民都不利。虽然有的地方出现了体育彩票专营店之类的新生事物,为彩民提供更为全面、周到的服务,但这种营销方式还未普及。体育彩票管理部门应加强对体育彩票销售网络的宏观调控,以提高体育彩票的整体效益。

(三)树立品牌意识,确立健康的体彩形象

品牌是一个产品区别于其他产品的标识,好的品牌不仅应具有怡人的名称、鲜明的标志,更应具有良好的口碑。好的品牌对消费者具有很强的吸引力,它以鲜明的商品个性,在消费者中树立起富有品味的形象,并能满足消费者的精神需求,利于消费者形成对这种产品的消费偏好,进而形成大量该产品的忠诚顾客。

健康品牌的建设是一个系统过程,它体现在体育彩票的形象设计、体育彩票的宣传工作、体彩管理部门的工作环境、开奖方式的公正与公开、体彩管理人员的素质与作风、体彩管理部门与销售员和彩民的沟通程度、公益金使用的透明度、体育彩票的文化建设等方面,其中与彩

民的沟通显得尤为重要，因为体育彩票的形象最终是由彩民来评定的。

（四）细分彩票市场，实行多元化的产品策略

消费者对大部分产品的需求是多元的，是具有不同质的需求的。需求本身的异质性是市场细分的理论基础。市场细分有利于更有效地满足市场需求，并制定具有针对性的市场策略。

体育彩票管理部门在设置彩种时，应事先进行详实的市场调查，给该彩种以明确的市场定位。如针对老年人的彩种应是奖额小、奖面大的彩种，以满足老年人消遣娱乐的心理，并不断维持他们的兴趣；针对青年人、文化层次高的人的应是奖额大、趣味高、科技含量高的彩种，以满足这部分人既想中大奖，又想娱乐的心理。

（五）强化宣传意识，建立畅通的沟通渠道

在现代市场环境中，性能良好的产品并不一定能有好的市场销路，这取决于消费者对这一产品的认可态度，也就是说应该通过某些形式的沟通，使消费者形成对这一产品的信任。畅通沟通渠道的建立，有利于为经济组织及其产品确立知名度、印象度和美誉度，从而形成强大的市场购买欲望。

体育彩票的沟通对象主要有彩民、公众、销售员、政府等，其中彩民是主要的沟通对象。沟通的最终目的是为体育彩票创造良好的生存发展环境，培养大量的相对稳定的忠诚顾客。沟通分为正式沟通和非正式沟通，正式沟通指为特定的目的，而选择某种渠道对特定的群体进行信息传递，以达到使该群体形成对某种产品或组织的期望形象的公关过程。非正式沟通指在日常工作或社会活动中，以良好的工作规范和健康的形象来潜移默化地影响沟通对象，使沟通对象产生对某产品或组织的良好印象。正式沟通事先一般要经过精心策划，制定出有效的沟通策略，并在策略实行过程中注意实施效果，以便及时做出必要修正。非正式沟通则形式比较灵活，一般不需要精心策划和组织。

（六）加强对体育彩票市场的调查研究

体育彩票是一项经济活动，有一定的规律可循，因此要注重体育彩票市场的群众心理调查，研究体育彩票的发行方式，掌握发行的节奏和时机，利用各地不同的风俗习惯和城乡经济活动机会，积极寻找市场，捕捉时机，扩大体育彩票的发行规模。同时还要不断研究、开发彩票的新玩法，设计印刷景致美观的彩票新品种，使群众有新鲜感。此外，还应加强研究，探索国外彩票的发展规律和经验。因此，加强体育彩票的研究，对促进体育彩票的发展有重要意义。

（七）完善运行机制，加强从业队伍建设

首先，应进一步充实省、地级体育彩票管理机构，锻炼和培养一个具有较高业务素质的体育彩票销售与管理队伍，以形成覆盖全国并具相当规模的体育彩票市场分级管理网络。同时要完善体育彩票运行机制，加强内部控制制度，提高体育彩票各个环节的透明度，理顺各方面关系，提高工作效率。此外，还应建立起符合市场经济要求的用人制度，不断促进从业人员整体业务素质的提高。

本章思考题

1. 概述体育彩票的种类及玩法。
2. 简述体育彩票经营策划的基本理念。
3. 请你做一份销售额为1000万元的中等规模的即开型体育彩票营销方案，特别注意设

奖方案和宣传方案的制订及体育彩票新玩法的项目开发策划书。

拓展阅读

2013,"爱你一生"的辽宁体彩

被谐称为"爱你一生"的2013年已经彻底远离了我们的生活。当我们在畅想2014年时,却发现2013年有太多的事情值得我们回忆与铭记,对于辽宁体彩尤为如此。在2013年,辽宁省的人们享受着辽宁体彩为他们所带来的"私人订制"般的快乐、尽情感受着"后全运时代"氛围。同时,辽宁体彩也在努力传播公益理念、打造体彩人新形象……

私人订制 体彩派奖层出不穷

体育彩票所带来的幸运,仿佛专为个别人而设。有句老话说,该是你的,就是你的。2013年辽宁省所爆出的大奖,有很多真就如"私人订制"一般,让中奖者有着这份独一无二的惊喜。而就在辽宁省彩民朋友接连品尝着这种"私人订制"的喜悦的同时,辽宁省体彩中心也在精心策划着多项回馈活动,将每位彩友的喜好都考虑周详,将"私人打制"的快乐推广到无限化。

为庆祝顶呱刮上市五周年,辽宁省体彩中心从4月1日至30日适时推出"顶呱刮欢乐回馈——欢乐顶呱刮,中奖乐翻天"大型回馈活动。筹集公益金已超165亿元的顶呱刮借此次辽宁体彩的活动,让人们感受到更多的幸运与温暖。

4月8日至6月2日,辽宁体彩为配合"竞彩普及日"活动并让更多的彩民朋友感受到竞彩足球的乐趣,特推出"竞彩普及日,体彩送大礼"的活动。这项活动在"普及日"期间掀起一番高潮,将竞彩巨大的幸运翅膀以绝无仅有的规模挥动在辽宁省的上空。

7月25日至29日,为迎接即将召开的第十二届全运会并庆祝全运彩"11选5"在辽宁省上市两周年,辽宁体彩特推出"迎全运、庆周年,全运彩'11选5'高频游戏1400万加奖派送活动"。本次活动是有史以来加奖幅度最大的一次高频游戏加奖活动,不仅覆盖全运彩的全部玩法,并且在返奖率上均有很大程度的提高。

10月1日至10月5日,辽宁体彩再次开展全运彩"11选5"的加奖派送活动,派奖金额高达1600万元。一年内两次的全运彩"11选5"加奖活动,让辽宁省彩民朋友彻底体会到该玩法的特点,真是"全运彩一片红,想不中奖都很难"。

12月1日,辽宁体彩在2013年末推出"排列三700万派奖活动"。这场截止日期原定为月末的派奖,由于彩民朋友们高涨的热情于12月13日提前结束。在短短的13天中,辽宁省排列三销量环比增长112.6%,平均单日派奖额就达到56.8万。尤其是在133340期最后一期的派奖中,辽宁省中出2143注直选奖,成为全国中奖第一省,远远领先第二名的江苏省300多注。而且更令人欣喜的是,当期的派奖奖金在原计划之上多派出38.9万,以皆大欢喜的形式为本次及2013年的派奖活动画上一个极其圆满的句号。

实践雷锋精神 传递温暖与关爱

3月5日,正值毛泽东同志题词"向雷锋同志学习"50周年。当天,辽宁省体彩中心的工作人员自发组织爱心献血,用这种特殊的方式诠释和实践雷锋精神。在此次献血的人员中,不仅上至中心的主任领导下到普通的工作人员都积极参与,并且受省中心精神的感召,业主与彩民也主动加入到这个行列中来。

8月23日,辽宁省体彩中心慰问小组来到抚顺市新宾县与清原县慰问因"8·16"特大暴

雨受灾的业主，并将救助款项发放给每位业主，为在洪灾中饱受惊吓的业主们送去了温暖与鼓励，让他们有勇气有信心面对今后的工作，让他们真切体会到“体彩是一家”的深层含义。“8·16”特大暴雨所引发的洪水是一个严峻考验。面对这次前所未有的灾情，辽宁体彩从省中心到市中心时刻关注，全力为受灾地区的投注站业主进行救助，体现出“洪水无情，体彩有爱”的高尚情怀。8月16日当天，省中心刘芳主任就致电抚顺市体彩的王晓刚主任询问灾情，并批示各部门为此次受灾业主提供尽可能的帮助。省内其他市区虽然也遭受到大雨的袭击，但在获悉抚顺出现灾情后，各市的体彩中心主动与省中心联系，纷纷了解抚顺的受灾情况，询问帮扶救灾的具体事项，希望能够帮助抚顺灾民一起渡过难关。对于体育彩票而言，“以人为本”不仅在于“来之于民、用之于民”的发行宗旨，也是对于每一位工作在第一线的体彩工作者的爱护与帮助。洪水是无情的，但辽宁体彩却用爱心驱散了灾情的阴影，在危难时刻体现出人间真情。

12月27日，辽宁省体彩中心获得沈阳市和平区“政兴家园”社区赠予的锦旗。作为公益彩票的发行中心，辽宁省体彩不仅用彩票传达着爱心与温暖，在日常工作中也是时刻关怀着人民群众的生活冷暖。省中心不仅对于“政兴家园”此次的社区改建工作给予大力支持，对该社区生活困难的群众也进行了多年的帮扶工作，但行事低调从不张扬。想民之所想、急民之所急，正是有着这样热心奉献的体育彩票工作者们，才会让越来越多的人通过公益体彩感受到温暖与关爱，让公益体彩的理念更加深入人心。

欢乐与健康同行 谱写“后全运时代”新篇章

2013年8月31日至9月12日，以“全民健身，共享全运”为主题的第十二届全国运动会于辽宁省召开。借全运会的契机，辽宁省第七届体彩文化节以“欢乐迎全运，健康你我他”为主题，紧紧围绕“公益体彩、乐善人生”的理念和“来之于民、用之于民”的宗旨随之开展，随后又加入“体彩征文”与“摄影大赛”两项内容。历时三个月之久的第七届体彩文化节不仅将欢乐与健康传达给各市的人民群众，同时也让人们尽情感受到“后全运时代”的氛围，谱写出“后全运时代”辽宁体彩的新篇章。

本次文化节在一路传播着体彩文化进行公益宣传时历经13个市、1个县，总行程达5700多公里，得到各市体育局与绥中县委、县政府、县体育局的高度重视。在相关领导们的指示与督促下，文化节的影响力获得极大的提升。借“后全运”东风，体彩文化节既通过各市群众的健身热情延伸了十二运的精彩，也让人们看到各地体育发展与城市规模日益完善的风貌。

活动中，一路随行的国民体质监测车为普通群众、人民警察、学生等群体进行了免费检测，共计600余人，将公益真正惠及百姓。孙福明与丁美霞两位奥运冠军作为辽宁体彩的公益使者在现场传授健康知识、倡导健康生活、与群众亲切互动，体现出本次文化节“走进基层、深入生活”的指导思想。在现场，参与全民健身表演人数高达6000余人，是历届参与人数最多的一次。各个参演团队通过健身舞、健身操、民间艺术等多项演出生动地演绎出“后全运时代”百姓们幸福健康的生活、积极奋发的姿态。

体彩文化节作为辽宁体彩的金字招牌，不仅是传播体彩文化、弘扬体彩精神的有效载体，也是作为体育彩票回馈广大社会群众的重要表现形式。在诠释体育彩票“来之于民、用之于民”的发行宗旨的同时，也丰富了辽宁地区的广大社会群的业余文化生活，为辽宁广大体彩爱好者带来了欢乐。作为公益事业，辽宁体彩为社会所作的贡献离不开体育局的帮助与支持。在日益辉煌的“后全运时代”，辽宁体彩必然会为提升人民群众幸福生活的指数而竭尽全力。

传递正能量 打造体彩人新形象

2013 年，面对着各方面业务的蓬勃发展，面对着第十二届全运会所带来的前所未有的考验，辽宁体彩始终以“传递正能量”为己任，同时也注重时刻加强自身的修养与锤炼。

2 月 4 日，辽宁省体彩中心召开辽宁体彩 2012 年度工作总结大会暨表彰大会。此次大会有着“前瞻性”的重要意义，从而保证以传播体彩“正能量”为己任的辽宁体彩为我省及至全国的体育彩票事业健康、协调、可持续发展的稳步前行。

2 月 20 日，观摩学习中共辽宁省委宣传部为纪念老一辈无产阶级革命家为雷锋同志题词 50 周年所举行的“当代雷锋”郭明义先进事迹展。此次观摩学习为辽宁体彩注入了活力与激情，凝聚出强大的精神力量，令每一个人对日后的工作都充满了信心和热情。

5 月 24 日，借全国大乐透六周年派奖契机，辽宁体彩宣传培训部在沈阳组织召开了“2013 年全省体彩专管员业务培训会”。通过此次培训，激发了全省体彩一线工作人员的积极性与主观能动性，大大提升了每个专管员的工作技能，更有效地保证了体彩各项工作的稳步前进。

6 月 19 日，辽宁省体彩中心员工在每周例行的思想交流会上，重点组织学习了习近平总书记《对作风之弊来次大扫除》的重要讲话。通过集中学习、部门讨论，提升了中心人员的思想素质和综合素质，而开展以部门内、部门之间自发的员工思想交流会，更是成为了加强团队学习能力和组织凝聚力的有效方式。

7 月 18 日，辽宁省体彩中心党支部组织全体员工召开“党的群众路线教育实践活动动员大会”。在十二运即将召开的关键时刻，辽宁省体彩中心及时按照局党组的要求，搞好宣传教育和思想发动工作，再次将体彩这一公益事业的品牌形象进行了全新的演绎。

12 月 24 日至 12 月 25 日，为进一步加强专管员工作、促进专管员队伍建设、充分调动专管员工作积极性，以展现专管员个人能力为目的，辽宁省体彩中心举办为期两天的 2013 年专管员业务技能竞赛。本次专管员业务技能竞赛作为 2013 年年末辽宁体彩的大事，不仅是对专管员队伍人员的历练，也是对辽宁体彩整体工作的一次考评与展示。借着这次全省专管员竞赛，体彩人在新时代所具有的新形象再次展现。

风雨兼程，辽宁省的体彩事业在不断发展壮大的同时，实现着一次又一次的飞跃。在荣誉与光环的背后，蕴含着辽宁体彩人不懈努力与拼搏进取的精神。2013 年，辽宁体彩以实实在在的方式让辽宁省人民体会到“爱你一生”的深切含义；在 2014 这个“爱你一世”的 365 天里，辽宁体彩人将以饱满的热情与坚定的信心将关爱更加广泛地传播。

（资料来源：2013，“爱你一生”的辽宁体彩[EB/OL]. [2014-01-16]. 辽宁体彩网.）

第八章 体育用品经营管理

本章提要:体育运动发展使人们对体育用品的数量和品种需求越来越大,体育用品的生产领域也在不断地扩展。本章在全面介绍体育用品的基本含义、分类和国内外体育用品的发展状况的基础上,分别就体育用品的生产和营销方法进行了详细的讲解。

关键词:体育用品;体育用品经营模式;市场营销方法

随着人类社会的发展以及体育活动的推广和普及,体育运动的社会化、产业化、大众化、休闲化和生活化趋势日益凸显,参加体育活动的人越来越多,体育活动的范围也越来越广,人们对体育用品的数量和品种需求也越来越大,体育用品的生产领域也在不断地扩展。

第一节 体育用品概述

一、体育用品的含义和分类

(一)体育用品的含义

体育用品是指用于开展体育活动,又具有体育特性的各种物品的总称,如体育服装、鞋帽、场地、器材、设备等。

(二)体育用品的分类

根据体育用品的功能和用途,体育用品可分为运动服装、球类器械设备、健身器械、娱乐及场馆设备、体育科研测试器材、户外运动品、渔具系列、运动装备及奖品、运动保健品、裁判员及教练员用品等几大类。

(1)运动服装类。运动服装类主要是指用于体育活动的运动服装、鞋、帽等。根据各种运动项目又可以进行细分,如篮球服、篮球鞋、游泳装、体操服,等等。

(2)球类器械设备类。球类器械设备类主要是指用于各种球类活动的球和设备,如篮球、足球、排球、乒乓球等及其设备。

(3)健身器械类。健身器械类主要指运动员身体素质训练和体育爱好者健身、康复练习用的器材设备,包括各类健身器材,如跑步机,武术的刀、枪、棍等。

(4)娱乐及场馆设备类。娱乐及场馆设备类主要包括三大类:①体育娱乐设备和器材,如风筝、龙舟、毽球、秋千等;②棋牌类用品,如国际象棋、中国象棋、围棋、跳棋、扑克牌等;③体育场地设备和器材,如篮球场、足球场、高尔夫球场的设备,体育馆设备和器材,如记分牌、座椅等。

(5)体育科研测试仪器类。体育科研测试仪器类主要指为测量身体形态、素质、机能状态以及进行运动技术分析、评定而使用的仪器设备,如弹跳仪、身体量高仪、运动肺活量测试仪、遥控心电仪等。

(6)户外运动品类。户外运动品类主要指人们在户外进行休闲运动所用的器材设备,如登山、攀岩、狩猎等用品。

(7)渔具系列类。渔具系列类主要是指用于钓鱼活动的渔具,如钓钩、钓竿、渔线等。

(8)运动装备及奖品类。运动装备,主要是指运动者在运动场所和户外旅游、休闲活动时所使用的一些用品,主要包括运动包箱和其他运动配具。体育奖品、体育纪念品,主要指体育竞赛中优胜者获得的奖杯、奖章和双方为增进友谊而互相交换的队旗、队徽、纪念章、纪念卡等带有浓郁体育色彩的纪念品。

(9)运动保健品类。运动保健品类主要是指在运动过程中及运动结束后为补充机体能量、水分而专门制造的饮品和营养品,如运动饮料、运动营养品等。

(10)裁判员及教练员用品类。裁判员及教练员用品类主要是指裁判员及教练员用于发出指令和记录比赛以及训练情况的用品,如口哨、记分器、计时器等。

二、体育用品的地位和作用

(一)体育用品为体育项目的发展提供了有力的支持

体育用品是开展体育活动最基本的物质条件,它的质量与竞技水平和运动成绩有着非常直接的关系。体育用品为体育项目的发展提供了有力的支持,世界上一些国家的体育项目负责人同时也是该项目器材、设备的制造商或著名的经销商,这就从体制上把体育用品的制造与相关运动项目的发展有机地结合在一起,不仅为该项目的发展提供了有力的支持,同时也促使这个项目的器材设备的使用、营销向着更加垄断的方向发展。

(二)体育用品是促进体育市场发展的重要力量

体育用品既有体育属性,又有经济属性,既是经济的组成部分,又是体育最直接的组成部分。伴随着体育事业的发展壮大,体育用品已经成为国际上最具影响力的体育用品产业。体育用品在支持中国体育事业发展,培育体育用品市场,拉动内需,引导消费,扩大就业,调整经济结构和促进经济增长方面有明显的作用。

(三)体育用品对自身市场发展的促进作用

体育用品市场品种繁多,生产企业已形成市场竞争格局,这对推动中国体育用品业的发展,提高中国体育用品质量,促进体育用品更新换代,振奋民族品牌以及增进国际间交流等发挥了积极作用。

三、体育用品的基本特征

作为商品的体育用品,在具有商品的一般特征的同时,又具有其一定的特殊性。这主要体现在以下三个方面:

(1)具有鲜明的体育色彩。体育用品与体育有着密切的联系,是人们从事体育运动、体育健身、体育休闲娱乐的基本物质条件,具有鲜明的体育色彩。

(2)具有较强的专业性。许多体育用品与具体的体育运动项目、比赛以及运动技术的发挥密切联系，因此，在质量、规格、材料、生产工艺、技术标准等方面有着较高的要求，并且在使用上也要求具备一定的专业技术性和专业技巧性。

(3)具有高消费品的属性。体育用品在产品类别上属于消费品范畴，一方面由于体育运动属于力量型的活动，对体育用品的损耗程度大，更新换代的速度较快；另一方面由于体育用品不是生活必需品，主要用以追求健康、文明的生活方式，属于发展、享受型的生活消费品。

第二节　体育用品业发展现状

一、国外体育用品业发展现状

20 世纪 70 年代，发达国家体育用品企业抓住了体育消费供给的空白机会，大力投资扩充生产线，企业规模迅速扩大，体育用品企业得到了飞速发展。20 世纪 80 年代，体育用品生产开始表现出国际化的特征。众多体育用品企业开始进入国际市场，通过跨国经营抢占市场份额，扩大品牌效应，壮大自身实力，85%的产品在其他国家生产，产品销售遍及世界各地。20 世纪 90 年代以后，体育用品行业在发达国家已处于“成熟期”，中高档市场主要被十大世界运动品牌所瓜分。在世界体育用品市场中，北美与欧洲市场最为重要，分居世界第一、第二位，亚洲的日本位居第三位。从全球市场的增长情况看，亚洲国家体育用品市场增速最快，是全球最具发展潜力的地区。

(一)整体发展良好，局部差异存在

2008 年，全球体育用品行业市场规模达 2670 亿美元，虽然受到金融危机的影响，但整体仍呈现继续上升的趋势。总的来说，世界各国家、地区之间，体育用品业发展水平并不均衡。其中，北美地区体育用品市场为 1110 亿美元，亚洲市场为 490 亿美元，但是亚洲居民人数却是北美居民的 10 倍。在北美，美国是最大的市场，南美虽然有众多的人口，但是其体育用品市场发展较慢，其中阿根廷和巴西市场总额大概是 35 亿美元。欧洲体育用品市场发展比较迅速，波兰、捷克、匈牙利、罗马尼亚、保加利亚等国发展速度较快，德国、英国、法国仍然是欧洲的主要市场，占了欧洲体育用品市场的一半。中东和非洲也处在发展进程中，以色列、伊朗、阿拉伯联合酋长国正在实现新的发展，南非等非洲国家也有了进一步的增长，但是非洲在今后的发展中还需要在体育行业挖掘自己更大的潜力。在亚洲，日本是目前最大的体育用品市场，其次是韩国、中国、印度尼西亚和泰国，其他国家市场相对较小，但发展潜力也不可小觑。目前，日本和韩国占据着亚洲体育用品市场总收入中的很大一部分，中国和印度紧随其后。

(二)竞争激烈，兼并重组频繁

兼并重组是企业外部成长战略中的重要方式。企业的兼并重组可以改善企业经营环境，突破技术难题，实现协同效应。通过兼并重组还可以降低经营成本，降低管理费用，创建品牌、开拓市场、壮大实力。世界上主要的体育用品大公司，一般都经历了兼并重组发展壮大的历程。例如，早在 1970 年，百事可乐公司就兼并了威尔逊体育用品公司。体育用品业巨头耐克公司从 1988 年开始兼并了 Cole、Haan、Bauer、Hudey 等公司，扩大了企业规模，壮大了公司实力。耐克之所以能成就其行业霸主地位，这一系列的收购行为功不可没。2003 年 7 月，耐克又以 3.5 亿美元收购了著名的匡威公司。体育用品另一巨头阿迪达斯为了应对竞争对手耐克，2005 年以 40 亿美元并购了世界第三大体育品牌——锐步，从而使全球体育用品业的格局

由原来的“三足鼎立”改为“两强对抗”。而耐克为了加大扩张的步伐，又于2007年以5.82亿美元收购了茵宝。目前，国际体育用品业在全球金融危机蔓延并不断加深的背景下，新的一轮竞争更加激烈，兼并重组更加频繁。

（三）经营模式不断创新

体育用品行业有着巨大的增长潜力，但同时也面临着政治和经济等外部因素的影响。在一些政治动荡和经济不稳定的国家，体育用品市场面临着巨大的压力。在全球金融危机的影响下，所有的行业都在进行自我调整，寻找着自己的生存发展之路。如耐克、阿迪达斯等国际一线品牌就试图通过设立“折扣店”“工厂店”，探索“网店＋实体店”联合发展的新经营模式。耐克还设立了比利时、美国、加拿大、日本、韩国和中国6个全球物流中心，以缩短配送时间并优化整体物流操作流程。2009年，阿迪达斯开设了专门的大型特卖场做打折销售，被业内称为“折扣店”或“工厂店”，店内商品的折扣均在6折以下。

（四）注重产品的设计和科技含量

体育是现代科学技术的橱窗。随着社会的发展，体育用品制造商更多地将现代科学技术融入体育用品，以增强品牌竞争力。早在悉尼奥运会上，澳大利亚选手索普穿着Speedo公司出品的“鲨鱼皮”泳衣一举夺得3金。而在北京奥运会上，菲尔普斯穿着改良后的“鲨鱼皮”泳衣独揽8金。“鲨鱼皮”是美国科学家根据鲨鱼的皮肤特征，采用硅酮树脂薄膜等新兴高科技产品为主要材料制成的连体泳衣。在大众体育健身用品领域，也逐渐出现了高端化和专业化的趋势。如耐克公司平均每年推出400种以上新款篮球鞋，许多款式的篮球鞋还根据性别、年龄设计不同的鞋底。耐克还联合其他领域顶尖品牌，如iPod推出NikePlus等极具创造性的新型产品。

（五）环保型产品市场广阔

为了实现体育用品的环保理念，许多大的体育用品制造商努力在体育用品生产的各个环节，如生产、运输、安装和使用等方面都趋于环保，环保型产品市场广阔。2008年10月28日，耐克在纽约宣布，将把环保设计理念引入其全部产品。耐克公司承诺：2011年前，耐克全部鞋类产品达到国际环保标准；2015年前，所有服装符合环保要求；2020年前，全部运动装备达到环保要求。为实现上述目标，耐克将减少17％的废弃物，同时增加使用20％的环保材料，减少设计和开发过程中的废弃物，使用环保材料和消除毒性物质，开发出对环境影响最小的创新性能产品。

二、国内体育用品业发展现状

从20世纪50年代开始，我国体育用品业开始孕育和发展，通过每年的计划订货会，按需定产，实行封闭式管理，逐步形成了由京、津、沪、粤、黑5大生产基地和北京、天津、上海、广州4大商业供应站组成的产销格局。20世纪90年代以后，随着世界范围内体育用品产业结构的调整和梯度转移，大量体育用品国际知名品牌通过在中国设厂的方式纷纷进入中国，世界体育用品产业逐渐向中国转移，为我国体育用品业发展提供了难得的机遇。目前，我国已发展成为世界体育用品制造中心，形成了以民营企业为主体，加工贸易为主要形式，门类齐全的体育用品产业体系。近年来，随着我国经济的快速发展和《全民健身计划》的颁布实施，体育运动的推广与普及，刺激了国内体育用品消费需求的不断扩大，促进了我国体育用品市场的快速发展。

目前，国内已基本形成了体育用品专业批发市场、大型商场超市体育专柜、体育用品专业店、体育用品专卖店以及体育用品博览会组成的体育用品市场体系。

(一)国内市场需求扩大

据《2007 年中国城乡居民参加体育锻炼现状调查公报》的数据显示，全国有 3.4 亿的城乡居民参加过体育锻炼。在参加体育锻炼的人群中，有 72.7%的人有过体育消费，全年人均消费水平为 593 元。从消费项目看，用于购买运动服装的人数比例最高，为 91.0%，其他依次为购买体育器材、订阅体育报刊和购买体育图书、支付参加体育锻炼的场馆费用以及观看体育比赛费用等。从消费金额看，支付体育锻炼场馆费用的人均消费最高，为 613 元，其他依次是购买运动服装、购买体育器材、观看体育比赛费用、订阅体育报刊和购买体育图书等。《中国统计年鉴》数据显示，近几年，城镇居民家庭平均每百户健身器材拥有量逐年增长，从 2000 年的3.5台增长到 2006 年的 5 台。2014 年，中国人均 GDP 达 6747 美元，这为我国体育用品市场的进一步扩大创造了重要基础和条件。

(二)市场竞争更加激烈

国际上排名前列的体育用品品牌大部分已进入中国市场，国际知名品牌已占据我国中高档体育用品的大部分市场，而国内品牌只在中低档市场上占有一席之地。运动鞋市场销售方面，据中华全国商业信息中心对全国重点大型零售企业商品销售统计，在国内运动鞋市场上，国内品牌安踏、双星、李宁等价格一般在 200～400 元，占据中低档产品市场的主要地位。而耐克、阿迪达斯等几大国际知名品牌价格一般为 600～800 元，抢占了运动鞋的高档市场。

(三)产业结构不合理

我国体育用品行业产业结构不合理，发展不均衡，以劳动密集型的中小企业为主。目前，我国体育器材制造业产品的科技含量和机械化生产程度均相对较低，如足球、羽毛球拍、网球拍等产品的生产很大程度上依赖于手工缝制和穿线制作，而运动鞋制造业，尤其是普通运动鞋的产品生产已实现机械化，运动服装基本实现机械化流水线生产，机械化程度相对较高。所以，相对于体育器材企业而言，运动鞋、运动服装企业的规模较大，企业竞争力较强。但在赛艇、赛车、保龄球设备等技术密集型产业，我国企业竞争力较弱。整个行业企业数量多、集中度低，企业仍处于规模小，质量、档次低，生产技术、工艺相对落后的状态，企业缺乏技术创新和开发能力，缺少有自主产权的品牌，竞争实力较弱。

(四)产品供过于求

我国国内体育用品市场已进入买方市场，多数商品处于供过于求状况。国家经贸委贸易市场局与中华全国商业信息中心会同各省(市)、有关地方商委及有关大型商业企业等，对 2003 年下半年全国 600 种主要商品市场供求情况进行了分析。在 473 种供过于求的商品中，涉及体育用品的商品有运动服装、运动鞋、运动休闲包、篮球、排球、足球、乒乓球、羽毛球、网球、健身器材等 25 种。多数体育用品处于市场饱和状态，尤其是低档产品处于供过于求状态，市场供过于求的矛盾不断加剧。为此，体育用品生产企业应把握市场动态，以市场需求为导向，调整产品结构，生产适销对路的产品，增加有效供给，缓解市场压力。

(五)出口依存度高

近十多年来，中国体育用品生产的规模逐年扩大，发展迅速。据有关统计，中国体育用品出口每年以 20%的比率增长，主要出口对象为欧洲和美洲，我国已成为世界体育用品输出第一大国。据联合国贸易统计数据表明，2010 年中国体育用品制造业出口额为 293 亿美元，占全球同类市场的 36.17%，无论是从创造外汇的层面，还是从扩大就业的角度，这项产业为我国经济总值的提高都发挥着重要的作用。但在出口产品总量中，大约 50%属于来料加工，40%属于一般贸易，而真正以国产品牌打出去的可谓是凤毛麟角。同时，出口产品主要是中低档普及型的"大路货"，而科技含量高的高端型产品极少。工业化国家对这类商品关税的削减往往要低于其他商品，并在逐步抬高技术壁垒的门槛，而且我国体育用品出口平均价格不及国际著名品牌的十分之一。新产品设计研发能力仍落后于美、日等强国，市场营销实力弱。因此，对中国体育用品来说，应尽快提高产品的质量和档次，创立自己的品牌。

 专栏 8-1

长三角的体育用品产业集群

近几年，随着长江三角洲地区经济的高速发展，体育产业的发展也异军突起，在占全国面积 1.06%的长江三角洲地区，国民经济产值占全国 20%，体育产业的产值占全国近 35%，长江三角洲地区体育产业高速发展的现状，引起了体育界、经济界的广泛研究。长江三角洲位于我国东部沿海开放城市带和沿江产业密集带结合部，是我国经济发展的黄金板块，长江三角洲地区包括以上海为龙头，江、浙为两翼的 19 个大中城市。

产业集群是指以专业化分工与协作原则形成的大量产业联系密切的企业群，以及相关支撑机构高度集中于某个特定地区的一种产业组织形式，具有现代产业意义上的集群现象，主要以地区集中度作为产业地区性集中的主要界定标准。在全国 30 个大类的制造业中，其中最高的是文教体育用品制造业。集中地区为江苏、浙江、上海、广东、福建，特别近几年在长三角地区体育用品产业集群发展迅速，产业集中度高达 46.8%。在产业集中度较高的产业中，除文教体育用品制造业外，还有与体育用品密切关联的纺织服装鞋帽制造业(运动服、运动鞋等)、皮革毛皮羽绒制造业(皮革球、滑雪服等)。目前，世界体育用品的制造主要集中在中国，我国已成为世界体育用品制造中心，占世界 65%以上的体育用品生产份额。其中运动鞋超过 70%，乒乓球超过 80%以上，羽毛球、羽毛球拍和网球拍等也占到世界总产量的 70%～80%。针对长三角地区体育用品产业高度集群现象进行研究，探讨其现状、特点和运行机制，分析长三角地区体育用品产业集群优势，存在的问题，并提出一些建设性的意见，对长三角地区体育用品业产业结构的优化调整，提高竞争力，保证体育用品产业的健康发展有着重要意义。

(资料来源：曹士云，白莉. 长三角休闲体育产业与区域经济社会协调发展之研究[D]. 杭州：杭州师范大学，2008.)

三、中国体育用品业发展中存在的问题

中国体育用品行业经过几十年的努力，无论在生产企业数量、规模，还是在体育用品的种类、质量等方面都发生了很大的变化，取得了显著的进步。但也存在一些问题，与先进的体育用品生产国家相比，中国的体育用品业在生产规模、生产技术、品种数量、产品技术含量、产品质量、品牌效应、营销手段、售后服务等方面还存在相当大的差距。

多年来，体育用品行业缺乏统一的制订行业发展战略和实施宏观调控与整体协调的机构，行业间低水平重复建设问题突出，条块分割现象严重，行业管理、调控、协调、监督力度不够，行

业内的平等、公正、优胜劣汰的竞争机制尚未健全，造成了市场秩序混乱，竞争无序。

中国体育用品制造企业已超过3300家，数量不少，但大多数是小企业，甚至还有为数不少的“家庭作坊式”企业，现代化的中型企业较少，在世界上排行在前的大型现代化企业几乎没有。企业普遍存在规模小、分布散的问题，集约化程度低，难以形成规模经济，因此规模效益差，产品生产成本高，市场竞争能力弱。

目前世界上普遍将体育用品制造业视为高新技术产业之一。先进国家投入大量资金进行开发、技术创新，不断提高产品质量和创立品牌，提高品牌的国际知名度。而我国的体育用品生产和技术开发等领域至今仍以常规技术为主，自主开发和技术创新投入不足，能力十分脆弱。有些企业主要依靠材料加工，仿造他人品牌；有些企业只顾眼前利益，注重产品和个别因素，单纯强调以低价位取胜的策略，缺乏创名牌的意识和战略思想。从整个行业看，低档次产品多，名牌产品少，产品高新技术含量低，尚未形成一批真正的民族品牌可与世界名牌相抗衡的竞争格局。

四、中国体育用品业的发展趋势

随着科技的进步，体育规模的扩大，体育资金需求的日益膨胀，体育功能的不断开发，中国体育用品出现了快速化、跨越式的发展趋势。特别是北京2008年奥运会的影响以及越来越多的人对体育用品的需求，为体育用品业带来更大的机遇和活力，市场前景广阔。

从体育用品市场需求看，2008年北京奥运会所需的各类体育器材、设备用品等价值就接近1.7亿元。这表明，在中国体育产业的快速发展和2008年北京奥运会对体育用品设施需求的拉动下，中国未来体育用品制造行业仍有较大的发展空间。城市居民对体育用品的消费已经从低档为主向中高档方向发展，农村居民尤其是已经进入小康生活标准的农村地区，对中低档体育用品的消费也将逐步形成一定量的需求。

因此，体育用品业应当与时俱进，开拓创新，锐意进取，在产品研发和品牌化营销上下工夫，力争在21世纪把中国体育用品业发展成为真正的世界第一大国和第一强国。

第三节　体育用品的生产与开发

一、体育用品的生产

(一)体育用品生产过程

体育用品生产同其他的工业产品生产类似，是体育用品企业一项基本的活动，是企业一切活动的基础。西方学者习惯于将与工厂联系在一起的有形产品的制造称为生产，而将提供劳务的活动称为运作，或者将两者并称为生产与运作。体育用品生产是体育企业利用资源将输入转化为输出的活动过程。

体育用品的生产过程是指从准备生产开始，经过一系列的加工到成品生产出来为止的全部过程。在生产过程中，主要内容是人的劳动过程，即劳动者使用劳动手段直接或间接地作用于劳动对象，使之按人们预定目的变成体育用品的过程。

根据体育用品生产过程中各个阶段体育用品所起作用的不同，生产过程可以分为：

(1)生产技术准备过程：体育用品在投入生产前所进行的各种准备工作的过程，如产品设计、工艺设计与制造、材料定额和工时定额的修订、劳动组织的调整、新产品的正式制造与鉴定等。

(2)基本生产过程:直接把劳动对象变为企业基本产品的生产过程。

(3)辅助生产过程:为保证基本生产过程的正常进行,为基本生产过程提供辅助产品和劳务的生产过程。所谓辅助产品是企业为实现基本产品生产所必须制造的产品,它们不构成基本产品实体。辅助产品包括工具、夹具、量具、模具以及蒸汽、电力、压缩空气等动力。劳务是指为基本生产服务的工业性服务,如设备维修等。

(4)生产服务过程:为基本生产和辅助生产顺利进行而提供的各种服务性活动,如原材料、半成品和工具的供应工作、保管工作、运输工作以及技术检验等。

上述四个部分彼此结合在一起,构成企业整个生产过程,其中,基本生产过程是主导部分,其余各部分都是围绕基本生产过程进行的。

(二)体育用品生产过程管理

体育用品的生产管理是根据体育用品生产企业的特性及生产经营规律,按照体育用品市场反映出来的社会需求,对体育用品企业的生产活动进行计划、组织、指挥、控制、协调和激励,充分利用各种资源,实现经营目标,不断适应市场变化,满足社会需求,同时使企业自身发展和职工利益得到满足的一系列活动。

为保证生产的顺利进行,加强生产过程管理,必须做到:

(1)加强人员的培训,提高管理人员的管理水平,提高岗位操作人员的操作技能,掌握工艺流程和设备安全操作规程。

(2)加强物料管理,把好入口关。必须坚持不合格原料不投产,不合格半成品不接收的原则,车间与车间之间,班组与班组之间的物料周转,一定要交接清楚,以确保每个工序的产品质量都能得到可靠的保障。原料、半成品的物料状态标识要清楚,内容齐全,物料码放整齐、有条不紊,投料、发料都要认真复核,核对无误后才可放行。

(3)严格控制工作环境,要达到一定洁净度级别的要求,以减少人、物料及环境对产品的污染。此项工作的重点是一要做好人净物净,二要加强工艺卫生工作。

(4)完善工艺规程和岗位标准操作规程,各车间对每个岗位的具体规程要求要根据实际情况进行修订,使之更具有指导作用。

(5)加强生产过程的监督工作,特别是重点岗位、重点人员的监督,以强化操作人员的质量意识,充分发挥质量管理部门的职能和权威性,把产品质量控制在制造过程的每一个环节。政府职能部门要协助企业建立起以企业生产管理标准为基础,以产品质量标准为核心,以检验检测为保证的企业标准体系。

二、体育用品的开发

(一)体育用品开发的含义

体育用品开发是指体育用品生产企业依据市场的变化,为了在竞争中赢得主动,通过各种手段设计新产品的过程。新产品的开发反映了一个企业的市场反应能力和产品创新能力,同时也是企业综合素质的重要体现。只有不断地找准市场方向开发新的产品,企业才能保持活力,才能在同行业的竞争中立于不败之地。

(二)体育用品开发的种类

市场营销中体育用品的开发,是对现有体育产品的改进、改革或创新等。综合起来,体育用品的开发大体上可分为以下四种类型:

(1)全新产品。全新产品主要指采用新的科学原理,用新技术、新材料制成的体育产品。例如,首次推出的健身跑步机等。由于体育新产品包容的科技含量越来越高,投资多,费时长,风险大,一般的企业难于开发。

(2)换代产品。换代产品指采用新材料、新元件或新技术,革新了原有体育产品的工作原理或性能,使产品性能有显著的提高,它又称为部分新产品。例如,健身跑步机已发展成多功能电脑跑步机就是换代产品。

(3)改进新产品。改进新产品指对体育老产品的结构、材料、品种、颜色等方面做出改进的产品。

(4)仿制新产品。仿制新产品指企业仿制市场上已有的新产品。这类产品受专利权等知识产权的限制,在仿制时往往需要做一些修改。

(三)体育用品开发的要求与方式

1. 开发的基本要求

(1)有市场。有无市场是企业新产品开发决策的关键。因此,开发新产品必须做好对市场需求的调查分析和预测。

(2)有特色。所谓特色,就是要有新的性能、新的用途或新的样式等。在同类体育产品中,创出自己的产品特色,使消费者感到这种产品与众不同,才能激发他们的购买欲望。目前,李宁体育用品集团公司、康威体育用品公司和青岛英派斯健身器材有限公司等一批知名体育用品公司都在力创各自产品的特色,从而在消费者心目中留下深刻印象。

(3)有能力。确认某种新产品有市场后,就要认真分析企业开发这种新产品的实力,包括企业的技术力量、生产条件、资金和原材料供应等。要尽量避免因能力不足而勉强上马,结果在中途被迫下马而造成损失。

(4)有效益。有效益包括有经济效益和社会效益。目前,我国体育用品类产业基本上可做到两个效益并重,因为这方面的市场法则和法规条例已趋成熟。

2. 开发的方式

(1)独立研究开发。独产研究开发就是企业依靠自身的科研技术力量研究开发新产品。这种方法需要投入较大的人力、财力和物力,费时较长。

(2)协作研究开发。协作研究开发就是通过企业与企业、企业与科研机构或高等院校(体育运动学校)之间的协作来发展体育新产品。目前,我国已采取多种措施,鼓励科研机构、高等院校、体育运动人才培训中心与企业、体育俱乐部等联合,为开发体育新产品创造较好的条件。

(四)体育用品开发的程序

体育用品的开发过程一般都要经过构思、筛选、形成产品概念、商业分析、产品开发、市场试销和正式上市等七个步骤。

(1)构思。构思是任何新产品开发的起点,是对未来新产品的基本轮廓架构的设想。企业寻求新产品构思必须有一套系统的规定,明确新产品发展的行业范围、目标市场、产品定位、资源分配、投资收益率,等等。新产品构思有许多来源,既可能来自企业内部,也可能来自企业外部，既可以通过正规的市场调查获得，亦可借助于非正式渠道。从企业内部看，企业科技人员和市场营销主管人员是主要来源；从外部看，消费者、竞争对手、科研机构、高等院校和国外企业的经验等都是企业获得构思的主要来源。

(2)筛选。构思完成以后，企业必须根据自身的资源、技术和管理水平等对构思进行筛选。选出好的构思进一步开发，剔除不好的构思。构思的筛选要防止两种偏向：一是对好的构思在没有论证之前轻易放弃；二是对不好的构思轻率采纳。正确的筛选应该根据企业内外部的具体条件，全面分析衡量，谨慎地决定取舍。在外部的环境方面，一些体育类企业习惯用市场大小、市场增长情况、产品质量与水平、竞争程度等标准进行筛选。应该指出的是，没有一套标准能适用于所有类别的体育企业，各企业都要根据自身的具体情况去确定筛选标准。

(3)形成产品概念。经过筛选后的新产品构思，还要进一步形成比较完整的产品概念。它包括产品概念发展和产品概念测试两个步骤。在概念发展阶段，主要是将体育用品的构思设想转换成体育用品概念，并从职能和目标意义上界定未来体育用品，然后进入测试阶段。测试目的是了解目标消费者对于新产品概念的看法和反应。此外，在发展和测试概念过程中还要对体育产品概念进行定位，即将该产品的特征同竞争对手的产品进行对比，并了解它在消费者心目中的位置。

(4)商业分析。对体育用品概念的发展和测试完成后，还要详细分析该体育用品开发方案在商业领域的可行性，具体的商业分析包括很多内容，如推广该项体育新产品的人手和额外的物质资源、市场销售状况预测、成本和利润率、消费者对这种创新的看法以及竞争对手的可能反应等。

(5)产品开发。经商业分析如有开发价值，就可进入具体的体育产品的实际开发阶段。这表明企业要对此项目进行投资，招聘和培训新的人员，购买各种设施，建立沟通系统。此外，对体育非物化产品还要建立或测试构成此产品的有形要素。

(6)市场试销。对于体育有形产品来说，当新产品研制出来后就要投放市场去试销，因为消费者对设想的产品同实际产品的认识可能会有些偏差，有些新产品甚至会遭到被淘汰的命运。

(7)正式上市。试销成功的体育新产品即可批量投产上市。在正式上市时，企业应制定四项基本决策：体育新产品的推出时机；体育新产品的推出地点；体育新产品的目标消费者；体育新产品的营销策略。

三、体育用品的质量标准与质量认证

(一)体育用品的质量标准

标准是指在一定的范围内为获得最佳秩序，对活动或其结果所作的共同的和重复使用的规则、顺序或特性的规定。

质量标准是规定产品质量特性应达到的技术要求，是产品生产、检验和评定质量的技术指标。产品质量特性一般以定量表示，例如强度、硬度、化学成分等；对于难以直接定量表示的，如舒适、灵敏、操作方便等，则通过产品和零部件的试验研究，确定若干技术参数，以间接定量反映产品质量特性。

质量标准的等级主要有国际标准、国家标准、国际先进标准、行业标准、地方标准、企业标准，等等。中国的国家标准由国务院标准化行政主管部门制定；行业标准由国务院有关行政主管部门制定；地方标准由省、自治区和直辖市标准化行政主管部门制定；企业标准由企业自己制定。

标准是一个国家有关产品技术政策的具体表现，从一定的意义上说，标准就是产品的命脉，是行业发展的基础，标准可以导向产品品牌的形成。

(二)体育用品质量认证

质量认证是指依据产品的标准和相应技术要求，经认证机构确认并通过颁发认证证书和认证标志来证明某一产品符合相应标准和相应技术要求的活动。产品认证是伴随着商品流通与交换而产生的一种社会活动，并随着国内贸易和国际贸易中市场管理与监督的需要而发展。商品在流通与交换过程中，生产者需要证明自己的产品符合一定的质量要求以开拓市场，而消费者也需要证明自己购买的商品质量可靠。这种社会需求随着商品结构性能的复杂化，不是凭着一般的直观感觉和经验即可进行判断的；而“制造者(供方)自我声明”的单方保证又缺乏信任度与公正性。在此情况下，一种由第三方来证明产品质量符合性的认证活动便应运而生，它是商品生产的必然产物。

产品质量认证需要明确以下几个问题：

(1)认证的依据是产品质量标准。

(2)认证的对象是产品。

(3)认证的批准方式是颁发认证证书或允许产品使用认证标志。

(4)认证是贯彻标准和相应技术要求的一项质量监督活动。

(5)认证活动是由认证机构领导并实施的。按照国际标准组织的要求，认证机构必须具备不受第一方(生产方)和第二方(使用方)经济利益所支配的第三方公正地位。

(三)体育用品质量认证的意义

首先，认证是“市场准入证”之一，没有认证，市场将咫尺天涯。对经销商来说，没有认证将不予经销，因为在同等质量和名气的产品面前，消费者总是会优先选择通过认证的产品。这样，当他跟别的经销商竞争时，他就会告诉消费者，他所经销的产品都是经过认证的，产品更安全、更可靠、更让人放心。对消费者来说，认证可以确保高质量。消费者认为认证级别越高，专业程度越强，质量越可靠，选择的概率就越大。对行业管理者来说，认证是可持续发展的保证。体育用品认证，将使中国的体育用品标准达到世界水平，为中国体育用品水平的提高提供良好的技术支持。

其次，在政府采购、重大赛事，包括全国、省级运动会中所用的体育用品，将优先选择通过认证的产品。

最后，凡是在国内取得认证的体育用品出口到国外，将同样得到国际产品认证机构的认可。不少体育用品出口到国外，但常被进口国拒之门外，理由就是产品不符合进口国家的标准。

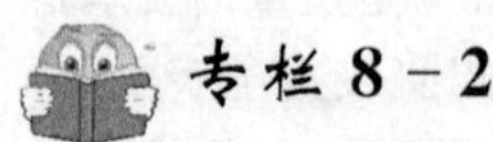

中国生产的跑道产品首获竞标奥运会资格

2004年7月1日，一个本土品牌为中国体育产业填补了一项国际空白。由北京绿茵天地体育发展中心研制开发生产的西风(ZEPHYR)预制型环保橡胶跑道首次获得国际田径联合会认证，成为中国专业跑道产品唯一获得此项认证的品牌，也成为中国唯一拥有竞标2008北京奥运会资格的跑道专用产品，标志着中国跑道技术已经达到国际水平。

根据国际田径联合会的竞赛标准，用于奥运会的产品必须获得国际田径联合会认证。“西风(ZEPHYR)”是中国第一个通过国际田联认证可以用于各类国际比赛的跑道品牌，成为民族品牌进军奥运赛场、争夺奥运市场的一支生力军。

在体育用品行业，跑道产品是公认的专业性较强的产品。西风(ZEPHYR)预制型环保橡胶跑道采用特殊生产工艺和人类生物工程技术，与传统的聚氨酯塑胶跑道相比，具有无可比拟的优势，能充分保证运动员在训练和比赛中的舒适和安全，发挥其最佳状态。

性能先进、绿色环保的预制橡胶跑道产品自1976年以来，就成为历届奥运会主赛场指定用品，更是引导着高水平田径比赛场地建设的潮流和主流。然而，20多年来，在国际市场上，只有意大利一个品牌可以生产这种代表潮流和主流的高品质跑道专用产品，形成了一家品牌独霸国际重大赛事跑道市场的局面。

为了让民族品牌走向国际顶级赛场，为了参与国际知名品牌竞争的行列，进而改变西方企业独霸市场的局面，也为了迎接2008北京奥运会的到来，2003年初，西风(ZEPHYR)预制型环保橡胶跑道系列产品踏上了国际认证之旅，经过一年多的不懈努力，终于以卓越的品质表现获得了国际田联的认证，从而为西风(ZEPHYR)品牌参与国际竞争获得了最权威的通行证。

如果说北京举办奥运会是北京乃至中国经济发展的一个强大助推器的话，那么中国体育产业就是这个助推器的核心燃料。在当前中国体育产业领域中，资产达几百亿、条件最为成熟的体育用品业所蕴藏的巨大奥运商机让人不可小觑。

随着2008年奥运经济市场推介会的召开，2008年奥运会的赛场上会有多少国产的体育器械成为人们关注的焦点之一。中国曾经创造了1990年北京亚运会国产体育器材71%的惊人成绩，18年之后，中国体育用品工业还能续写辉煌吗?

在北京奥运会上用本国的体育器材创造优异的运动成绩，是中国运动员的梦想，更是无数热忱关注奥运会的普通百姓心头的期望。但据了解，目前，国家队训练和比赛用具绝大部分从国外进口，如日本的羽毛球场地、加拿大的网球网和网球柱、英国的曲棍球用球、美国的跳水跳板、瑞典的举重比赛杠铃、英国和瑞典的标枪等器材。

在当今知识经济时代，打造具有自主知识产权的产品品牌，提高中国体育器材在2008年奥运会上的国产化率，使更多的国产体育器材能在奥运会赛场上备受关注，已经成为越来越多中国体育企业追求的目标。

资料显示，中国是世界上最大的体育用品制造基地，65%的世界体育用品、70%的运动鞋是“中国制造”。但这样的角色使我们成为世界加工厂，从而丧失了拥有自己独家技术和品牌的机会。从现在到2008年，总共3万亿元的巨大奥运商机推动着中国体育产业走向品牌化发展之路。中国体育用品业要在世界市场上占有一席之地，进一步扩大在国内国际市场上的份额，就必须在品牌战略层次上和世界著名品牌进行一场面对面的竞争。现代体育用品的竞争是品牌的竞争，只有品牌产品，才拥有稳定的高额利润，才有持续增长的生命力。

奥运会是世界关注的体育盛事，奥运会主办国体育器材的国产化程度更是考查一个国家体育产业整体竞争力的重要标志。在过去几届奥运会上主办国体育器材(组委会自定的器材设备)的国产化率都达到了较高的程度。1980年莫斯科奥运会约占50%，1984年洛杉矶奥运会约占60%，1988年汉城奥运会约占55%。1992年奥运会以来的数字估算都不低于50%。

而据有关部门预测，到 2008 年奥运会时，我国体育用品国产化率将达到 40%。

2008 北京奥运会上中国体育器材的国产化率也许不能超过往届奥运会，这也给中国体育用品企业提出的一个严峻的课题，但这个艰苦的追求过程无疑将提升中国体育企业整体的品牌化意识，历练出更加开放性的视野和国际化能力，在这个过程中，西风(ZEPHYR)已迈出了具有标志性的一步。

(资料来源：中国生产的跑道产品首获竞标奥运会资格[EB/OL]. [2004-07-29]. http://sports.sohu.xom/20040729/n221267918.shtml.)

第四节　体育用品营销管理

一、体育用品营销渠道

作为体育用品的消费者，我们到体育用品商店里可以看到琳琅满目的体育用品，只要想要并且有支付能力，就可以把它买回去。我们不仅可以买到本地或外地的体育用品，还可以买到国外的体育用品，而这一切都归功于营销渠道把体育用品的生产者和数量众多而分散的消费者连接起来。

(一)专卖店营销模式

体育用品专卖店是指某一品牌的体育用品或某一类体育用品的专营零售店，它是体育用品生产者或经营者建立企业形象、品牌形象的有利场所，是直接利润与信息的来源，是与消费者沟通的平台，也是员工培训的基地。

1. 专卖店管理运作系统

专卖店管理运作系统主要包括管理系统、信息系统和物流系统。管理系统的主要职能是明确专卖店管理责任及考核标准，制订有关约束措施。信息系统的主要职能是对货品进销存进行分析，了解顾客情况，提出商品推广建议。物流系统的主要职能是对货品的采购与供应。

2. 专卖店铺货品运作分析

(1)货品进销存分析。关注专卖店的销售情况，公司的库存情况(按类别、按款式)；分析出各类别货品的销存结构合理性，分析出每类货品占整个销售的比例，从而洞察目前的市场动态；分析出畅销款、滞销款、重点推广款，为公司下一期间的销售情况进行数量和金额上的预测，并结合下一期间所要影响销售的各种因素(市场前景、新老客户带来的成长/萎缩、天气因素、促销活动、产品结构变化、销售历史数据)，在现有货品库存的基础上协助进行产品推广以及向总部提出配货建议。

(2)直营销售、库存分析。第一，一方面从整体营业额的角度进行分析，落实到每一个单店，并找出上升和下降的原因，进而对本周的工作做出指导；另一方面从单位面积每天的营业额的角度进行对比分析，评估每家店铺的经营质量，以便于公司其他部门相关同事对每家店铺经营效益的了解。第二，从销售类别上进行分析，对直营的库存和后期组织货源提出建议。第三，根据“二八原则”，对动销货品、滞销货品进行分析，动销货品按照前 10 名的销售、库存分别进行对照分析，针对滞销商品提出建议。

(3)补货建议。为了提高直营店长货品组织能力，中期的补货流程由店长根据店铺的销存状况，以销定存、自行配发。但是，计划分析每周也要对直营店铺的销售和库存进行对比分析，从横向（各店之间）、纵向（预计后期销售）方面进行分析，发现货品不够，将需要补货的建议提供给直营督导，让店铺及时配发到位。尤其是针对节假日，销售很忙的时候，如果发现店铺货源预计不足，和督导进行沟通，由公司进行及时的配发。其流程是：发现库存不合理—提出直营配发建议—信息传递直营督导（直营督导传递店铺）—跟进落实。

（4）调拨分析。每周对直营店铺的库存进行对比分析，根据公司不同时期对货品运作的思路，如将断色断码的商品（仓库断货）进行集中调拨销售；有更多的新品上市时，考虑店铺款式增多不利于陈列，对部分款式进行调拨或者退仓处理。同时，也对每款货品在不同店铺的销售进行对比分析，尽量做到货品的流通速度最快。其流程是：发现需要进行调拨处理—拟定调拨通知—传递直营督导—跟进落实。

（5）库存合理化分析。考虑到直营的特殊性（不需货款、无退货限制），所以在店铺组织货品的同时，还需要从整个公司的运作思路上进行过程的监督和调整。①单店总量的控制：一般要求做到单店的库存介于铺场量＋3.5～7天日均销售。②单款的控制：不能让店铺对单款货品进行囤货，阻碍货品的流通合理性；也不能让店铺出现单款货品不够销售的情况。③结构的合理性：尽量让店铺做到销售结构和库存结构相一致。

（6）货品信息传递。①时刻关注库存情况，将公司的库存结构、仓库单款货品（规格）“有”“无”情况、后期货源补充情况、主推情况向直营督导和店长进行传递，以便于他们后期对货品的组织（如下“有效订货单”）。②因为货品的定位、压力等因素，把货品的推广、主推情况向负责陈列的同事进行信息传递。

3. 店铺管理

系统化的管理，有助于店铺提高员工工作效率及增加营业效益。店铺管理主要分以下三大部分：

（1）人事管理。专卖店工作人员处于店铺最前线，直接面对顾客，他们的行为举止影响销售及店铺整体形象；经常性的人员流失会影响店铺运作。如何妥当安排员工工作，提高其整体工作表现，令工作顺畅是人事管理的重要目标。

（2）货品管理。货品管理的宗旨是确保每件货品保持最良好的状况，以备顾客挑选。良好的产品可吸引顾客继续光临店铺购物；良好的货品管理，能减少不必要的次货发生，保持产品最高价值。货品管理主要包括次货、退换货处理及存货与物流等几方面。

（3）顾客管理。从消费心理来说，顾客一般具有从众心理，喜欢去热闹的地方，从众性导致感性，从众性导致盲目性和顾客的好奇心理。

影响顾客的因素主要有：个性化（与其诉求你比人家好，不如诉求你与别人的不同），装修具备明显的视觉冲击力，POP运用（可以通过不同风格、画面、颜色的POP来改变店内气氛），柔和的光线，创造舒适的购物环境。

（二）超市营销模式

1. 超级市场的定义、营销特征及优势

超级市场是指采取自选方式，以销售多种生活消费品为主，满足人们日常生活需要的零售业态。所谓体育用品超市，是指采用自选，并可以进行体验或试验，集中了各类体育用品的大型体育用品专卖商场和一般超市的体育用品专卖部。

与其他业态相比,体育用品超级市场的经营特征主要表现在:体育用品构成通常是以运动服装和个人体育用品等常用体育消费品为主;实行顾客自我服务和一次集中结算的售货方式;薄利多销,商品周转速度快;商品明码标价,并在包装上注明商品的质量和重量;实行商品经营管理制度,按部门陈列商品;一般周边设有停车场。

超级市场的优势:由于批量采购,敞开式售货,自助挑选,低价销售,因此对消费者有较大的吸引力。超级市场也有不利之处:服务不充分,因而缺乏对顾客的亲切感,同时盈亏点也较高。

2. 超级市场的业务构成

超级市场的业务流程可概括为“开架售货、自主服务、小车携带、出门结算”。具体由八个环节构成:①存包处;②入口处备有购物篮和手推车;③自选卖场;④商品标价出售;⑤讲究的商品陈列;⑥标准化包装的商品加工部;⑦咨询服务员与上货员;⑧备有电子收款机的结算处。

(三)连锁营销模式

1. 连锁营销的含义及特点

连锁营销是指在集团公司或总公司的统一经营方针指导下,各连锁店分散经营的一种经营模式。连锁营销通常有正规连锁、特许连锁、自由连锁营销三种形式。

(1)正规连锁,亦称为联号商店、公司连锁、直营连锁、所有权连锁。国际连锁店协会将其定义为:以单一资本直接经营11个以上的零售业。

正规连锁的特征:所有权与经营权相统一,各个分店由总公司或总部集中领导,统一管理。其上层组织形式有两种:一种是由母公司直接管理,不另设总部;另一种是设立总部,由总部管理连锁店。

正规连锁店突出的特点是:统一资本、集中管理、分散销售、权力集中、利益独享。

(2)特许连锁,也称合同连锁、加盟连锁或契约联合店,是一种以契约为基础的零售企业经营方式。

特许连锁的最大特点:有一个盟主,各成员店在财产和法律上是独立的,加盟店在经营管理上失去自主权,一切要在盟主规定的条件下去经营,双方以特许合同为连锁关系的纽带。

(3)自由连锁,是指一批所有权独立的商店自愿归属于一个采购联营组织和一个管理中心领导,管理中心负责提供货源、提供推销计划、账目处理等。

自由连锁的特征:成员店的所有权、经营权是独立的;成员店实行单独核算,成员在保持自身独立性的前提下,通过协商自愿组合起来,共同合作,统一进货,统一管理,联合行动;以批发企业为主导,设立总部;共同分享合理化经营利益。

2. 连锁营销的优势

连锁店之所以能成为世界上一种流行的零售组织形式,并在零售业中占据重要位置,是因为其具有以下独特的优势:

(1)商店的市场范围大。连锁店由于是多处建店,甚至可以超越国别限制,在世界各国建立分店,因而其总体的市场范围是极大的。

(2)商店知名度高,容易得到消费者认可。由于是多处建店,并采取统一的徽号标记,所以连锁店的名声可以传播到广大区域,并能增强消费者的信任感。

(3)有利于强化采购。总店从厂商直接进货,可减少中间环节,节约流通费用;且因大批量进货，具有与厂商议价的能力，能享受价格上的折扣，降低采购商品价格。

(4)有利于强化销售。各分店没有采购等其他任务，可以专职于销售，提高销售服务水平。

(5)有利于降低成本。连锁店集中储存和配送，比分散储存运输的费用低，同时由于集中管理与决策，职能人员专业化，使之达到了精简高效，也节约了人力费用开支。

(6)可利用较多的宣传工具。由于连锁店销售量巨大，市场范围广，使连锁店能共同利用电视、杂志、报纸等一切媒体进行统一宣传，从而降低宣传费用。

(7)能够运用现代化管理手段。由于连锁店具有多个分散的分店，因而要求信息传递及时，管理指挥迅速，同单体店铺相比，连锁店更能有效运用现代化管理手段，采用电子计算机进行管理。

3. 连锁营销的支持系统

(1)信息系统。信息系统是顺应时代发展规律，结合连锁经营体系的建立，充分融合现代先进信息技术和科学管理思想的产物。

连锁企业的信息系统由集团公司和经销商共同投资建设，由于完全纳入整个供应链的信息体系之中，因此，连锁企业可通过极其有限的投资，建立自己的信息系统，这是任何一家连锁企业凭借自身的力量和能力都无法实现的。

(2)物流系统。连锁经营带来了规模经营，但规模化的经营不一定意味着规模化经济性。物流系统的建立就是为了结合信息系统，将地域分布广阔，距离远近不一，需求特点不一的数量成百上千的连锁企业结合成一个动态的联盟，通过贯穿供应链的虚拟企业运作，实现规模经济和价值最大化。物流系统可以给连锁企业带来实际利益，并提高竞争能力。建立物流体系的目的是为了帮助连锁企业尽可能地贴近市场运作，从现在的推动业务运行模式，向以市场需求为出发点的拉动式业务模式转变。借助中转库和物流体系的支持，通过多品种、小批量的配送，使连锁企业在不增加资金投入，甚至减少资金占有的前提下，增加经营品种，提高灵活性，增加顾客满意度，并最大限度地减少库存占有。

4. 连锁店的法律关系

连锁店将以独立的法人资格和集团公司(总公司)签订《连锁加盟协议书》，明确双方的法律义务关系。

(1)集团公司(总公司)的权利。

①集团公司拥有商标、管理手册和信息系统软件的所有权，在双方解除合作协议关系后，集团公司有权收回商标的使用权、管理手册和信息系统软件的使用权。

②集团公司根据合作协议，收取连锁店的连锁经营指导费和连锁经营管理费。

③集团公司有权在连锁店出现严重损害集团公司利益、名誉和泄露集团公司提供的经营管理秘密时，终止合作协议并保留追诉要求赔偿的权利。

(2)集团公司(总公司)的义务。

①集团公司有义务和连锁店协商制定双方的共同利益目标，协调共同的行动方向和准则。

②集团公司有义务协助连锁店导入营销管理系统。

③集团公司有义务协助连锁店按照管理手册进行管理模式和管理流程的导入。

④集团公司以市场优惠价格供货，并优先给连锁店提供货源保障。

⑤集团公司将提供综合的业务支持，包括提供市场信息、对连锁店人员进行培训、一定额度的广告促销支持等。

(3)连锁店的权利。

①连锁店具有独立法人资格,并有权按照协议的规定行使对连锁店业务、财务的管理权。

②连锁店享有集团公司的品牌、信息系统和管理手册的使用权。

③连锁店有权享受整个集团公司连锁经营体系的产品资源,有权获得集团公司的管理培训。

④连锁店有权获得集团公司按照协议规定的综合支持。

⑤在协议到期时,连锁店有权优先续约。

(4)连锁店的义务。

①连锁店有义务按照集团公司的有关规定正确使用集团公司的营销管理系统,维护集团公司的品牌形象,保护集团公司的知识产权,保守集团公司的商业秘密。

②连锁店有义务服从集团公司统一的供货管理。

③连锁店有义务开拓市场,努力完成市场销售目标。

④连锁店有义务按照管理手册规定的规范要求进行管理。

⑤连锁店有义务配合集团公司的检查监督,按照管理手册的格式传输各类报表与信息。

⑥连锁店有义务配合集团公司采取的市场战略行动。

⑦连锁店有义务按时交纳相关费用。

⑧连锁店在解除合作协议后,不得以任何形式和方式使用、转让或向第三方泄露集团公司提供的商标、管理手册、管理软件及其他所有权属于集团公司的物品及知识产权。

(四)品牌授权营销模式

1. 品牌授权营销模式的发展

品牌授权起源于欧美,日本、韩国的品牌授权也开始蓬勃发展。全球授权商品零售额每年超过2000多亿美元,并且这个数字还在逐年增高,授权业最发达的美国占据了世界授权业65%的份额,授权商品零售额年均达1050亿美元。而面对利润丰厚的授权业,中国仅占全世界授权业不到0.5%的份额,而且接受国际品牌授权的代理商绝大多数来自台湾和香港。在过去10年中,无论是在发展中国家还是发达国家,品牌授权都已经被证明是一种行之有效的经营模式,被西方发达国家称为“21世纪最有前途的商业经营模式”。

中国作为世界体育用品生产大国,能够生产出高质量、低成本的产品,是中国体育用品发展授权业的优势。因为不了解授权经营,国内有的企业未经授权就借用国际品牌或国内著名品牌生产体育用品,实际上就是侵权行为。想要长期从授权业的大金矿中掘金,中国体育用品企业必须了解授权经营的模式。

2. 品牌授权业与传统产业的区别

(1)品牌行销的方式不同。传统产业想要在市场上成功建立起品牌、拥有较高的知名度,投入重金做广告是必要但又不见得是有预期效果的办法之一。在品牌授权业中,制造商在付出一定的权利金给授权商之后,便可以使用品牌在自己的商品上或设计新的商品,从而搭上该品牌知名度的顺风车,商品的销售状况也与市场对这个品牌的支持度而成正比反应,有助于提升体育用品销售额和利润率。

(2)体育用品种类的族群不同。在传统行业特别是制造业中,产品从研发、生产、分销,再到消费者手中,制造商全凭一己之力。制造商从市场调查、研发、设计到制造出成品,生产出来的产品种类是相对有限的，一家厂商的个别品牌再怎么扩充也无法跨越种类繁多的商品类别。而品牌授权业，可以动辄推出某一品牌的全系列授权体育用品，通过在市场的密集渗透，易于造成消费者族群效应。授权业经常集体举办体育用品发布会或造势活动，在卖场集体陈列系列商品，这是传统行业的品牌无法比拟的。

3. 品牌授权的方式

品牌授权的方式一般有商品授权、促销授权等，被授权商可根据自身的实际情况与授权商采用不同的合作方式获取品牌授权。

(1)商品授权。被授权商可以运用授权品牌的商标、人物及造型图案在体育用品的设计开发上，并取得销售权。

(2)促销授权。①促销赠品授权：被授权商可以运用授权品牌的商标、人物及造型图案，与自己的促销活动结合，规划赠品，促进公司产品销售。②图案形象授权：被授权商可以运用授权品牌的商标、人物及造型图案，与促销活动结合，规划主体广告、创意主题活动，达到促销目的。

(3)主题授权。被授权商可运用所授权品牌之所属商标、人物及造型图案为主题，策划并经营主题项目。

(4)通路授权。被授权商可加入授权品牌的连锁专卖店和连锁专卖专柜，统一销售授权品牌的体育用品。

除以上四种通用授权方式外，不同的品牌授权商/代理商根据品牌特点的不同，还有各自独特的授权方式。

4. 获得品牌授权的好处

对于被授权商而言，通过专业化的品牌授权途径，购买一个被消费者所认知的知名品牌，凭借该品牌的知名度和良好的品牌形象、经营理念，能够以较低的成本，较快的速度，较低的风险，使自身产品进入市场并被市场接受，从而可以使企业及产品快速地走向成功。获得品牌授权的好处，具体有以下几点：

(1)可以通过品牌使企业的产品即时获得消费者认知。产品本身的质量当然很重要，但若再和原本就已很有名气的品牌结合，更能迅速获得消费者的接受。

(2)提高企业的利润水平。同样的产品，结合著名的品牌可以带来比原来高的价格和高的销售额，给企业带来更多的利润。

(3)从品牌授权者的巨型推广活动直接得益。品牌授权者为了维持品牌的地位和知名度必须不断地培育品牌角色，提醒消费者这些品牌的存在。这些品牌推广会直接给被授权商带来更好的销售业绩。

(4)即时获得零售商(销售渠道)的兴趣和接纳。知名品牌会比不知名品牌更容易进入分销渠道。被授权商借助授权品牌的力量可以迅速进入营销的通路，更广泛地与消费者接触。

(5)对出口企业来说，可凭借国际知名授权品牌的影响力增加企业基本产品的贸易认可。学习知名品牌的经营模式带动企业自有品牌的发展。

(6)在产品行销方面，搭配知名品牌授权还可以获得专业团队辅导通路业务的拓展和经营；专业行销团队规划全国性的品牌推广和广告宣传策略；专业技术团队辅导商店的空间规划和专业技术问题的克服；专业技术团队协助训练通路加盟者业务拓展，培训店务人员以呈现品牌素质等。

(7)对于缺乏品牌的中国民营生产制造业,采用品牌授权的经营模式,获得高知名度的国际品牌授权,增强自身产品的竞争实力,运用知名品牌授权带动自创品牌的发展,是一条品牌运作的捷径。

专栏 8-3

李宁集团授权天津市宽猫咪儿童用品有限公司自2013年1月1日起,全权独家经营李宁童装系列产品,包含服装、鞋、配件等全品类儿童用品。在未来5～10年里,李宁童装将专注于为5～12岁儿童提供运动产品。李宁儿童品牌产品包含不同系列,专业系列将偏重于生产运动保护的科技产品,运动生活系列将偏重于生产儿童安全的基础产品,而集研发、设计、生产、销售为一体的经营模式将会有效保证产品品质。全新的李宁童装标志除了沿用李宁本身标志外,色彩鲜艳充满童趣的KIDS字样也表现出李宁童装可爱、童趣的产品特质。授权是知识产权贸易的一种模式,主要涉及版权和商标的使用权。"授权是一个双赢方案,授权商通过协议赚取权利金,而获授权商则取得商标的使用权,为产品增值,增加销售利润,授权业还惠及各个服务业领域,包括会计、法律市场推广品牌顾问等"。尽管世界授权市场受宏观经济影响,在2009年出现下降,但中国和印度的授权市场却出现了增长。香港贸发局统计显示,中国内地授权产品零售额2009年高达31亿美元,占亚洲授权市场约五分之一,是亚洲第二大市场,仅次于占亚洲市场三分之二份额的日本,过去5年,内地授权产品的人均消费增长两倍,达2.33美元。李宁新业务拓展项目部总监南鹏接受采访时说:"李宁本身有一些专业的品牌,专注于六个运动品牌,比如跑步、篮球、羽毛球等。授权宽猫咪童装品牌有助于李宁集中精力做运动品牌。我们有好几个品牌,除授权宽猫咪外,还授权了其他一些公司,我们未来还会寻找新的合作伙伴,拓展新的品牌。"

二、体育用品营销渠道的特殊性与功能

体育用品营销渠道在推动体育用品从生产领域进入消费领域过程中,具有其自身的特殊性和特有的功能。

(一)体育用品营销渠道的特殊性

体育用品作为一种专业类的用品,是人们从事体育运动的最基本的物质基础条件,与竞技体育运动及全民健身活动有着密不可分的内在联系。因此,体育用品营销渠道又有其自身的特殊性,这主要体现在以下几个方面:

(1)从组成渠道的主体方面来看,体育用品营销渠道具有一定的专门性。这种专门性可表现在两个方面:一方面,体育用品营销渠道的主体主要由体育用品的生产者、经营者和消费者三部分组成,虽然在营销渠道中它们各处在不同的阶段或位置上,各自所起的作用不尽相同,但它们所围绕的都是体育用品这一共同的营销客体,即组成体育用品营销渠道的各主体都有着一致的营销客体目标,是专门针对体育用品这一特定营销客体而进行活动的;另一方面,体育用品营销渠道的最终目标是有效地推动体育用品从生产领域进入消费领域,促进体育用品的消费。也就是说,体育用品营销渠道的主体具有专门的活动目标特征——促进体育用品消费,从而区别于其他商品营销渠道。

(2)从渠道中运行的营销客体方面来看,体育用品营销渠道具有一定的专业性。在体育用品营销渠道中运行的营销客体——体育用品,具有较强的专业性特征。我们知道,体育用品是

人们用以从事体育运动的物质条件，主要被用于从事各种体育活动；同时，根据有关体育运动项目的特点和规则规定，在体育用品生产过程中对各种体育用品在规格、质量标准等方面有着一定要求，并且有许多体育用品在其使用过程中也应具有一定的专业技术和专业技巧。因此，营销客体的专业性也使体育用品营销渠道具有其一定的特殊性。

(3)体育用品营销渠道的形成和有效运行与体育运动的发展有着内在的必然联系。体育用品营销渠道是促进体育用品从生产领域进入消费领域的高效运动系统和营销组织形式，其渠道的终端界面是广大体育用品消费者群体，而体育用品消费群体的不断壮大，则取决于体育运动的广泛普及和深入发展。只有竞技体育运动和全民健身活动的进一步发展、体育用品消费群体的不断扩大，体育用品营销渠道才能形成和有效地运行。因此，体育运动的发展与体育用品营销渠道的形成和有效运行有着内在的必然联系。

(4)体育用品营销渠道是体育产业化进程中的一项重要内容。体育产业化的重要标志就是体育社会化、市场化、经营化和实体化。加速体育产业化进程，就必须按照市场经济规律、运用市场经济的手段来经营和运作各类体育市场。体育用品市场是涉及面最广、影响最大的体育市场之一，体育用品市场的不断繁荣和健康有序的发展直接影响着体育产业化的进程。体育用品营销渠道是遵循市场经济规律、运用市场经济手段有效地进行体育用品分销经营的组织形式，它的存在与发展对于培育、开发和运作体育用品市场，促进体育用品市场的繁荣，进而推动体育产业化进程有着积极的作用。

(二)体育用品营销渠道的功能

体育用品营销渠道在促进体育用品的生产、引导广大消费者进行体育用品合理消费，稳定与维护体育用品市场营销环境和秩序等许多方面起着重要的作用，其特有功能主要有以下几个方面：

(1)引导体育用品合理消费，推动体育用品生产的不断发展。体育用品营销渠道作为一种组织化程度较高的分销组织形式和分销运动系统，在其运行过程中通过运用统一协调的市场营销手段和规模经营的优势来宣传体育用品，并对消费者合理使用体育用品进行指导和帮助，能够合理地引导消费者进行体育用品消费。当营销渠道顺畅，产品出售得快，就会促进生产的发展；营销渠道堵塞，生产的产品不能及时卖出，就会影响生产的正常进行。体育用品营销渠道通过直接面对消费者和规模化的经营及与体育用品生产企业的密切联系，准确及时地反馈市场信息，并根据市场的实际需求对体育用品生产企业提出要求，使体育用品生产企业能按照市场需求进行生产，进而推动体育用品的生产，改善工商关系。

(2)稳定与维护体育用品市场秩序、规范体育用品市场交易行为、扼制假冒伪劣体育用品泛滥。在市场经济条件下保持体育用品市场良好的渠道秩序，一方面，要靠政府有关部门对市场进行宏观管理，制定出台一系列的市场管理政策、法规；另一方面，需要从渠道组织自身出发，建立与完善渠道组织内部的管理机构和约束机制，提高渠道组织的现代化经营观念和现代化管理手段。体育用品营销渠道通过建立与健全渠道内部组织管理机构和内部约束机制，将生产、渠道和消费等各环节有机结合，进行一体化的整体运行，才能提高体育用品的规范化交易行为，使假冒伪劣产品难以进入渠道，保证了体育用品销售价格的相对稳定性，从而维护与稳定体育用品的市场秩序。

(3)加速体育用品市场信息的有效传递。体育用品营销渠道作为推动体育用品有效运行的营销运动系统，也是体育用品市场信息的承载体和传递者。体育用品营销渠道通过与体育用品生产企业和体育用品消费者的紧密联系，以及建立市场信息收集与管理系统，能够有效地进行体育用品生产信息和体育用品消费信息的传递，加快体育用品市场信息的传递速度，并提高信息传递的准确性，促进体育用品生产与消费环节的紧密联系。

(4)开发与促进国产名牌体育用品的发展。体育用品营销渠道是规模化的体育用品销售组织系统，通过体育用品营销渠道的高效运转和规模化的营销，能使许多国产品牌的体育用品得到更好的展示与推广，在广大消费者心目中树立良好的产品形象，有力地开发和促进国产名牌体育用品的发展。

三、体育用品市场营销方法

(一)树立顾客至上的营销理念

在买方市场条件下，消费者掌握选择的主动权。消费者不是在企业能够生产的产品和劳务中作出取舍，恰恰相反，企业应该生产经营什么产品，是以消费者的选择为取舍。在虚拟的体育用品市场上，消费者不是在购买体育用品，甚至也不只是纯粹地谋求需求的满足，而是把购买视为体现自己的价值准则、实现价值追求的重要途径。因此，体育用品企业只有立足于顾客价值这一中心，帮助他们实现其价值追求，才能有效地迎合顾客千差万别的需求，最终求得企业自身的发展。这就迫使企业必须真正贯彻以消费者需求为出发点的现代营销思想，将顾客整合到营销过程中来。为此，企业就必须将顾客的需求和利益最大化放到同等的位置，以追求顾客价值实现为出发点，形成现代企业营销理念。

(二)满足消费者的个性需求

传统营销中，企业在通过市场调查后，便根据统计结果中出现频数最高的需求特征来设计、生产产品，最终将产品通过广泛的销售渠道推向各个细分市场。这种状况的形成一方面是由于技术水平的限制，企业无法了解也无法满足顾客的独特需求；另一方面也是由于传统消费者的需求还停留在较低的层次上，没有形成或意识到自身的个性需求。然而在信息时代，企业所面对的消费者与传统的处于被动商品接受者地位的消费者有本质的区别，他们要求自己在市场中处于主动地位，要求供应商提供给他们个性化的商品，要求企业按照他们自己的意愿来设计、生产产品。由于网络使得消费者不仅可以接受信息，而且可以发出信息，使生产者与消费者之间进行充分的双向信息交流，从而使生产者可以满足消费者的个性需求。

(三)迎合消费者的价格底线

体育用品的独特风格不仅呈现在商品和服务上，而且也表现在价格上。一般生活类专卖商店，都采取了大众化价格或多层次的价格，以适应每位顾客的生活需要。

一般来说，体育用品专卖商店的商品价位不可多而复杂，给人以杂货店的感觉，又不可极端为同价商店。例如，一般运动服装专卖店的价格从几十元至几千元不等，而实际畅销价格在100～200元。如果仅采购价位在100～200元的运动服，生意并不一定好，但如果将其扩展到70～250元，既可满足绝大多数顾客，又可以照顾到少数人的需要。在这里需要注意的是，价格过低或过高的商品应占较小的比例。

适时大减价是各类专卖商店的重要价格策略，它可以调整商品结构，处理过时商品，并通过价格波动刺激消费者的购买欲望。在采取减价策略时，必须注意时机、频率和速度。对于不同类专卖商店来说，销售时机是不同的。频率一般不能超过总销售时间的30%，否则就会使顾客认为是一家廉价商店，破坏专卖商店的形象和整体经营目标。降价幅度可大可小，一些研究资料表明，专卖商店降价20%以下，对顾客没有吸引力，一般降低30%～50%较为适宜，但对于暴利商品降幅可达60%～70%。

（四）方便顾客的购买

随着生活节奏的加快，消费者外出购物的时间越来越少，迫切要求快捷方便的购物方式和服务。企业怎样才能抓住和吸引顾客的注意力呢？简单的方法是为他们提供方便购物的方式，将商品直接展示在顾客面前，回答顾客疑问，并接受顾客订单。每个企业的成功取决于它形成能够重复购买的忠实顾客群体的能力。顾客往往是因为他们感兴趣而回头，而不愿去尝试培养另外一个供应商。此外，在体育用品的安装、保养、维修等方面应提供周到的售后服务。

（五）选择体育相关的经营区域

一般的商业经营场所都选择在城市的繁华地带的商业圈或居民居住比较集中的区域，这些地方优越的商业氛围和方便的购物条件，成为理想的经营布点选择。在体育用品经营地址的选择上，则应"借体育之名，行生财之道"。也就是说，体育用品经营网点应选择在体育活动圈，如体育场、体育馆、体育院校等经常开展各种体育活动和体育活动人群比较集中的地方，因为体育用品的消费主体就是这些体育场馆和经常参与体育活动的人群。

本章思考题

1. 什么是体育用品？它包括哪些种类？
2. 体育用品企业生产过程管理包括哪些方面？
3. 为什么要对体育用品实行质量认证？
4. 概述体育用品各种经营渠道。
5. 概述体育用品营销策略。

拓展阅读

安踏巩固体育用品行业领先地位

2014年8月4日，安踏体育用品有限公司与国家体育总局体操运动管理中心正式签署合作协议。这也是继中国奥委会、水上运动管理中心、冬季运动管理中心、拳跆运动管理中心之后，安踏拿下的又一项重大体育资源。与以往不同，安踏此次签约引起了业界格外关注，原因在于体操领域一直是另一巨头李宁的"根据地"。有分析人士指出，此次体操资源的"易主"，是两大品牌近年来发展状况的侧面反映，同时也是中国体育用品行业深度洗牌的一个明显信号。

体操是奥运会、亚运会等综合性体育赛事中最重要的项目之一，被称为"体育之父"。体操作为中国军团的传统优势项目，曾经为中国体育缔造了辉煌传奇，为奥林匹克在中国的发展作出过重要贡献。

据悉，安踏与体操运动管理中心达成的全面战略合作后，将为该中心下属的体操、艺术体操、蹦床在内的运动队提供专业比赛服和训练服。同时，安踏还将积极参与"体操进校园""快乐体操"等推动体操发展的系列活动，培育体操后备力量，提升体操在全民健身事业中的影响。

福建省体育局体育用品管理中心主任林岩认为，不论是冬奥会冰雪项目，还是体操项目，对服装装备的要求极高，产品的技术含量也非常高，安踏是国内少数几家具备这方面能力的企业。

“体操运动对于体育服装色彩感、舒适性、协调性三方面实现完美结合。因为，在竞技体操中，体育服装必须满足每一个体操动作的协调性，差之微毫都有可能影响运动员比赛中正常发挥水平。可以说，安踏已经完全具备了这样的专业高度来满足专业竞技体育项目中对运动装备的需求。这和多年来安踏在产品上的大力研发密不可分。正是在专业度上的成功塑造，也带动了安踏大众产品的全线发展。”林岩表示。

安踏相关负责人表示，签约体操中心，是安踏拓展体育资源、推动品牌发展的又一重要里程碑。

中国体育营销专家张庆认为，通过近两年的努力，安踏转型成效初现，在取得市场份额领先的情况下，进一步谋求品牌份额的更大突破是必然之举。目前，安踏非常明显的策略是建立品牌与“国家体育形象”的关联，而签约体操队应该就是此背景下的商业行为，此举对其行业及渠道中的影响力会有所帮助，至于消费者层面，还要看其后续如何打手中的这张牌。总体而言，行业品牌差异化趋势会更加显著。

安踏将中国体操资源收入囊中

2014 年 7 月 17 日，李宁发布盈利警告，预期今年上半年大幅亏损 5.5 亿元人民币，而去年同期亏损为 1.84 亿元人民币。李宁公司解释，由于从 2012 年 7 月启动转型计划，前期投资包括拓展直销网和营销资源投入，这是导致亏损的原因之一；第二个原因是，在清理分销商的库存期过后，公司仍在减少批发和销售新产品。对于李宁的这份预警，业界不少声音表示失望，凤凰财经以《李宁预计半年大亏 5.5 亿改革两年业绩无起色》为题，分析认为券商对该公司多持“唱衰”态度。瑞信认为，李宁的转型计划有执行风险，品牌定位也有待斟酌。

虽然还未正式公布上半年业绩，但安踏方面的表现显然更让人期待。2014 年年初公布的 2013 年业绩公告，宣告安踏零售转型策略见效，业绩全面复苏。据悉，2013 年，安踏营业收入为 72.81 亿元，股东应占溢利 13.15 亿元，毛利率 41.7%，股东应占溢利率 18.1%。营业额、毛利率及净利率等均普遍高于市场预期。同时 2014 年 Q1、Q2、Q3 连续三个季度订货会数据呈高单位数增长，显示了安踏零售转型策略正在逐步见效，市场亦普遍预期公司业绩开始复苏。

而近两年来安踏在股市方面的表现，也显示了市场的信心。安踏的股价，已从 2012 年 7 月 31 日的 4.35 港元，飙升到 2014 年 7 月 31 日的 12.80 港元。近半年来，花旗、美林等机构也纷纷重申或调高安踏买入级别。

业内人士认为，通过近两年的努力，安踏转型成效初现，这也将有利于进一步巩固其行业领先地位。同时，中国体育用品行业也将进入深度洗牌期，以龙头企业为标志的转型是必然趋势。在这波转型中，或将有很多中小型企业跟不上，必将为市场所淘汰。

转型成功 安踏巩固领先地位

对于此次体操资源的易主，业界认为，一方面固然是企业市场行为，另一方面，也跟安踏和李宁两巨头近年来的整体实力变化有关系。

厦门大学管理学院副院长戴亦一认为，无论从营业额、市场占有率还是利润总额等经营性指标来看，安踏已经超越李宁，成为中国第一运动品牌，此次取代李宁成为中国体操赞助商，对安踏来说，是一个颇具标志意义的事件。

2008 年前后，中国体育用品行业可以说进入巅峰期；而后，调整期随即到来，品牌同质化、产能过剩及高库存等问题接踵而至。

2012 年被认为是安踏超越李宁的标志性年份。这一年,安踏业绩达 76.2 亿元人民币,李宁则为 67.4 亿元人民币。从营收的绝对值上看,安踏已经成功超越李宁成为国产运动品牌的一哥。同时,2012 年也被视为二者转型竞赛的起跑线。

作为行业两大龙头,安踏和李宁也在调整期里主动出击,积极应对,寻求突破和改变。

安踏方面,董事局主席兼 CEO 丁世忠提出的由"品牌批发"到"品牌零售",成为转型的关键,在连续多年的内部管理提升和渠道改造后,安踏业绩及利润回升明显,成为推动行业回暖的龙头力量。在转型中,"创新"成为安踏的精神支柱,丁世忠在去年年底向集团内部发出邮件,指出"创新就是无中生有",鼓励员工坚定信念,坚持创新。

而李宁的表现也极其努力。在企业遭遇困境时,已经"解甲归田"的李宁再次出山,重磅邀请金珍君加盟,巨资签约 NBA 球星韦德,拿下 CBA 等赛事资源,一系列组合拳,昭示着李宁重振士气的决心。

(资料来源:安踏巩固体育用品行业领先地位[N]. 晋江经济报,2014-08-05.)

第九章 体育广告经营管理

本章提要:体育广告是体育产业的重要组成部分,是各项体育产品走向市场的重要一环。本章以创新的理念介绍了广告和体育广告的产生和历史,如何利用体育广告的优势发展体育产业,使学生初步具备经营策划和管理体育广告的能力,并能对体育广告效果进行评估。

关键词:体育广告;功能;营销方式;效果评估

体育广告是体育产业的重要组成部分,体育部门面向市场、走产业化发展道路,在所开展的体育经营活动中,有许多是和体育广告经营活动有关的。

第一节 体育广告概述

一、体育广告的含义及特点

广告,就是广而告之。《辞海》的解释是:"广告是向公众介绍商品、报道服务内容或文娱节目等的一种宣传方式。"中国近代文献中"广告"是代替"告白"出现,查《申报》发现至少在1901年就开始大量使用"广告"这个词汇,到1905年前后,"广告"一词已非常流行[①]。美国市场营销协会(AMA)对广告的定义是:广告是由明确的广告主在付费的基础上,采用非人际的传播(主要指媒介)形式,对商品、观念及劳务进行宣传、介绍的活动。一般来说,广告就是一种宣传方式,它是在特殊的媒体上、锁定特殊的对象、传达特殊的商品信息、达到一定商业目的的一种有价的传播。随着商品经济的发展,市场和商品竞争的出现,广告作为一种推销产品、传递信息、开展竞争的手段为人们所普遍使用。

广告的媒体很多,主要有网络、广播、电视、杂志、报纸、户外建筑物等六种类型。不同类型的广告媒体虽然各有其特点,但都是通过有偿形式传递产品或信息,在企业和顾客、广告经营者和广告主体之间建立起联系的一种手段。

(一)体育广告的含义

所谓体育广告,就是指以运动员、体育报纸杂志、体育场馆、体育活动及其他与体育有关的形式为媒介,将观念、劳务、商品产品等信息传递给消费者和经营者的方式和手段。

(二)体育广告的特点

广告一般都具备四个基本要素,即广告的受众、内容、媒体和目的。体育广告在受众、内容

① 祝帅. 中国广告学术史论[M]. 北京:北京大学出版社,2003.

和目的上和一般广告差别不大，但在广告媒体上却有着自身的特征，与一般广告差别十分明显。体育广告不但可以通过体育场馆、体育比赛和体育活动以及比赛期间所发行的所有刊物，如宣传册、秩序册、纪念册、门票、奖杯等为媒体，而且还可以将运动员作为体育广告的媒体。

专栏 9－1

体育明星与广告

美国 NBA 职业篮球队芝加哥公牛队的“飞人”乔丹，1997 年的总收入 7380 万美元，其中他为体育用品、饮料、名牌服装等产品做宣传获得的广告费收入为 4700 万美元，超过年薪和奖金 1570 万美元。德国网球女将格拉芙，1987 年的赛事收入为 80 万美元，而她的广告收入则达到 300 万美元。美国女子体操运动员雷顿，第 23 届奥运会上获得女子全能冠军后，有 70 家公司争相要求她做广告模特儿，两周内签订的广告合同达 200 万美元。

中国著名运动员也纷纷加入体育广告的媒体行列，马俊仁及其弟子为中华鳖精所作的电视广告，庄泳为芬格欣止痛药作的电视广告。

（资料来源：钟天朗. 体育经营管理：理论与实物[M]. 上海：复旦大学出版社，2004.）

二、体育广告的诞生和成长

广告是商品经济的产物，商品经济的发展为广告的萌芽提供了肥沃的土壤。在西方国家，历经了文艺复兴的洗礼和工业革命的风暴之后，市场经济得到了快速的发展，导致消耗性产品的市场供给远远超于市场需求，市场竞争尤为激烈。企业为推销产品、扩大销路、开展竞争、提高产品知名度，将广告作为实现目标的一种手段，广告得到了极普遍的重视和利用。企业家为了推销产品，扩大影响，一般都愿意花钱做广告，并且在产品的成本中，广告费支出也占有相当的比重。1996 年全球广告费用高达 3000 亿美元，早在 1984 年美国各类广告费的支出就达 800 亿美元，平均每个美国人一年要负担 400 多美元的广告费用。

专栏 9－2

最早的广告

1472 年，英国一个出版人威廉·凯克斯顿（William Caxton）印制了推销宗教书籍的广告，张贴在伦敦街头，这标志着西方印刷品广告的开端。广告内容有：“倘任何人，不论教内或教外人士，愿意取得使用于桑斯伯来大教堂的仪式书籍，而其所用文字又与本广告所使用者相同，请移驾至西斯敏特附近购买，价格低廉，出售处由盾形标记，自上至下有一条红色纵贯为标识。”这则广告被大多数广告专家认定为现存最早的印刷广告，目前英国还保存了两张。

（资料来源：陈培爱. 广告学概论（修订版）[M]. 北京：高等教育出版社，2011.）

1978 年 12 月，十一届三中全会之后，国家领导人提出了“对外开放和对内搞活经济的政策”，此后随着改革开放和社会主义市场经济体制的逐步建立，社会主义商品经济快速发展，广告业在我国也得到了日益兴旺及迅速的发展。自 1979 年上海电视台播出新中国电视史上第一条外商广告以来，我国的广告业以惊人的速度迅猛发展。

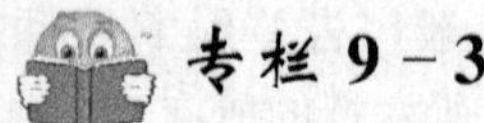

中国广告"元年"——1979

1月4日,《天津日报》刊登天津牙膏厂广告;

1月28日,上海电视台播出了我国第一条电视广告——"参桂补酒";

3月15日,上海电视台播出了我国第一条外商电视广告——"瑞士雷达表";

8月,北京广告公司成立;

11月,中宣部下发文件——《关于报刊、广播、电视刊登和播放外国商品广告的通知》;

1980年1月1日,中央人民广播电台播出建台以来第一条商业广告。

(资料来源:丁俊杰. 广告学[M]. 2版. 武汉:武汉大学出版社,2001.)

作为一种商业广告,体育广告首先也是在西方市场经济发达的国家里获得最广泛的发展,其成长轨迹可追溯到18世纪。当时在法国开始出现自行车运动,19世纪末就有厂家在自行车运动员身上挂广告。因为自行车公路比赛时,运动员长途骑行,他们身上的广告就成为一种流动的广告宣传。因此也产生了奇特的效应,就是观看比赛的人中有一些人并不知道运动员是谁,但却知道了厂商及产品的名称。环法自行车大赛公路自行车运动界中的年度大赛,全程路长累计3000~4000公里,奖金高达七八十万美元,参加比赛的很多选手,全都贴满了广告标志,这个比赛多少年来长盛不衰就因为既深受人们的喜爱,又有着很高的经济效益,所以厂商乐意投入的广告费也多。正是因为环法自行车赛事,体育广告开始走向市场。

历经百年的发展,体育广告显然已占据体育产业的重要地位。1987年美国体育运动的产值即美国人在体育活动方面的消费达到472亿美元,其中体育广告就占了36亿美元。现如今,体育赛事尤其是像奥运会、世界杯等此类大型比赛的频繁开展,大众体育意识持续强化,公众对体育的兴趣日益高涨,体育运动不仅满足参与者强身健体的需要,更是培养顽强拼搏精神,以及适应各种激烈竞争环境的需要。体育比赛的胜利,显示着一个国家的综合国力,可以振奋民族精神,凝聚民族力量,其影响力远远超过体育本身。此外,这些大型运动竞赛因为规模大、耗资多,且来自政府的资助越来越少。所以只有通过经营体育广告业务,充分发挥自身"造血"能力,得到广告方的支持,以筹措到充足的资金和物品才能使赛事如期进行;否则任何大赛都难以进行。

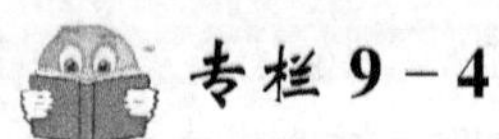

大型国际赛事与广告

1980年莫斯科奥运会接受了60多家公司的广告赞助;1984年洛杉矶奥运会,广告赞助出资额在400万美元以上的财团就有30家,其中可口可乐公司独家赞助1500万美元,彻底改变了奥运会经济上入不敷出的窘境;1988年汉城奥运会更以4.97亿美元的收入盈余刷新了纪录;1992年巴塞罗那奥运会,仅可口可乐公司的广告费就达3000万美元。美国NBC公司买到奥运会电视转播权,其收入几乎全部来自广告,该公司每秒钟的要价高达24.2万美元。1994年世界杯足球赛,制订了一个耗资2000万美元的广告计划,通过广告赞助收入支付了全部3亿美元的比赛费用,并有结余。

(资料来源:钟天朗. 体育经营管理:理论与实务[M]. 上海:复旦大学出版社,2004.)

存在即合理，体育广告的诞生和成长显然也不例外。商品经济的崛起促进广告与体育的结合，不断地增加现代体育运动的价值，体育同经济的密切结合，已经成为引人注目的社会发展趋势。这是由于体育具有较强的交往功能，经济有着旺盛的拓展需求，这种功能与需求都是客观的、内在的、不以人的意志为转移的。从经营管理的角度来认识，世界级的体育比赛，具备了最佳的广告时机，即亿万观众的视觉焦点都集中在热烈的赛场，在激动人心的时刻，金牌与广告交织，市场竞争的因素大大减少。如第 25 届奥运会开幕式有 5 亿中国人收看，全世界其他国家共有 30 亿人收看，因此可推算开幕式上推出的广告，其收视率至少为 35 亿人次。1996 年亚特兰大奥运会吸引了 214 个国家和地区的 32 亿电视观众，收视人次高达 196 亿。这样的传播空间背后隐藏的巨大商机当然是企业家梦寐以求的。因为凡是人群集聚的地方，也是企业家最感兴趣的地方。所以体育竞技已经成了一个特殊的广告媒介形式，有着巨大的经济效益。美国的可口可乐公司、韩国的三星集团、中国的李宁公司等一些广告客户非常注重把握广告时机，挤进竞技场，不失时机地提升自身的品牌形象，最终实现了体育与企业的双赢。

随着改革开放和我国体育部门体制改革的不断深化，体育广告业在我国也正处在方兴未艾的阶段。无论是全国综合性运动会，还是地区综合性运动会，无论是单项运动会，还是部门举办的邀请赛、杯赛，甚至是群众性体育竞赛，都为体育广告经营单位提供了极好的发展契机。体育广告已成为我国体育产业的重要组成部分，尤其是最近几年，随着我国竞技体育的社会化和职业化的推进，以及 2008 年北京奥运会的成功举办，催生大量的体育广告资源，使得体育广告有着良好的发展前景。众多的体育明星活跃在广告界，越来越多的企业也开始注意借助体育来扩大知名度。广告品牌中运动服装、饮料、药品占据了前三位，分别占 31%、16%和 10%。现在越来越多的企业也开始注重体育明星做广告代言带来的效益，而体育明星也乐于其中，如 2014 年福布斯运动员收入见表 9－1。

专栏 9－5

表 9－1 2014 福布斯运动员收入排行榜

排名	姓名	总收入（万美元）	工资/胜场奖金（万美元）	代言收入（万美元）	运动
1	弗洛伊德·梅威瑟/Floyd Mayweather	10500	10500	0	拳击
2	克里斯蒂亚诺·罗纳尔多/Cristiano Ronaldo	8000	5200	2800	足球
3	勒布朗·詹姆斯/LeBron James	7230	1930	5300	篮球
4	莱昂内尔·梅西/Lionel Messi	6470	4170	2300	足球
5	科比·布莱恩特/Kobe Bryant	6150	3050	3100	篮球
6	泰格·伍兹/Tiger Woods	6120	620	5500	高尔夫球
7	罗杰·费德勒/Roger Federer	5620	420	5200	网球
8	菲尔·米克尔森/Phil Mickelson	5320	520	4800	高尔夫球
9	拉菲尔·纳达尔/Rafael Nadal	4450	1450	3000	网球
10	马特·莱恩/Matt Ryan	4380	4200	180	美式橄榄球
11	曼尼·帕奎奥/Manny Pacquiao	4180	4100	80	拳击

续表 9-1

排名	姓名	总收入（万美元）	工资/胜场奖金（万美元）	代言收入（万美元）	运动
12	兹拉坦·伊布拉西莫维奇/Zlatan Ibrahimovic	4040	3640	400	足球
13	德里克·罗斯/Derrick Rose	3660	1760	1900	篮球
14	加雷斯·贝尔/Gareth Bale	3640	2540	1100	足球
15	拉达梅尔·法尔考/Radamel Falcao	3540	3240	300	足球
16	内马尔/Neymar	3360	1760	1600	足球
17	诺瓦克·德约科维奇/Novak Djokovic	3310	1210	2100	网球
18	马修·斯塔福德/Matthew Stafford	3300	3150	150	美式橄榄球
19	刘易斯·汉密尔顿/Lewis Hamilton	3200	2900	300	赛车
20	凯文·杜兰特/Kevin Durant	3190	1790	1400	篮球

三、体育广告的功能、优势和分类

(一)体育广告的功能

体育广告的功能和作用，一般可归纳为以下几个方面：

(1)传递信息，沟通产需。体育广告的首要功能与作用，就是通过体育媒体把产品或劳务的信息传递给可能的消费者(包括现实的和潜在的消费者)，即将产品的生产者与消费者(或用户)联系起来。体育作为一种独特的宣传载体，更侧重表现生活娱乐和健康等方面，在促进生产者和消费者之间的沟通上具有很好的桥梁作用。

(2)介绍知识，指导消费。体育广告和其他广告一样，可以通过公共媒介对其产品进行宣传，起到诱发消费的作用。消费者在购置某些产品以后，由于对产品性能和结构不十分了解，既不会正确使用，也不善于保养，往往会发生问题。通过广告对产品知识的介绍，可以更好地指导消费者做好产品的维修和保养工作，从而延长产品的使用寿命。

(3)激发需求，增加销售。体育广告就是要借助体育媒介的宣传，使那些原来不打算购置这种产品的单位或个人，能对这种产品产生兴趣，进而产生购买的欲望和冲动，最后自觉购买它，以此扩大产品销售量。

(4)树立企业形象，扩大产品知名度。许多企业、许多产品、许多品牌原来并不为人们所认识，通过体育广告的宣传作用或由体育明星做广告来吸引受众的注意力，使之更具有说服力，从而会成为家喻户晓的著名品牌。不少企业及其产品正是因此而被消费者所熟知。

(5)促进体育事业发展。综合国内外体育发展的经验，体育事业以市场为导向，走商业化、产业化的道路是它的必然发展方向。在体育事业发展中，体育广告起到了非常重要的作用。通过自身的“造血”功能吸纳社会的广告收入，运动竞赛可以摆脱国家拨款不足的困境，使竞赛的经费来源趋于多样化；体育广告也可以提高运动员的收入，并提高运动员的竞技水平。运动员广告收入与自己的社会形象、运动技术水平有直接关系，从而促使其不断提高自身的综合素质，继而促进体育竞赛的竞技性和可观赏性进一步的提升。

(二)体育广告的优势

现代社会广告媒体很多,其中主要媒体是印刷媒体、广播、电视、户外、网络媒体等。不同媒介特点和优势有着明显的区别。和以上这些广告媒体相比较,利用体育媒体做广告宣传具有如下特点及优势:

(1)受众多,广告传送面广。一场体育竞赛的现场观众动辄成千上万,国际体育竞赛的全球转播,电视观众更以亿计,其人数之多是其他任何活动所望尘莫及的,利用体育媒体做广告,其广告信息传递面非常广。

(2)影响大,广告效益好。由于著名运动员及著名球队是广大球迷心目中的上帝和模仿的对象,因而他们做广告的示范效应特别显著,往往有事半功倍的效果。

(3)效果自然,易为人们所接受。市场经济的迅猛发展推动市场竞争更加激烈,导致商业广告铺天盖地,使消费者对此不感兴趣并产生厌烦情绪。而利用体育媒体做广告,特别是比赛时运动员服装、场内广告牌等在不经意间屡屡进入人们的视野,使观众在欣赏精彩比赛的同时,也自然而然地接受了广告的宣传。

(4)时间长,一次投资多次受益。相比于厂商在电视上做一次广告时间只能以分以秒计算,体育比赛中广告的曝光时间往往有数十分钟甚至数小时。而且大型国内外体育比赛,无论是场地展示还是电视转播的曝光率都很高,因而广告的曝光率就高,这样对广告主来说是一次投资,多次受益。

(三)体育广告的分类

按照不同的广告形式和不同的媒介,可以把体育广告分为以下几种类型:

(1)冠名广告。冠名广告是体育广告最主要的形式,即给各种体育活动、运动队、体育俱乐部等冠以企业或产品的名称,如"××杯足球甲A联赛"。还有一种在奖杯上冠名,羽毛球比赛和网球比赛中多见这种形式。

(2)场地广告。这是体育广告最常见的方式,利用体育场所、各类体育比赛或其他体育活动的机会,在活动场地周围设立牌广告、横幅广告、赛场地面广告等。

(3)印刷品广告。印刷品广告即利用体育赛事和活动的入场券、佩戴的证件、比赛号码布以及秩序册、宣传画、成绩册、明信片、信纸、信封等做媒介,在这些媒介的适当位置印上企业的宣传材料进行广告宣传。

(4)路牌广告。路牌广告即借助体育比赛或其他体育活动的机会,在比赛场馆周围或其他建筑物附近摆设广告牌,以此增加曝光度。

(5)排他性广告。排他性广告即在某些体育比赛中,体育组织授权某企业独家提供某一类别的产品,例如赛事指定饮料、赛事指定用品、赛事标志产品等。

(6)明星广告。明星广告是通过利用明星效应,将在社会上具有较大影响力的体育明星作为广告载体,开展现场促销或做形象代言人,制作广告节目等。

(7)实物广告。在运动服装、运动器械、纪念品、礼品上带有广告宣传用的商标名称或企业名称。

(8)奖券(奖品)广告。奖券广告即利用体育比赛或专项体育活动,发行体育彩票、可抽奖门票或购物打折券,用以筹集资金,烘托比赛气氛或促进产品宣传和销售。

除上所述几类体育广告外,还有宣传体育活动的画册、纪念册、明信片、信纸、信封等物品上的印刷广告,记分牌广告、滑翔机广告、拉拉队广告、指示牌广告、背景台活动广告,等等。

第二节　体育广告的经营策划与经营管理

体育广告是一项实践性很强的活动，它实行的效果好坏关键在于它的运作。另外，广告作为一种营销手段，是服务于企业的业绩增长和体育组织收益增加的。在实施体育广告的过程中必须做到理性决策，以实现“双赢”为最终目的。因此，在策划体育广告时，必须对它的每一个环节都进行精心的设计和操作，使广告体系中的各个主体都能有效地发挥作用，从而使广告的效果达到最大化。

一、体育广告的经营策划

获得体育广告经营业务并不容易，少数体育广告是由客户主动找上门来的，大多数体育广告业务则是靠体育广告经营单位提前同企业联系，主动争取来的。体育广告经营的实践证明，争取体育广告业务是一门技术、一门学问，要搞好体育广告经营管理必须掌握相关的经营策划的谋略。

(一)体育广告经营策划的基本原则

互惠互利是体育广告经营策划的基本原则。互惠互利是体育广告赞助合作的基础，也是体育广告经营的基本原则。这是因为广告客户和体育广告经营单位，都是独立的或相对独立的商品生产者和经营者，彼此消耗的物化劳动都需要得到适当补偿，否则双方再次合作就有困难。对于厂商来说，广告投资一定要有广告效益回报。因此，获得体育赞助首先就是要考虑广告客户的利益，从而得到广告企业的支持和赞助，否则只仅仅顾及自身利益是很难进行合作的。但是现今我国体育市场正处于起步阶段，市场发育不健全，以致体育广告业的发展也不平衡。此外，互惠互利原则的实行在各地也不完全一样。

体育广告的另一重要原则是恪守诚信、与人为善。体育业务经营重要的公关活动就是要同企业保持经常联系。不管企业经营情况盈利还是亏损，也不管企业是否有广告宣传，都要与其保持密切沟通与联系。适当进行“感情投资”“以诚待人”，这样可取得企业的好感并建立相互的信任，从而为今后的业务往来打下基础。千万不能有事有人，无事无人。

(二)体育广告经营策划的基本思路

1. 广告主的选择

体育广告主的选择是有一定讲究的。选择好一个较理想的目标企业对提高广告主的寻找效果有重要作用，体育经营单位在经营体育广告时必须充分考虑本身与企业的各种因素，不单单是满地寻找广告主，而是要寻找两者之间的契合点。在确定目标企业时，需要考虑以下四方面的因素[①]：

(1)了解企业情况。根据企业目标制定出一年的体育竞赛活动计划，宣传活动的规模、方式和优惠条件；为企业提供产品需求量和需求趋势的预测资料；提供用户对产品的设计、商标、包装反馈的信息；提供竞争企业在市场上的占有率及相关信息；为企业拟定广告策略和广告计划提供合适的社会化媒体；使企业把体育广告赞助列入活动计划。

---

① 金浩，布光，曹锬．体育广告的经营策划和管理[J]．中国报业，2011(12)．

(2)企业产品与体育运动的关系。一般来说,和运动有关的企业及产品(如运动器材、运动服装、运动鞋帽等产品)、摄影器材(如内存卡、照相机等产品)、家电产品(如电视机、影碟机、家用电脑等产品)以及民用和大众日常生活用品(如建材、服装、饮料、保险等产品),比较适合利用体育媒体进行广告宣传。

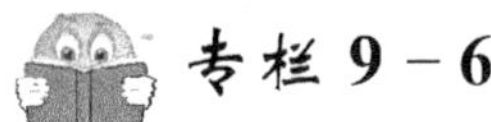

专栏 9-6

“东方魔水”健力宝

1984 年洛杉矶奥运会,健力宝成为中国奥运代表团的首选饮料。那一年,中国奥运代表团实现了金牌零的突破,并获得 15 枚金牌的骄人成绩。在激发了全民的热情和民族自豪感同时,健力宝获得了难以想象的关注度。1984 年,健力宝的年销售额仅仅为 345 万元,第二年便飞蹿到 1650 万元,第三年更是达到了 1.3 亿元。不仅如此,健力宝通过与中国女排的合作,在之后的 15 年内其一直是“民族第一品牌”。

(资料来源:吴晓波. 大败局 2[M]. 杭州:浙江人民出版社,2007.)

(3)了解企业领导人的个性心理特征及爱好。企业领导人对体育是否感兴趣、对体育运动哪些项目感兴趣、对体育的经济功能是否有清楚的认识,这对体育广告经营者能否拉到体育广告业务有直接关系。由于企业广告费开支是计入产品成本且有固定的比例,故其广告费用可投入任何广告媒体来宣传其产品及企业。如果企业领导人爱好体育活动并对体育的经济功能十分熟悉和了解,上门去争取广告赞助,效果较好;否则,难度较大。对体育广告经营单位来说,注意到细致的方面对取得广告赞助是很有利的。

(4)了解企业的宣传需求。如果你想了解广告主,那就从他们的角度去看。如果你能看得越多、越深,你最终会发现:企业是精明的,他们舍得花钱,但是同时会衡量着投入和回报。对一个企业来说,它的新产品要宣传,老产品也要宣传;市场占有率低的要宣传,而占有率高的为了更有力地参加竞争,进一步巩固其原本地位也要宣传,这么做都是为了企业投资回报最大化。因此,想得到企业的广告赞助,重要的是要了解企业最需要宣传的是什么,以及用什么方式怎样宣传才对它有利①。

2. 体育广告的营销方式

营销是选择目标市场,并通过创造、传播和传递更高的顾客价值来获得、保持和增加顾客的一门艺术和科学②。体育广告的营销方式有很多种,根据不同性质的体育活动,其广告招商的方式和途径也有所不同。一般说来,体育广告的营销方式主要有以下几种:

(1)招商。招商就是将体育广告资源包装策划后,向社会公开推出,征求合作伙伴。这是一种基本以自我为中心的营销手段,适合于广告价值大、水平高、影响大的体育活动。

(2)广告。在电视、报纸等新闻媒体上发布广告,推介体育广告资源,公布招商计划,或请记者写一些软性的报道,这种主动搏击市场的方式为大多数体育广告经营单位所采用。

(3)游说。人际关系在现代营销中起着不可轻视的作用。体育广告经营单位在广告营销过程中,应充分利用各种社会关系,以提高广告的寻找效率和降低搜寻成本。

---

① 金浩,布光,曹锬. 体育广告的经营策划和管理[J]. 中国报业,2011(12).

② [美]菲利普·科特勒. 市场营销原理[M]. 9 版. 赵平,王霞,等,译. 北京:清华大学出版社,2003:6.

(4)中介机构代理。随着市场经济的深入发展和社会分工的日益明细化,中介组织以其独特的作用在促进市场交易方面起的作用越来越大。在体育广告营销中,中介机构的作用也非常明显。

(5)行政手段。行政机构在考虑其整体利益的基础上,有时会对体育活动的广告营销给予一定的干涉,如一些具有较大社会影响力的体育赛事的举办(奥运会、亚运会、全运会等)会给举办地的社会带来重要的影响,所以政府会给予较大的支持。我国目前的体育广告营销中的行政痕迹比较明显。

(6)主动出击。体育广告经营单位在进行广告营销时,成立专门的机构和组织相关的人员,制订营销计划,并主动与目标企业联系,这是一种依靠自己力量的广告营销,这种营销方式的缺点是可能会因为运作的不规范而影响广告收益。

3. 体育广告费用的支付方式

体育广告具体的费用支付方式须在双方签订的协议中予以明确规定,如费用支付的手段、时间,费用的形式,是资金还是实物,如果是实物,如何计算其价值等。这些必须在协议中做出明确的规定,以免在以后的广告操作中,出现纠纷。但是体育组织在广告招商中应该采取机动策略,对广告费用的支付方式要视具体情况灵活处理。

在体育广告费用的支付时,要善于利用“变通”的技术。所谓“变通”就是指以较灵活的方式帮助企业解决想做广告但经费一时难以筹措的问题。当某一企业想做广告,而经费一时还支付不出,对这种情况,完全可以采取缓交或分批交纳广告费的办法给客户做广告。有时企业没有现金,愿意给产品,也可以先接受产品然后再变卖。“变通”是建立在相互信任的基础之上的相互支持和合作的一种形式。因此,“变通”是有原则的,是在政策和法律许可的范围内的“变通”,而不是违反政策原则搞不正之风的“变通”。

4. 体育广告的回报手段

体育广告回报手段,就是指体育广告经营单位给广告主的各项权益。体育广告回报手段基本可分为以下几种:

(1)赛事冠名权和各种称号使用权。这是体育广告的主要回报措施。其中赛事冠名权影响最大,是冠名广告主的独享专利。广告主除了从签订合同起就享有赛事冠名权,在任何场合提及这一赛事时都必须使用包括广告主名称在内的全名不得省略外,一般同时还享有奖杯杯名权和向获奖者授奖权。这种方式的最大特点是广告主的名称和赛事总是联在一起。

(2)会徽和吉祥物使用权。重大赛事一般都有会徽和吉祥物。作为体育广告回报,主要是将会徽和吉祥物印在产品包装和广告上,使广告主的名称及产品直接和赛事挂钩,借以来提高广告主及其产品的档次和声望。

(3)各类广告权。体育广告权通常分为两种,一种是与回报无关,只是单一地买体育广告权;另一种是回报性体育广告权,即把各种体育广告权利作体育广告回报的方式之一,供广告主进行广告宣传。

(4)媒体曝光权。媒体曝光权主要指广告主的名称、商标、主要产品以及领导人活动(如出席开幕式和闭幕式、开球、讲话、授奖等)的电视和报纸的曝光权,其中包括曝光的时间、次数和力度等具体权利。这是影响最大、赞助者最感兴趣的一种回报。由于这种回报在很大程度上牵涉媒体的合作,因此,这种方式事先必须要和媒体协商并取得书面承诺之后方可进行。

(5)赛场专卖权。赛场专卖权就是在赛场上独家专卖主要广告主自己的产品,产品在现场推广促销，并可在赛场指定地方设立专卖柜台，如饮料、食品、纪念品等。

(6)公关活动权。公关活动权就是指广告主可以利用赛场开展公关活动。如广告主在赛场内或周围设立自己的独立展厅，以便展览供观赏和试用的产品，散发广告和推广产品，提供咨询，或接待应邀而来的代理商、供应商等；现场活动举办权，即广告主可以利用比赛休息的时间举办一些抽奖、文艺表演等活动，使消费者愉快地接受广告主的沟通意图。

(7)礼遇权。礼遇权主要是指广告主可享有不同档次的包厢和贵宾席，在赛场主要入口处拥有专用而方便的停车位，出席招待会、宴会和新闻发布会时在贵宾席入座，享有独立召开新闻发布会或记者招待会等特殊礼遇权。

5. 体育广告的实施过程

(1)体育广告计划的制订。计划是组织决策活动的前提，目的明确的计划可以在充分考虑企业现有资源并加以整合的基础上，有效地调动各方面因素的积极性，以保证企业某项活动的发展方向。企业在确定了以体育为媒介进行营销的方案后，就必须制订详尽的广告计划，以确保广告的成功。一般来说，一个体育广告计划的制订大致包括以下几个方面：

①体育广告的必要性分析。体育广告经营单位在市场营销过程中，应对自身所掌握的资源和目标进行全面的分析，以探求两者结合的必要性和可行性，只有这样才能做到有的放矢地制定营销策略，提高营销的成功率和效果。

对体育广告资源分析的内容主要包括：一是体育赛事或体育组织的性质，如是职业比赛还是业余比赛，是国内比赛还是国际比赛，是综合性赛事还是单项赛事；是职业体育俱乐部还是业余体育俱乐部，是体育俱乐部还是体育协会组织以及该体育媒介的发展状况等。二是传播途径，有关该体育赛事的信息主要是通过哪些渠道传播的，传播的范围有多大，传播的时间有多长等。三是影响人群，即该体育活动的现场观众和电视、报刊观众、读者的人群特征主要是什么。四是影响地区，即该体育活动的地区影响力的辐射范围有多大。五是体育活动的开展时间，看其是否与目标企业预先确定的营销时间相吻合。

对目标企业的分析主要围绕着以下五方面进行：一是市场定位，企业是以怎样的身份参与市场竞争的，企业有怎样的市场营销和发展规划等。二是近期市场规划，企业在最近一段时间里的市场开发规划是什么，是否与体育广告营销相矛盾。三是营销传统，企业主要的并经常采用的营销手段是什么，接受新的营销手段的可能性有多大。四是目标市场，企业的主要目标顾客有什么特征，企业营销的主要区域在何地。五是地理位置，即企业位于哪一行政区域。

通过对体育广告资源和目标企业的全面分析，探求两者的结合点，以寻求企业的需求与体育广告资源的最佳结合点，并以此作为向企业开展体育广告营销活动的主要依据。

②拟订广告目标。体育组织在确定可开发的体育资源后，应结合体育广告经营单位以往的营销活动和本次营销的特点确立本次广告要实现的目标。确定合理的目标有利于使广告计划的制订更富有可操作性，并使日后评价广告的效果有依据。体育广告的营销目标一般包括以下几个方面：一是媒体参与度，即吸引的新闻媒体数量及级别。二是价格，即哪些有形和无形资产可以利用，利用的方式如何；这些可开发资源的价格是多少；如何确定实物赞助的价格。三是目标市场，即体育资源与哪些企业或产品的形象有关联；这些企业成为体育组织赞助者的可能性有多大。四是风险避免，即谁承担广告实施过程发生的风险，如何避免这些风险。

③建立工作机构。一项体育广告计划的实施不应单单是体育广告经营单位的事情，它还应有一些辅助机构，特别是还应有上级领导的督导。因此，在实施体育广告时，根据广告的规

模和性质，尽管有时可以不设立由多部门参与的专门机构，但应建立起各部门的协作机制，以使事务处理的效率得到提高。

一般来说，确立实施某项计划后，首先应确定直接负责的体育组织领导和部门（一般为广告或市场部门），然后确定负责实施计划的团队，这个团队是所要实施的体育广告的直接操作者。必要时，体育广告经营单位可聘请专业人士参与机构的工作，以提高操作的专业性和保证广告的实施效果。

④广告方案的选择。体育广告经营单位出于集思广益的需要，可能制订多份广告策划方案。因此，必须选择一个既符合实际，又能充分体现体育广告经营单位利益的方案，以此作为和目标企业谈判的底本和实施的预案。

在选择广告方案时，应结合体育广告经营单位过去广告营销的案例和事先确定的体育广告目标，对比不同方案的优缺点，选出最具操作性和切合体育组织实际的方案，并根据目标企业的营销需要，对此不断加以补充和完善，使之尽量能体现企业的利益诉求。

⑤谈判并签订协议。体育广告经营单位与企业的实际接触是把可能性转变为现实性的关键环节。因此，双方应本着互惠互利的原则，务实地进行交流和协商。在谈判中要注意谈判技巧，一要做好谈判前的准备工作。要明确目标企业的相应负责人和机构，并与对方协商好谈判的时间、地点。还应准备好本方的相关材料以及收集对方的材料，选择本方的主要谈判人，确定本方的谈判底线。二要把握好谈判的时机，力争赢得胜利。在谈判过程中，谈判人一定要尽量阐明本方的立场和利益要求，并利用所掌握的对手的材料，压挤对方的要求，满足自己的需求，要善于把握住时机，找准双方利益的妥协点，及时达成协议。在会谈结束部分，应澄清模糊的内容，进一步明确达成共识的部分，并约好正式签署协议的时间。

一般来说，广告协议的约定有三种形式：确认函、协议书和正式合同。确认函的正规化程度最低，仅是双方权利义务的确认。协议书的正规化程度略高于确认函，是双方签署的正式文件，是一种不具有威胁性的非标准化的合约书。正式合同最规范、最正规，是具有法律效力的正式文件，双方都必须根据合同来履行各自的义务。选择哪一种约定形式，可根据双方当事人的需要和广告活动的规模确定。一般而言，使用正规的合同对维护双方的权益最有保障。广告合同的内容一般包括：双方的名称、负责人；广告的方式；双方的权利和义务；违约责任，等等。

(2)体育广告方案的执行。当体育广告经营单位与企业签订广告合作协议后，就进入了体育广告协议执行阶段，执行阶段的核心任务就是落实体育广告合同条款，保证合作双方利益的实现。为确保体育广告合同的履行，体育广告经营单位应指派专门的人员负责企业权益的落实，为企业提供贴身服务。企业也要加强对体育广告过程的调控，制定相应的工作进程安排，经常与体育广告经营单位保持沟通和联系。必要时双方还可以成立协调会，对双方在合同履行过程中出现的问题进行磋商，并对双方的立场、观点、行为和利益做深入的沟通，以达成全面的共识，使双方的行动能尽可能保持一致。

对体育广告经营单位来说，在体育广告合同履行期间，最重要的是严格遵循体育广告合同的条款，全力配合企业的市场营销活动，要认识到企业利益的实现也就是体育广告经营单位利益的实现。目前在国内的体育广告中，有不少体育广告经营单位存在不重视履约的情况，以为一旦体育广告合同签订了，就大功告成了，为企业服务的意识不强。这样的短期性做法是极具危害的，它不仅会使双方在广告合同履行中产生纠纷，甚至会导致双方合同关系的破裂，乃至引起法律纠纷，而且也会给体育广告经营单位以后的市场营销活动带来很大的负面影响。国内外的体育广告实践表明，体育广告是企业和体育广告经营单位双方的有效互动过程，只有坚持诚信，相互协作，才能使双方的利益达到最大化，从而达到双赢的结果，并建立起双方长久的合作关系。

(3)体育广告效果的评估。体育广告效果就是体育广告作品通过体育广告媒体传播后所产生的作用，或者说，在体育广告活动中通过消耗和占用社会劳动而得到的有效效果。这种有效效果一般表现为：体育广告的经济效果——对企业经营的作用；体育广告的心理效果——对消费者的作用；体育广告的社会效果——对社会的影响。广告是企业营销活动的构成要素之一。现代经济的发展，要求生产必须与销售相配合，而销售又必须以广告活动为前提。所以，广告作品推出的成功与否，直接影响企业销售活动，直接影响企业扩大再生产的能力。广告效果的评估是完整的广告活动中不可缺少的重要内容，是检验广告活动成败的重要手段。体育广告经营单位应协助企业加强、完善体育广告效果的评估工作，提高评估工作的质量，从而更好地促进体育广告经营活动的开展。

效果评估是体育广告营销中非常重要的环节。但体育广告的效果评估相对较难，大多数企业在运用体育广告的同时，还会利用其他广告营销手段，所以很难确定哪些是由体育广告产生的市场效果。再者，体育广告是一种含蓄性的广告传播手段，它所产生的效应能否在预计的时间内出现也很难确定，而且体育广告效果主要体现在企业形象的提高和知名度的扩展等心理因素方面，这些抽象的因素很难量化。虽然有这些不利因素的存在，但体育广告的效果是必须评估也是可以评估的，这关键是要建立有针对性的、有成效的评估方法和指标体系。

能否反馈某项体育广告活动的效果常常成为企业是否继续维持与体育广告经营单位继续合作的关键因素。具有战略眼光和市场意识的体育广告经营单位应作好体育广告活动的效果评估，这样不仅可以提高自己的营销水平，也是对企业负责任的表现，还可以增进与企业之间的相互信任，延长与企业的合作关系。

体育广告经营单位对体育广告效果的评估可包括以下内容：

①体育广告合同的落实——企业有关权益的实现(可列示合同条款的落实情况)；

②体育广告资金的使用——列示广告费用于赛事宣传和组织的使用情况，列示有关人员的劳务费开支等；

③体育广告的社会影响力——电视转播报道的时间、次数、收视率，报刊、电台报道文章的篇数，观众的来信、来电情况，互联网的点击率等。

如果可能的话，体育广告经营单位可以组织力量或委托专门机构对企业在广告前后的形象或产品销售情况做专门的市场调查，以令人信服的数据向企业表明其体育广告的效益。体育广告活动结束后，体育广告经营单位可组织正式或非正式的答谢活动，以进一步与企业沟通感情，建立与企业之间长久的合作关系。

二、体育广告的经营管理

广告活动的管理包括微观管理和宏观管理两个层面，微观管理指广告发布主体对广告活动的管理，广告发布主体在广告发布过程中必须清楚与其有关的某些具体规定、行为规范、权利和义务；宏观管理指广告活动受到广告发布主体以外因素的影响，也就是指能够对从事广告活动的广告主、机构和人员行为产生监督、检查、控制和约束作用的法律、法规、社会组织或个人、社会舆论与道德等。对体育广告而言,它的发布过程同样也应进行微观管理和宏观管理。企业和体育广告经营单位在体育广告中必须严格自查,遵循国家法律、法规及有关规定,所制作广告应符合社会道德规范。同时,体育广告的发布也受到国家有关行政部门、消费者协会等部门的监督。体育广告有着比较广泛的社会影响力,一般代表着健康、向上的形象,因此在体育广告发布过程中,必须注意它的社会影响。体育广告经营单位在体育广告发布中扮演着极其重要的角色,它既可是发布者,也可是监督者。体育广告经营单位必须在注重经济效益的同时,也要考虑社会效益,切实担负起维护企业利益和社会公共利益的责任。具体来说,体育广告的经营管理应包括以下几个内容:

(一)加强广告双方的交流和沟通

在实际的体育广告操作中,许多体育广告经营单位在寻找广告商的过程中与其的关系往往是“如漆似胶”,但一旦签订合同后就“相敬如‘冰’”。这是一种短视行为的表现。体育广告经营单位与广告商的关系应该是利益共同体,只有双方进行有效的配合和积极的互动,才会实现“共赢”的结果,体育广告经营单位必须具有这种意识才能持续地赢得发展的资金。因此,体育广告经营单位和企业之间必须进行富有成效的互动和沟通。

沟通分为正式沟通和非正式沟通。正式沟通指双方通过协议建立的沟通机制进行交流和沟通,正式沟通的对象一般为比较重要的事件。非正式沟通指双方通过不定期的小范围的交流来进行协调互动。在体育广告的营销过程中,正式和非正式沟通都是必要的,只有畅通了双方沟通的渠道,才能使双方在问题处理中取得更多的共识,达成更多的谅解,取得更多的成果,从而实现最大的利益。

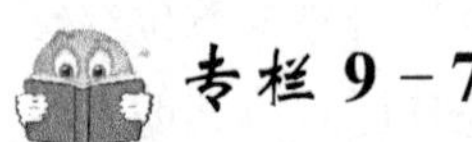

专栏 9-7

NBA 赛场上的中国设计

2006 年 1 月 10 日,李宁在北京宣布,NBA 克里夫兰骑士队后卫达蒙·琼斯(Damon Jones)与李宁签约,成为其新款篮球鞋的代言人。李宁公司 CEO 张志勇说,这将是中国体育品牌产品第一次出现在 NBA 赛场上。

李宁最新发布的三款篮球鞋——“霸鼎”、“驭帅”、“飞甲”——至少在外观上给人耳目一新的感觉。近两年,中国元素越来越多地出现在运动鞋设计之中,尤其是篮球鞋。耐克去年曾邀请上海设计师为他们设计“小笼包”鞋款,并推出“迅”系列产品,而锐步的鞋款上也曾出现汉字元素。在这方面,本土品牌李宁似乎具有一定的先天优势。“霸鼎”、“驭帅”和“飞甲”的设计师分别是左智越、马迅和郑永先。未来几年,他们三个人组成的设计团队将主要负责篮球鞋的设计工作,将中国元素更好地融入篮球运动。

(资料来源:NBA 赛场上的中国设计[EB/OL]. [2006-01-18]. http://www.eeo.com.cn/2006/0118/38830.shtml.)

(二)预防隐蔽营销

隐蔽营销是从 20 世纪 90 年代开始出现的现象,而且被越来越多的公司所采用。如 1998 年冬奥会上,赞助商麦当劳遭到伏击,1992 年巴塞罗那奥运会上,赞助商锐步遭耐克伏击。所谓隐蔽营销就是指某公司通过其他广告和推广活动,直接减弱那些通过支付体育广告费用而获得体育广告经营单位认同的官方广告主(赞助商)的关系,企图从广告主(赞助商)那里挖走部分观众，吸引到自己那里去。隐蔽营销的本质就是不向体育广告经营单位支付体育广告费用但寻求与体育广告经营单位的联系，从而试图迷惑消费者，使他们错误地认为隐蔽营销的企业就是比赛的官方广告主（赞助商）。因此，隐蔽营销被人们称为“寄生虫营销”，是欺诈行为。

隐蔽营销对体育广告经营单位造成的最大危害是对体育广告经营单位的体育广告资源的整合造成威胁，这使得广告主（赞助商）望而却步，使预期的收益无法实现，最终影响体育活动的顺利开展，对体育广告的筹资工作造成威胁；隐蔽营销对广告主（赞助商）的最大损害是混淆视听，使广告主（赞助商）的目标受众感到困惑，最终导致预期利益无法实现，导致企业资源的浪费。

隐蔽营销大致可分为以下五种类型：

第一，比赛。公司组织一些与比赛结果有关的猜奖活动，或者把比赛门票当做奖品发送。

第二，电视转播赞助。通过赞助电视机构转播赛事，从而与体育活动搭上关系。

第三，电视广告。在比赛期间播放广告，有意通过这种方式使公司产品与赛事发生联系。

第四，赞助某运动队或运动员。某公司可能对参加比赛的个人运动员或整个运动队进行赞助，但对整个比赛的组织者没有支付任何费用。

第五，推广宣传。使用观众所熟悉的体育活动的照片从事商业活动；在广告中使用体育活动的巧合背景；以伏击者的名义发布对竞争对手所赞助的运动员、运动队和赛事的庆祝性的广告；制作和发行印有运动员、运动队和赛事标志的纪念品。

隐蔽营销有很大的危害。隐蔽营销者虽然也花了不少钱，但却没有落在体育广告经营单位的手中，而与体育广告经营单位有正式协议的公司的利益却受到了极大威胁。更为可怕的是，它可能会诱使更多的企业参与这种高收益、低成本的营销活动。

我国对隐蔽营销的危害已给予了一定程度的重视，也采取了一些防范措施。国家工商局对赞助体育活动的企业广告用语做出了规范，国家广电总局、国家体育总局分别就电视转播管理和转播权问题下发文件，这对防范隐蔽营销起到了很好的作用。但这远远不够，还应该通过完善相应的法规对这种行为实行严格的法律监管。体育广告经营单位也要充分发挥自己的作用，积极与政府、赞助企业、传媒进行沟通和联系。在实施体育广告活动前，体育广告经营单位就应制订防止隐蔽营销的方案。对体育广告活动的过程实行有效的监控，发现隐蔽营销者应及时与之交涉，并争取有关部门的配合。体育广告经营单位应树立自身利益与广告主利益共生的指导思想，坚决打击隐蔽营销行为。

（三）处理好体育商业化与其公益性的矛盾

体育是一个具有公益性的社会事业，它对于提高人们的精神面貌、丰富人们的精神生活有重要意义，同时体育也是一种有经济价值的资源，开发体育的经济价值，对于补充体育事业经费，促进经济发展有重要作用。因此，各国的体育事业基本都走上了社会化、产业化的发展道路，通过社会集资的手段来弥补国家投入的不足。但体育资源的经济开发不应是无限制的，体育必须继续发挥它的社会价值。在开发体育的经济价值的同时，体育也必须保持它的独立性，不应被赞助商完全掌控。处理好体育商业化与其公益性的矛盾是在体育广告操作中必须注意的问题，可以从以下方面着手进行：

(1)体育广告经营单位在与企业进行谈判时，应以社会的公共利益为出发点，不能随意答应企业提出的不合理要求。体育广告经营单位必须切实掌握好和利用好自己所掌握的有形和无形资源；要严格按照国家的有关法规和部门规章操作体育广告事宜，要自觉接受有关部门的监督;对广告主在活动开展期间出现的违规行为要及时予以纠正;要积极与广告主进行沟通和交流,争取企业对某些限制的理解和支持。

(2)体育明星是具有广泛社会影响的知名人物,他们的言行对社会会造成一定程度的影响。尤其在我国,体育明星一般都是由国家培养出来的,他们身上包含着一些政治因素,对激励全国人民的精神风貌有重要作用。因此,利用体育明星作为体育广告媒介也必须注意社会影响。体育明星所做的广告内容应是健康的,不能含有庸俗的,甚至不健康的内容,不能对明星所在的运动队带来负面影响。体育广告经营单位必须加强对所辖明星的商业活动的管理,使其在不违规、不影响训练和比赛的情况下从事商业活动。

(3)体育广告经营单位在进行商业开发时,要注意区分可开发资源和不可开发资源。在开展商业活动前,体育广告经营单位应在征得上级及有关部门同意的情况下,正确区分所拥有资源的性质,确定可开发资源的数量,并制定出价位合理的商业开发计划书,经有关方面批准后实行。体育广告经营单位的商业开发不能以营利为最根本目的,应以补贴事业经费、发展体育事业为首要的任务。

(四)作好危机公关的准备

在体育广告过程中,体育广告经营单位和企业都应有危机意识,注意防范风险。在任何活动开展的过程中,都会遇到一些问题。这些问题如果解决得好,则可保障活动的顺利开展;如果解决得不好,则会对活动造成很大危害,甚至陷入夭折的境地。如体育赛事因不可抗力而被迫中断,运动队因某些问题的干扰而不能正常比赛,明星代言人出现丑闻等。

没有哪个企业愿意将自己的品牌笼罩在丑闻和非议之中,体育广告中非正常因素的出现对企业和体育广告经营单位来说都是不利的。因此,企业和体育广告经营单位都应作好危机公关准备,尽量消除潜在的负面因素①。

体育广告经营单位要加强对体育活动全过程的管理,促进体育活动的顺利开展。体育广告经营单位在选择合作企业时,要选择社会形象较好、经济效益较好的企业,防止在体育广告活动进行过程中出现合作企业不能及时支付广告费用的问题。体育广告经营单位还应监督企业利用体育媒介开展的营销活动,对于企业在营销中出现的违规现象要其及时改正,甚至叫停。如果广告主在生产经营中出现了违反国家法律、违背社会道德的事情,应果断与之切断关系,防止这种不利因素影响到体育广告经营单位的形象。

在体育广告合同履行过程中,企业要加强与体育广告经营单位的沟通和交流。对体育广告过程中可能出现的问题要做出预测,并制定相应的对策和措施。一旦体育赛事、明星代言人、体育广告本身发生问题,要及时做出反应,并及时做出处理,以最大限度地减轻对社会的影响。如果体育媒介出现严重危害社会利益的行为时,要果断停止与其的联系。

经济合同是保障体育广告双方利益的关键。在签订合作协议时,应对可能发生的问题做出详细的规定,并明确双方的权利和义务。

(五)加强体育广告的法律管理

广告的法律管理在广告的宏观管理中占有重要地位,宏观管理法制化是市场经济发展的必然结果。法律管理具有规范性、权威性、强制性和稳定性。为了正常的市场秩序,促进广告

---

① 张秀莉.名人代言广告的风险分析与规避[J].中国广告,2009(3).

活动的规范运作，保护相关方的利益，许多国家都颁布了广告法，我国也不例外。广告的法律管理是广告管理机关依据有关法规，对广告宣传和广告经营活动进行的引导和监督。其目的在于使企业合法经营、维护消费者利益、维护正常的经济秩序，并以此保证我国广告事业健康发展。

1. 对广告宣传的管理

广告宣传是指广告客户，包括工商企业、机关团体、公民个人等为达到某种目的，通过一定的媒介或形式向社会公开传递信息的行为。对广告宣传的管理实质上是对广告客户的管理，管理的核心是保证宣传内容的真实、可靠、合法。

2. 对体育广告经营的管理

我国的体育广告业尚处在发展和完善过程中，许多具体的管理制度、管理办法还需要进一步研究和探讨。然而，国家颁布的《中华人民共和国广告法》是体育广告经营管理必须遵循的基本法规，为了保障体育广告的正常经营活动，对体育广告的经营活动要加强管理。

(1)举办体育广告经营活动的单位必须编制体育广告经营活动计划，报省、自治区、直辖市工商行政管理局或其授权的地市级工商行政管理部门批准。大型国际比赛体育广告经营活动必须报国家工商行政管理局批准。工商行政管理部门对体育广告经营活动计划要严格审查。体育广告经营活动计划的内容包括：举办体育广告经营活动的理由和名目；体育广告的项目、费用预算总额和用途；体育广告的收费标准；体育广告宣传的具体实施方案，以及上级主管部门批准经营体育广告活动的函件等。

(2)体育广告的具体收费标准，应在工商行政管理部门批准的范围内，本着收支平衡略有节余的原则，由广告经营单位与广告宣传单位协商确定。开展体育广告经营活动，应讲究效益勤俭节约，不得任意加重企业的负担。

(3)举办体育广告经营活动的单位，对广告费的收支，必须加强管理，单独核算，并按批准的计划专款专用。如有剩余，必须纳入举办单位收入总额，按国家财务制度的规定执行，不得私分，或用于请客送礼开支等。广告费的收支情况，年度终了，都要编制决算报有关部门备案。

3. 体育广告经营活动的具体管理办法

(1)经营体育广告业务，属全国或国际性的，须纳入国家体育总局年度体育比赛计划，经国家工商行政管理总局批准；未纳入年度体育比赛计划的，由国家体育总局临时提出计划，报国家工商行政管理总局核准。属地方性的，须纳入省、自治区、直辖市体育局年度体育比赛计划，经省、自治区、直辖市工商行政管理局核准；未纳入年度体育比赛计划的，由省、自治区、直辖市体育局临时提出计划，经省、自治区、直辖市工商行政管理局核准。

(2)体育广告必须由持有营业执照的体育中介服务公司或广告公司代理。外商来华广告必须由经批准代理外商广告的广告公司或体育中介服务公司代理。主办单位不得直接承办或代理外商来华广告。

(3)承办国内体育广告的代理费，不得超过广告费的10%；承办外商来华广告的代理费，不得超过广告费的15%。

(4)代理体育广告业务的单位必须严格审查广告内容，对不符合我国广告管理法规的广告不得接受。

(5)对国际体育组织在我国举办比赛活动统一承揽的广告，国内主办单位或其委托的广告代理单位必须按照我国广告法进行审查。凡不符合规定要求的，应提前通知对方变更，否则不得发布。

(6)体育比赛不得使用烟酒企业名称和商标名称冠名冠杯，个别需要使用的须经国家工商行政管理总局批准。不允许利用比赛场馆的横幅、立牌、记分牌以及比赛用的器械、成绩册、秩序册及体育宣传品以卷烟、烈性酒企业名称或商标做广告。禁止以礼品、纪念品馈赠实物为媒介做卷烟、烈性酒广告。

(7)企业赞助的广告性服装、体育器械、体育用品、纪念品等实物，只能用于体育活动，不得销售。

(8)经国家体育总局批准举办的重大国际、国内体育活动，主办单位对体育场馆原有广告可临时覆盖或迁移的，场馆及广告客户不得向主办单位索要补偿。

(9)全国性综合体育运动会，不得使用冠杯广告。其他全国性单项体育比赛，允许使用冠杯广告。

(10)体育场馆设置国内、国外广告的比例和位置要合理安排，不准用外商广告挤兑国内广告。

除此之外，体育活动结束60天内，主办单位应迅速将广告费收支结算报送财政、审计机关。广告费的结余，经财政部门批准，主办单位可留作下次活动使用，或交省、自治区、直辖市级以上体育主管部门作为体育事业的补充经费，禁止挪作他用。

违反以上规定的由省、自治区、直辖市工商行政管理局及其授权的工商行政管理部门按《中华人民共和国广告法》及其他有关条例进行查处。

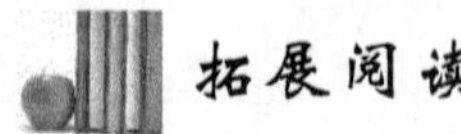

本章思考题

1. 简述体育广告的优势和分类。
2. 概述体育广告经营策划的基本理念。
3. 为某一场运动会制订一个体育广告营销方案。

拓展阅读

110年青岛啤酒　11度牵手厦门国际马拉松

2013年1月5日上午8点，厦门国际马拉松赛在厦门国际会展中心正式鸣枪开赛，45个国家和地区的7万多名选手参赛。一直致力于体育营销的青岛啤酒，以110周年的品质与11年的厦门马拉松再度活力碰撞，点燃了这座城市的激情，更完美诠释了一个品牌的百年梦想。

激情不止步，青岛啤酒领跑体育营销马拉松

厦门国际马拉松是2013年国内第一个开跑的马拉松赛事，迄今已连续6年被评为“国际田联路跑金牌赛事”，受到国内外的高度关注。马拉松场上赛事你争我赶，场外各大企业品牌之间关于体育营销的竞赛也火热上演。

厦门国际马拉松赛是国内最具影响力的路跑赛事，并且受到广大厦门市民的喜爱和参与，它所倡导的人文理念与青岛啤酒的品牌诉求高度契合。青岛啤酒至今已连续11年赞助厦门国际马拉松，并成为该赛事的高级合作伙伴。

可以说，这11年是青岛啤酒和厦门国际马拉松一起成长的11年。厦门国际马拉松赛用

“永不止步”的精神收获了众多粉丝，而青岛啤酒凭借良好的品牌形象和优质的产品品质，为厦门市民的生活创造了激情。

践行“三位一体”，追求品牌传播利益最大化

由于此次厦门马拉松首次采取全高清直播方式，为了增加青岛啤酒的入镜率，东南马拉松筹备委员会认真研究赛道和拍摄角度，确定沿线最佳入镜位置后，投放青岛啤酒灯杆旗 150 面，路牌 30 块，同时组织 10 组公司员工在沿途重要位置高举展示牌。因此，在直播画面中，青岛啤酒元素多次入镜，甚至超过主赞助商，特别是马拉松冠军冲刺画面，青岛啤酒的旗子在奔跑的运动员身后迎风飘展，十分抢镜。可以说，青岛啤酒在这场马拉松之战中，以有限的投入追求了利益最大化。

此外，为了充分借势厦门国际马拉松的高关注度和强影响力，在各企业品牌传播之争中脱颖而出，青岛啤酒东南营销重点造势，聚焦轰炸，线上线下广泛传播，在餐饮、商超、流动广告、户外等各渠道进行高空轰炸，与此同时地面跟进，开展各类促销活动，深度践行“三位一体”营销模式。

扎根十一年，青岛啤酒国际品牌本土化落地

自 2007 年以来，厦门市民对厦门国际马拉松赛的知晓度均维持在 99%以上，2012 年更是高达 100%，超出以往所有年份，充分印证了厦门国际马拉松赛在厦门市民心中的重要地位。青岛啤酒自 2003 年第一次牵手厦门马拉松至今，厦门市民对青岛啤酒的品牌认知度逐年提升，市场占有率快速攀升，成为厦门第一啤酒品牌。

2012 年，受宏观经济环境的影响，福建啤酒市场在 2012 年总体有所下降，但是随着消费不断升级，消费者对品牌和品质的不断追求，啤酒的中高端细分市场却有了较大的增长。同时，由于国际资本的加入，福建地域性品牌之争升级为国际化品牌之争。在宏观经济不利影响和行业洗牌加剧的背景下，青岛啤酒东南营销通过对环境的分析和消费趋势的把握，适时调整策略，聚焦中高端市场，推出高端产品满足消费者需求，从而实现了量利的同步增长。

在这场区域啤酒行业的“马拉松”竞赛中，青岛啤酒以健康的姿态持续领跑，在危机中赢得了转机，在转机中抢占了先机。

（资料来源：110 年青岛啤酒 11 度牵手厦门国际马拉松[EB/OL]. http://info.tjkx.com/detail/960460.htm.）

第十章 体育旅游经营管理

本章提要：体育旅游是体育与旅游的结合，是对体育资源和旅游资源的充分利用。人们以参与和观看体育运动为主要目的，或以从事某种体育项目为主要内容的旅行游玩活动就是体育旅游。本章在简要概述体育旅游的基础上，主要对体育旅游设施、体育旅游资源、体育旅游服务和体育旅游经营策划等进行了分析。

关键词：体育旅游；体育旅游资源；体育旅游服务；经营策划；旅游管理

20 世纪后半期，随着经济的连续增长和人们工作日的减少，人们用于休闲度假的时间明显增加。此时人们对旅游的需求以及体育运动的普及，使得以体育运动为特色的旅游项目在欧美地区得以迅速发展。20 世纪末英国家庭的休闲支出第一次超过食品、住房和交通的费用。旅游支出迅速增长，而体育旅游是其中重要的组成部分。在亚洲，消费主义的兴起和人们对生活幸福度的追求，体育旅游开发越来越受到重视。如新加坡以高尔夫球场及水上运动场为基础，举办了多项的大型体育赛事，该国逐渐发展成为国际体育旅游中心；日本的许多旅游点都有相应的体育娱乐设施，为游客提供体育健身服务，登山、滑雪和水上活动(如潜水、帆板、滑水等)在日本日益受到人们的喜爱①；以滑雪为特色体育旅游项目的韩国，吸引着大量海外游客，等等。体育旅游作为经济发展的一个新兴产业，已经成为体育产业的重要组成部分。

第一节 体育旅游概述

一、体育旅游的含义及要素

(一)旅游的基本含义及发展概况

旅游，顾名思义，是旅行与游览的结合，是人们为了休闲、娱乐、探亲访友或者商务目的而进行的非定居性旅行和在游览过程中所发生的一切关系和现象的总和。20 世纪之前人们在旅游活动中，比较重视风景旅游的观赏价值，但是随着人们对生活态度和价值观的相应改变，人们开始重视旅游给他们带来的娱乐价值。度假旅游风靡全球，成为一种时尚就是这一趋势的体现。

旅游活动有广义与狭义之分，广义的旅游活动是包含游览内容在内的各种目的的旅行，如商务旅游、文化旅游、保健旅游、宗教旅游及各种专业旅游等。它们的目的虽然各异，但它们都

---

① 柳伯力，陶宇平. 体育旅游导论[M]. 北京：人民体育出版社，2003.

不同程度地包含了游览与娱乐的内容，因而都属于旅游的范畴。狭义的旅游活动，是指以游乐为主要目的的旅行。它包括参观、游览、娱乐、消遣、探险等游乐旅行活动。从世界范围看，旅游者总人数中，以游乐为主要目的的旅游者占多数比例。

旅游业包括旅游者、旅游经营者、旅游产品三个要素。旅游经营者通过为旅游者提供膳宿、交通、活动及购物等旅游产品来开展旅游活动，提供的是人与人面对面的服务产品，其服务过程是旅游经营者与旅游者之间的互动过程。旅游经营者的服务质量会直接反映旅游的质量，因此旅游的经营管理是决定旅游业发展的重要因素。

旅游是社会经济发展到一定阶段的产物，有研究表明，当人均国内生产总值达到 800～1000 美元时，人们将普遍产生国内旅游的动机；当人均国内生产总值达到 4000～10000 美元时，人们将产生国际旅游动机。

目前我国国内旅游业直接从业人员达 300 多万人，间接就业人数达 1500 万人以上。从全球范围看，旅游业总产值占服务业总产值的比重约在 1/3 左右，而我国目前只占 1/6 左右。全球旅游业总产值占 GDP 的比重超过 10%，我国只占 5%。由此可见，我国的旅游业与世界还存在很大的差距。

（二）体育旅游的基本含义及发展概况

所谓体育旅游就是指以观看、欣赏和参与各种体育活动为目的的旅行游览活动。体育旅游业是国家旅游业的一个组成部分，它是以体育资源和一定的体育设施为条件，以体育旅游商品的形式，为体育旅游消费者在旅行游览过程中提供各种服务的经济部门[①]。

体育旅游是体育与旅游相结合而产生的新型服务产业，是将体育资源与旅游资源互补互惠，以体育为主的旅游活动。我国的体育旅游业起步于 20 世纪 80 年代。它是以登山旅游为先导，逐步扩展到江河漂流、汽车拉力赛、热气球等其他运动项目及组织观看大型国内外体育比赛的体育旅游活动。自 20 世纪 90 年代初以来，我国的体育旅游收入以年均 30%～40%的速度持续增长。如 2013 年海南省体育旅游、体育消费的年收入占到了年旅游收入总数的 10%。随着我国消费结构的升级，以及人们生活方式的改变和对生活满意度的追求，我国体育旅游的市场潜力将会进一步被挖掘。

专栏 10－1

表 10－1　我国体育旅游的起步

1985 年	西藏自治区成立西藏国际体育旅游公司
1986 年	中国国际体育旅游公司成立
20 世纪 90 年代	开发青藏高原登山、黄河漂流、东北滑雪等多种体育旅游产品
1996 年	国家体育旅游公司组织出国观看第 45 届世乒赛和韩国世界杯比赛
2000 年	中旅组织 1114 名旅游者赴悉尼观看奥运会

（资料来源：夏敏慧．海南体育旅游开发研究[M]．北京：北京体育大学出版社，2005.）

2001 年，国家旅游局与国家体育总局合作，将这一年旅游主题定为“中国体育健身游”。“中国体育健身游”主要包括两大类体育旅游活动：一类是各地具有代表性的大型体育健身旅

① 苏秀华．体育产业经营与管理[M]．北京：北京体育大学出版社，2008.

游活动(如黑龙江国际冰雪节等),共有602项;另一类是专门体育健身旅游产品(如登泰山、环青海湖自行车挑战赛、长城—珠峰驾车远征、吉林长白山大峡谷漂流探险等),共80个专项。体育旅游年活动,为推动我国体育旅游业的发展奠定了良好的基础①。除此之外,还有2004年开始的赛车、2007年特殊奥运会、2008年北京奥运会以及2013年沈阳全运会等重大国内外赛事的成功主办,都对推动我国体育旅游市场的发展起到了重要的意义和作用。21世纪初,休闲体育、极限运动、自然体育的兴起,也为体育旅游业创造了更多的发展机遇。

专栏 10-2

目前中国已被列为世界第五大旅游国,以旅游外汇收入计,居世界第五,亚洲第一。第31届世界旅游交易会上公布的世界旅游业2010年全球趋势报告认为,中国是拉动整个世界旅游业走出低谷的重要力量。根据联合国世界旅游组织公布的最新统计数据,中国游客2009年在中国境外共消费了437亿美元,使中国游客海外消费超越法国,列世界第四位。2009年我国旅游外汇收入达396.65亿美元。2009年我国接待的入境过夜旅游者达5087.52万人次,入境旅游者12647.59亿人次。2009年我国国内旅游者达19.02亿人次,比2008年增长11.1%,国内旅游收入10183.69亿元人民币,比2008年增长16.4%。我国旅游业正在飞速发展。

(资料来源:赵西萍. 旅游市场营销学[M]. 北京:高等教育出版社,2011.)

二、开展体育旅游经营活动的必备要素

开展体育旅游必须具备三大要素,即体育旅游资源、体育旅游设施和体育旅游服务②。其中体育旅游资源与设施为有形资源,体育旅游服务为无形资源。体育旅游资源是体育旅游者旅行游览的目的物,在体育旅游要素中占首要地位;体育旅游设施是接待体育旅游者游玩观赏、满足体育旅游者参与体育活动需求的物质设备设施;体育旅游服务主要是指为体育旅游者的食、住、行、游、购提供的服务活动。体育旅游资源和体育旅游设施是物质因素,体育旅游服务是人的因素③,只有这两种因素有机聚集在一起且配置合理,体育旅游者才会被吸引去参与其中,体育旅游业的经营活动才能存在和发展。

(一)体育旅游资源

体育旅游资源作为体育旅游的直接对象,是能激发体育旅游消费者的体育旅游需求,并满足其参与体育活动的需求,为旅游经营活动所利用并由此产生经济价值、社会价值、生态价值的各种因素和条件。具体地说,体育旅游资源是指在自然界或者人类社会中,凡是能对体育旅游者产生吸引力,并能进行体育旅游活动,为旅游业所利用且能产生效益的客体④。体育旅游资源是体育旅游业存在和发展的基本条件。我国体育旅游资源十分丰富,归纳起来有以下几种:

1. 自然体育旅游资源

自然体育旅游资源是指能使人们产生美感,并可供体育旅游活动利用的非人工生态资源,

---

① 苏秀华. 体育产业经营与管理[M]. 北京:北京体育大学出版社,2008.

② 钟天朗. 体育经营与管理[M]. 上海:复旦大学出版社,2010.

③ 钟天朗. 体育经营与管理[M]. 上海:复旦大学出版社,2010.

④ 柳伯力. 体育旅游导论[M]. 北京:人民体育出版社,2003.

如天然的山川、洞穴、江河、湖海、森林、戈壁等。我国自然体育旅游资源非常丰富,仅一级山脉就有4条,二级山脉16条,长度均在500公里以上。世界最高峰珠穆朗玛峰就在我国境内。近年来,攀岩运动风靡全国,使得更多的山川被用于体育旅游活动。由于山川资源极为丰富,每年都要接待大量的国外登山爱好者进行登山旅游活动,因此,山川已成为体育旅游的主要产业之一。除此之外,国际上流行的很多亲近大自然的体育旅游活动,如地质地貌游(亲土类,如登山、探险等)、气象气候游(亲空类,如滑翔、热气球等)、植物生物游(亲绿类,如森林探宝、森林浴等)、水上水文游(亲水类,滑水、游泳等),均十分受欢迎。

2. 人文体育旅游资源

人文体育旅游资源就是指非天然赋予的,而是经过人类社会活动创建起来的体育旅游资源,包括人类遗址、古建筑工程、革命历史纪念地以及各地的民族风情和传统节庆等。利用人文资源开展的体育旅游经营活动,是把体育旅游活动与其他旅游活动相结合的产物。如2008年北京奥运会,2013年4月14日中国香港世界一级方程式上海站,以及2014年巴西世界杯等一系列大型体育旅游活动,都合理利用了人文体育旅游资源,获得良好的收益。利用我国丰富的人文资源开展体育旅游经营活动是今后我国体育旅游业的一个发展方向。

3. 可开发的体育旅游资源

可开发的体育旅游资源就是指结合不同的体育活动项目来开展体育旅游的经营活动。从当代体育运动发展的现状来看,可开发的体育旅游资源可分为以下四类:

(1)休闲娱乐健身型的体育旅游资源,如滑雪、骑马、骑骆驼等。

(2)竞技性的体育旅游资源,如汽车、摩托车越野赛、拉力赛等。

(3)大型运动竞赛开发的体育旅游资源。这是指在大型运动竞赛举办期间,一方面组织各国各地区的观赏型体育旅游消费者来观看体育比赛盛况;另一方面开发与运动竞赛有关的其他旅游项目,以吸引这些观赏型体育旅游消费者。近年来,我国越来越多地采用市场化手段举办各种大规模体育赛事,以吸引人们来观看体育比赛,进行体育旅游活动。如2008—2013年在上海承办的ATP世界巡回总决赛,在获得经济和社会效益的同时也推动了我国体育旅游市场的发展。原来在广州、北京、上海三地轮流举行的国际体育用品博览会,自2002年起确定上海为永久性展会地址,使体育用品博览会成为上海又一有特色的体育旅游的产品。

专栏 10-3

ATP世界巡回赛总决赛

ATP世界巡回赛总决赛(ATP World Tour Finals),旧称网球大师杯赛,是一项网球锦标赛,在每年的年底举行,参赛者是当年男子网球ATP冠军排名(ATP Champion Race)前八的选手。但是根据大师杯赛的规则,在ATP冠军排名第八位的选手并不一定能有资格参赛。如果一名选手是当年四大满贯赛事冠军之一且排名在前20名以内(但排名在第八名以外),那他就可取代排名第八的选手进入大师杯赛,但如果超过一名球员符合上述条件,以冠军排名较高者为优先。

同其他的男子巡回赛不同,网球大师杯赛不是采用直接淘汰的赛制。而是所有的8名选手被分成两组,每组4人,采用小组单循环的形式,即每个选手必须跟本组的其他选手各交手一次。每个小组成绩最好的前两名进入半决赛,再由半决赛的胜出者进入决赛来争夺冠军的归属。

(4)具有民族民间特色的体育旅游资源。我国有56个民族，各民族在长期发展中都积累了自己独特的体育项目。我国已举办过九届少数民族运动会，如2011年贵阳市第九届全国少数民族传统体育运动会有13个竞赛项目，78个小项和表演项目，是历届规模最大的一届，接待规模将达到1.6万人，也吸引了大批的体育旅游者，尤其是众多国外游客。我国民间盛行的龙舟、风筝等体育活动也有十分悠久的历史，深受各族人民的喜爱，各地举办的国际性龙舟赛、风筝大会等参与人数也越来越多，赛事规模日益扩大，已成为我国体育旅游的重要活动之一。

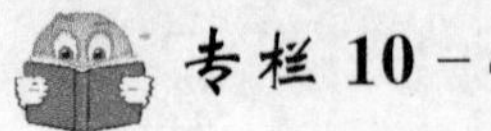

专栏 10－4

玉溪的旅游形象之路

从20世纪90年代起，玉溪就开始发展旅游业，但一直是曲折发展，收效甚微。提到玉溪，人们首先想到的是红塔山，在他们眼中玉溪只有香烟，没有旅游。

为了改变人们眼中的玉溪，玉溪开始运用广告宣传、客源地促销等方式吸引游客，虽然客源数量增多，但玉溪依靠的不是自身的特色项目，而是依赖昆明及周边旅游城市的带动，这显然不是玉溪旅游发展的长久之计。为了突破这层阻碍，玉溪通过开展体育活动来带动旅游发展。在抚仙湖，玉溪每年都会举办大量的活动，以精彩的内容博取游客的欢心。张健横渡抚仙湖、抚仙湖中美滑水明星对抗赛、全国少先队夏令营、世界定向锦标赛及中国定向冠军赛等全国性的活动，不但吸引了游客的目光，还引起了各级媒体的注意，对玉溪的形象宣传起到了不可磨灭的作用。同时，新平花街节、元江金芒果节、华宁柑橘节、江川开鱼节等民族传统节事，为玉溪的旅游增添光彩，并把玉溪的民俗活动拓展开来，形成体育与旅游相配套的典范。这一举措取得了相当明显的效果，很多省外的旅行社及游客打电话咨询，并主动推介玉溪的旅游。为此，玉溪通过旅行社这一平台，完善了旅游配套设施与服务体系，全面促进旅游发展。

（资料来源：玉溪的旅游形象之路[EB/OL]. http://www.emkt.com.cn.）

(二)体育旅游设施

体育旅游设施是接待体育旅游者游玩观赏、满足体育旅游者参与体育活动需求的物质设备设施。体育旅游设施可分为两类：一类是由为体育旅游消费者的食、住、行、购等活动提供服务的交通、旅行社及各种旅游用品商店等部门所构成；另一类是为满足体育旅游消费者不同目的及爱好而配备的各种设备。如登山，要建立相应的高山营地，还要供应服装、专用的食品及饮料和急救、通讯设备；滑雪要具备滑雪场、滑雪板、缆车、储物间、饭店、休息间、医疗和急救单位与设备等；水上运动则要具有划艇、赛艇、浴场、赛场水域、游泳池、医院和急救车辆等。其他各种体育旅游活动均需要提供相应的设备条件。基本的体育设备是否具备，是开展体育旅游经营活动的重要前提。体育旅游设施、设备的完善与否，不仅影响体育旅游服务的质量，也是影响体育旅游水平提高的重要因素。

专栏 10－5

哈佛体育经营集团简介

哈佛体育经营集团公司，是于1991年由一群公司行政官建立的，他们的初衷是为自己的孩子提供体育旅游经历。从那时起，公司的使命就已扩展到为美国所有年龄段的人提供体育旅游。现在，这个公司为初次、季度性国际旅游者、青年玩家或者有着年轻心态的探险家及青年联盟和 NCAA team 提供“体育旅游经历”。

例如，青年足球包价旅游通常包括参与比赛的方方面面：住宿、餐饮、门票和交通。此公司可以发起比赛，推荐具有一定水平的团队以保证其竞争经历。除了组织比赛，此公司也会提供一些赛前活动，如：从英国 FA、荷兰 KNVB 或意大利 Serie A 聘请专业的体育教练；举办友谊赛会把比赛推向高潮；负责观看专业联赛的门票；对一个专业俱乐部的幕后探访。

哈佛体育经营集团同时为其他类型的体育活动提供类似的旅游服务，例如曲棍球、篮球、排球和露营训练，也为教练们提供“适应性”旅游。

(三)体育旅游服务

体育旅游服务是指体育旅游经营管理单位为使体育旅游活动顺利进行且能够可持续发展而提供的各种服务的总称。体育旅游服务可激起旅游者的需求，从而影响体育旅游产品的消费。一般来讲，体育旅游服务可分为体育旅行服务与体育观赏服务两大类：体育旅行服务包括交通、住宿、餐饮、购物等服务内容；体育观赏服务是为体育活动提供的指导、用品、卫生、安全及其他相关服务。

旅游业的特点之一就是向旅游者提供各种服务产品和服务性劳动。体育旅游业作为旅游业的组成部分，和旅游业具有相同的特点。一个体育旅游消费者来到目的地，在整个旅行游览过程中，要和众多的部门、单位发生直接或间接的联系。因此，体育旅游经营单位和其他有关的部门，应该完善每一项服务工作，提高服务质量，使每一位体育旅游消费者都享受到热情、周到的服务，使之高兴而来，满意而归。这样才能产生“回头游客”，实现体育旅游的可持续。

体育旅游服务由核心服务(体育旅游者追求的主要目的)和外围服务组成。核心服务是服务产品中最重要的部分，所有其他服务(外围服务)都是对其的补充。例如，旅游公司在组织球迷外出观看体育赛事的体育旅游服务中，核心服务就是观看体育赛事，而外围服务则是住宿、餐饮、交通等，控制好核心服务，才能使体育旅游消费者获得较大程度的满足感。外围服务对加深体育旅游消费者对核心服务和服务组合的价值可起重要的辅助作用，因此也不能轻视。

第二节 体育旅游的经营管理

一、体育旅游市场的经营开发

随着人们越来越看重健康轻松的生活方式，以回归自然、新颖刺激、放松身心、健身娱乐为特征的体育旅游业应运而生。体育旅游种类丰富，可开发利用程度高，已成为现代旅游产品体系中的一个重要分支。作为体育产业与旅游产业交叉渗透产生的一个新的领域，体育旅游是以体育资源为基础，通过体育活动来产生相关产品，吸引人们参与感受体育活动和大自然情趣的一种新的旅游形式。世界各地区都已开发了日益丰富和成熟的体育旅游产品，每年都会吸引大量的体育旅游爱好者。另外，如奥运会、世界杯、世界大学生运动会等国际重大体育赛事，都是激发体育旅游动机的强大吸引物，同时也是体育旅游者的盛会。

(一)体育旅游市场概述

我国体育旅游的资源是非常丰富的。据不完全统计，目前全国各地共有 100 多个体育赛事或旅游节庆，同时还有 11 个体育旅游业专项产品。国家旅游局曾推出过 60 项具有地方特色的大型体育健身游活动和 12 大类 80 个专项体育健身旅游产品和线路，其中西部地区以 43 项占据了领先位置。一些大众化体育旅游项目，如自行车、钓鱼、登山、马拉松等受到了普遍的欢迎；一些极限体育项目，如铁人挑战赛、漂流、热气球、攀岩、滑翔、蹦极等也受到人们的关注和年轻人的喜爱。可以说，我国体育旅游市场已初具规模。随着我国人民生活水平的不断提高和全面建设小康社会目标的逐步实现，体育健身、运动休闲将越来越受重视，并逐渐发展成为人们的基本生活方式。而在我国举办的夏季奥运会(2008 年)、亚运会(2011 年，广州)、世界游泳锦标赛(2011，上海)、第二届青奥运(2014，南京)等重大国际赛事，也都成为体育旅游活动的亮点，吸引更多的体育旅游消费者来我国进行体育旅游，进一步推动了我国体育旅游业的发展壮大。

尽管我国体育旅游资源丰富，市场增长迅速，但由于各种原因，我国体育旅游市场份额所占比例较低，体育旅游的品牌意识不强，宣传策划不到位，市场经营和管理的体制、法制、机制都不够完善，还存在很多体育与旅游机构不愿意合作的现象。因此，研究者们须进一步探究、改革、开发，将理论与实践相结合，以促进我国体育旅游业的健康发展。

(二)体育旅游市场细分

由于体育旅游消费者的经济、文化、背景不同和兴趣、个性等方面的差异，形成了不同的体育旅游消费者偏好，使他们的旅游消费需求也有较大的区别，因此，有必要对体育旅游市场进行定位细分，以满足众多的体育旅游消费者需求。

体育旅游消费者的需求是多种多样的，因此对体育旅游市场细分也有多种依据。如可按年龄、性别等人口学特征细分，还可按生活方式、兴趣爱好等行为心理学特征进行细分，还可按体育目的的内容特征进行项群细分。目前我国体育旅游市场较多采用项群细分的方法，将其分为体育健身、休闲度假、体育观战、体育探险、体育竞技、民俗体育等类型(具体见表 10－2)。进行体育旅游市场细分时，应注意选择好细分基础，只有准确地确定细分市场，体育旅游消费者才会对特定的营销组合产生反应。在研究体育旅游消费者基本特征的同时，也必须分析竞争者对细分市场的影响，以便选择适宜的目标市场和营销方法。

表 10－2　按项群分类的体育旅游细分市场

体育旅游细分市场	体育旅游产品
体育健身旅游	登山、冲浪、越野、有氧运动、健美、游泳等
休闲度假旅游	钓鱼、海水浴、森林浴、高尔夫球、网球、保龄球、骑马、划船等
体育观战旅游	奥运会、亚运会、世界杯、世锦赛、足球联赛、其他大型赛事
体育探险旅游	高山探险、森林探险、戈壁旅游、攀岩、漂流、潜水、蹦极等
体育竞技旅游	水上运动、球类运动、冰雪运动、动力伞、驾驶等
民俗体育旅游	武术、风筝、龙舟、热气球、那达慕等

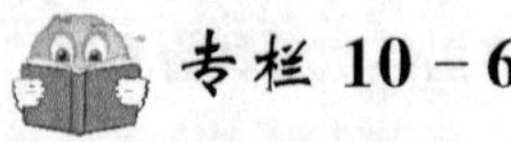

专栏 10－6

亚布力的滑雪旅游

滑雪运动在欧洲已有五百年历史，目前已成为一项非常大众化的冬季旅游活动。每到滑雪季节，便有成千上万的滑雪旅游者携家带口赶往滑雪场。每年滑雪旅游的直接经济效益有几百亿美元。在亚洲的日本、韩国，滑雪旅游也得到了较快的发展，每年吸引东南亚和我国港澳台地区滑雪旅游者达几十万人次。

黑龙江亚布力旅游滑雪场是中国最富盛名的冬季滑雪旅游胜地。亚布力滑雪旅游度假区位于尚志市东南部,地处哈尔滨以东193.8公里,距离牡丹江市120公里。亚布力雪山山高林密,海拔高度1374米,年平均气温2℃～10℃,冬季山下积雪深度为30～50厘米,山上积雪厚达1米左右,雪质优良,硬度适中,年积雪期170天,滑雪期120天,是我国开展竞技滑雪和旅游滑雪的最佳场所。

亚布力建有火车站、汽车站、直升飞机场、邮电通讯大楼、加油站及购物中心,并有奥林匹克宾馆、新闻宾馆、南极宾馆、雅旺斯酒店、风车贵宾楼、农家大院(火炕)、通信山庄等各个星级的宾馆20多家,其中风车贵宾楼是相当于4星级酒店,雅旺斯酒店和国际广电中心是按照5星级酒店进行装修的。

亚布力旅游滑雪场是中国第一座符合国际标准的大型旅游滑雪场,拥有高、中、初级滑雪道15条,越野滑雪道1条,总长度30公里,旅游滑雪缆车3条,拥有从德国引进的世界最长的2680米夏季滑道(旱地雪橇)。滑雪场为游客提供高山滑雪、越野滑雪、雪橇滑雪、雪地摩托、狗拉雪橇、马拉雪橇、湖山滑冰、堆雪人、雪夜烟花篝火晚会等游艺项目,还设有儿童滑雪娱乐区和风车传统滑雪区,同时,设有雪具出租店和滑雪学校。山顶、山腰、山下设有多处酒吧、快餐店,还有购物中心、红十字救护店,以及国际国内长途电话及卫星电视等服务配套设施。亚布力旅游滑雪场每年11月20日至次年3月30日为滑雪季节。

亚布力旅游滑雪场没有其他工业发达国家旅游滑雪场出现的过度城镇化的倾向,没有高楼大厦,其建筑高度不超过4层,外墙装饰材料也是用当地的石头、白灰和木材。并且在周围能植树的地方都植上了树,从而与原始森林形成一个整体。

总之,中国滑雪旅游的兴起,强有力地推动了中国冰雪文化的发展和与世界冰雪文化的交流。

二、体育旅游的经营策划

体育旅游作为体育市场的一个有机组成部分,它的发展在一定程度上取决于整个体育市场的发展状况,体育市场的发展依赖社会经济的发展水平。开展体育旅游经营活动,要依据国情,根据体育产业与相关部门的具体实际情况,才能使体育旅游的经营活动得以拓展。从我国的国情和体育旅游业的发展现状来看,体育旅游的经营策划活动应注重研究以下几个方面的问题。

专栏10－7

巧借奥运东风 促旅游发展

2000年奥运会准备期间,澳大利亚旅游局自掏腰包邀请世界各地多达3000名记者来澳参观,这笔耗资20亿澳元的费用,换来了记者们的大篇幅报导澳大利亚。而过去澳大利亚在这方面的开支不过是每年300万～500万澳元。奥运结束后澳大利亚旅游委员会又推出了一系列由扮演鳄鱼先生的保罗·霍根(Paul Hogan)所主演的电视广告片等促销活动,使澳大利亚旅游获得了巨大成功。悉尼奥运会的举办,吸引了世界37亿电视观众及众多的旅游者的关注。澳大利亚旅游协会董事总经理莫尔斯表示旅游观光业无疑是悉尼奥运会的最大赢家,奥运盛事吸引了11万名国际游客到澳大利亚旅游。估计跨越此届奥运的前后的10年内还会为澳大利亚带来160万游客。在传媒大量报导和奥运赞助商的宣传下，奥运盛事为澳大利亚旅游业带来16亿澳元的收益，占其国内生产总值的10%。莫尔斯指出现在澳大利亚已经成为美国、英国、日本、韩国和新加坡人最想游览的地方。

（资料来源：王亚俊，龚立仁. 巧借奥运东风 促旅游发展[N]. 中国旅游报，2001.）

（一）体育旅游经营的时间策划

体育旅游经营的时间策划，是开展体育旅游经营活动的重要前提。根据不同的季节安排和提供不同的体育旅游产品，是开展体育旅游经营活动的重要原则。如滑雪、水上和登山运动有明显的季节性。如果时间选择不当，就不可能吸引众多的体育旅游爱好者。一般地说登山运动要选择夏季，而滑雪运动则比较适宜在冬季进行。时间的选择还有另一层意思，即不要错失良机。体育旅游业务很多出现在重大国际、国内比赛期间，例如奥运会与世界杯。各种类型的重大的国际国内体育比赛是开展体育旅游经营活动的良好机会，时间一旦错过或滞后，体育旅游市场将随之消失。通过利用奥运会而衍生的体育旅游产品，因此而大发其财的国外旅游公司已经为我们提供丰富的学习经验。由此可见，抓住有利时机，及时开展体育旅游经营活动是十分重要的。

（二）体育旅游经营的空间策划

适当选择确定空间是开展体育旅游经营活动的又一重要策划工作。要做好体育旅游经营的空间策划，要求策划者对当地的人文环境和自然环境有一定的了解。一般来说，海滨浴场的选择、滑雪地的选择等要因地制宜。国际体育旅游者，特别是欧美、日韩等国的体育旅游者多是怕热不怕冷。所以除了滑雪等冬季运动必须安排在北方之外，其他体育项目也以北方为宜。因为在当今科学技术发展的基础，御寒已经是容易做到的，而面对酷热似乎仍无能为力。而体育旅游活动绝大部分是在室外进行的，所以体育旅游的空间确定应尽量以北方为宜。空间的选择还包含另一层含义，即体育旅游所在地的自然和生态环境不要遭到污染和破坏，促使其可持续发展。另外，体育旅游空间的确定要选在城郊，远离工业区和城市中心。对于体育旅游爱好者来说，除了他们所喜爱的体育旅游项目外，项目之外的事务也会对其产生一定的影响。所以嘈杂、污染严重的工业区和喧哗的城市中心会影响他们的旅游感受。

（三）体育旅游经营的产品策划

旅游产品是一切旅游活动的基础，旅游产品策划是体育旅游经营的核心部分，它影响着其他经营活动策略。体育旅游产品是指以体育游览为主要目的的旅游活动。它与一般旅游产品的区别主要表现为：旅游活动的核心是体育活动（或观战），一切活动及服务须围绕体育活动来安排；体育旅游产品根据体育旅游消费者参与方式不同，可分为参与性和非参与性两种；体育旅游产品具有较强的专业性。

体育旅游产品是一种综合产品，组合形式很多。一般来说，优良的组合产品不但能够吸引更多的旅游者，而且还能带来更大的商机，提高经济效益，从而推动体育产业的发展。体育旅游产品的基本组合形式有：

（1）时间组合型：主要根据季节变化组合不同的旅游产品。如吉林冬季的冰雪体育游、夏季的登长白山、秋季的狩猎游等。

（2）空间组合型：主要通过差异性较大的地域空间转移，丰富旅游内容。如足球两地竞赛游、环青海湖自行车赛等。

(3)内容组合型:主要根据体育活动的主题,选择其组成部分。一般可分为专业型组合产品与综合型组合产品。比如少数民族体育文化游、少林武术精髓游等。

体育旅游产品的不同组合,不仅丰富了体育旅游的类别,也增强了体育旅游的吸引力。在体育旅游产品组合过程中,应注意体育旅游产品策划的多样性、整体性、针对性及优惠性。

不断开发体育旅游新产品是发展体育旅游业的重要举措,也是体育旅游经营单位生存能力的标志。体育旅游新产品是指体育旅游产品中任何部分的改革与创新。无论是革新体育旅游产品还是创新体育旅游产品都必须适合体育旅游市场需求,立足区域的人文与自然环境。因为无论是参与型的体育旅游者还是观赏型的体育旅游者,从其旅游消费心理来说,都是为了达到某种"新奇"、"刺激"的消费满足。所以,越具备"新奇"、"刺激"特色的体育旅游项目,就越能吸引体育旅游爱好者。因此,除了一般的体育旅游项目外,那些本国本地区独一无二的体育旅游资源和具有民族民间特色的体育旅游项目(如高山探险、江河漂流、沙漠徒步及武术等),更具有吸引力。同时,体育旅游经营单位要注意体育产品的开发与环境保护并重,将目光放在长期效益上,以促进体育旅游业的持续发展。

(四)体育旅游经营的促销策划

体育旅游作为我国的朝阳产业,众多的体育旅游资源还没有被开发和利用。因此,体育旅游的经营单位要根据体育旅游产品本身的特点,来分析所提供的体育产品与服务最适合哪一类的旅游者类型、消费行为与方式。此外,还要广泛宣传我国的体育旅游资源、体育旅游服务和体育旅游设施,不断拓展体育旅游的经营业务,注重国内与国际体育旅游市场的开发。这不仅是指积极地组织国外体育旅游爱好者到我国境内来从事体育旅游活动,而且也包括组织国内体育旅游爱好者在国内乃至到国外去从事体育旅游活动。只有这样,才能不断提高体育旅游经营单位的效益,推动我国体育旅游市场的发展。

体育旅游促销的主要方法有广告、宣传品、促销活动、公共关系等。要使促销方法对目标市场起作用,必须分析体育旅游消费者的特点和行为、体育旅游产品的特征等因素,以便选择正确的促销策略。

(1)广告。广告是一种高效的信息传递方法,它可以在极短的时间内将体育旅游信息传达给众多的体育旅游消费者,但因广告成本较高,说服力弱且结果较难评估,应谨慎采用。广告促销主要用于建立体育旅游产品意识,因此强调体育旅游产品的独特性是广告促销的主要方式。广告媒体包括电视、出版物、音像制品、报纸、杂志、网络等。不同媒体具有不同的特征和读者群,体育旅游经营者应根据实际需要,合理选择。

(2)体育旅游宣传品。体育旅游宣传品通常是指体育旅游经营单位用来宣传其体育旅游产品和体育旅游服务的宣传册、纪念品等。通过提供或散发体育旅游宣传品,可以向目标市场传递体育旅游信息,沟通供需联系,鼓励目标体育旅游消费者购买体育旅游产品和服务,并通过体育旅游消费者传播,加强市场地位。

(3)促销活动。促销活动是指专门组织的以吸引体育旅游消费者和推动营销为目的的特别活动。如2002年北京金海湖公园于"五一"黄金周前后推出阿迪力挑战吉尼斯高空生存世界纪录活动,在促销活动期间有近50万人次前去观看,仅门票收入就达1700万元,而金海湖公园所处的北京市平谷县旅游的综合收入则达到6540万元,实现的地方税收相当于过去三个黄金周的总和。

(4)公共关系。公共关系是指为了建立和维持体育旅游经营单位与公众间的良好关系,树立体育旅游经营单位和体育旅游产品良好信誉与形象而设计的一系列沟通手段。公共活动的重点是将精心选择的消息导向主要目标群体,而公关部门的主要工作任务是与新闻界建立良好关系,并通过其宣传报道来吸引人们注意,也可以向政府部门或立法机关进行游说,使政策法规有利于体育旅游经营单位的发展。

三、加强体育旅游的经营管理

体育旅游业是一个新兴产业,其发展的不稳定与不成熟性,使加强经营管理成为其健康发展的保证。

(一)开展体育旅游经营活动要在国家旅游局统一领导下进行

体育旅游是以国家的体育旅游资源为基础的,同时体育旅游业也是国家旅游业的重要组成部分。因此,要把体育旅游发展规划纳入国家旅游业的发展规划乃至整个国民经济的发展规划之中,从而使体育旅游业的发展为国家旅游业的发展推波助澜,以促进整个国民经济的发展。例如,为规范旅行社组织"球迷团"等出国旅游,国家旅游局提出了规范性意见并已经国务院批准,其规范性意见包括:

(1)比赛地点在国务院批准的我国公民自费出国旅游目的地国家的,具有到该国出境旅游经营权的旅行社可以组团前往,但届时需采取控制措施;

(2)观摩奥运会,国、中、青三大旅行社可各组织限额在200人以内的旅游团前去为中国健儿助威,但只允许在比赛地一国旅游;

(3)对有中国队参加的三大球世界性赛事,国、中、青三大旅行社可各组织限额在100人以内的旅游团前去为中国健儿助威,但限制仅允许在比赛地一国旅游;

(4)对无中国队参加的其他国际比赛,任何旅行社原则上不能组团前往[①]。

(二)开展体育旅游经营活动要同有关单位部门相结合,严防各种国有资源流失

由于某些体育旅游爱好者,特别是来华的登山旅游团队会附带一些科学考察和测绘、收集资料、标本的任务。对这些体育旅游团队人员在办理体育旅游申请的同时,要申报科学考察和测绘的计划,并由有关部门分别转国家科委或国家测绘局及其他有关部门审核批准后方可接待。科学考察和测绘计划未经批准,任何国外的体育旅游团队人员不得对所经地区的动物、植物、岩石、矿物、冰雪、水样和土样进行系统观测和采集标本、样品等,也不得进行测绘活动;如果经批准同意的可进行科学考察和测绘的体育旅游团队人员,也必须通过中方签约单位向国家科委和国家测绘局提供所收集资料的样品或副本,以防止重要国有资源的外流。

(三)不组织有害的体育旅游产品

目前世界上体育旅游项目层出不穷,特别是一些极其危险和刺激的体育旅游项目,虽能吸引众多的体育旅游爱好者,但我国体育旅游经营单位也不宜引进,因为其风险性较大。另外,在体育旅游经营活动中也要严防及杜绝赌博和色情活动。在国外的旅游业经营活动中,赌博和色情活动是旅游业的衍生产品。我国作为社会主义国家,赌博和色情活动是我们的制度所不允许的。因此,在开展体育旅游经营活动中,要加强管理,严禁和杜绝各种类型的赌博和色

① 公民自费出国体育观摩新规定[J]. 国际市场,1996(6).

情活动在体育旅游业中存在，以维护我国体育旅游业的正能量形象。

本章思考题

1. 简述体育旅游的基本含义及开展体育旅游经营活动的必备要素。
2. 概述体育旅游经营策划的基本理念。
3. 请你围绕巴西2014年世界杯制定一个体育旅游项目的营销策划。

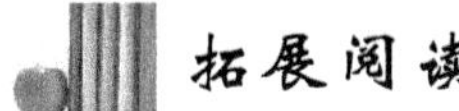

拓展阅读

首次中华女子动力伞大河寻源活动策划方案

一、前言

养育了中华五千年文明的古老黄河，给中华儿女和世界历史留下的不仅是水土肥沃的自然馈赠，而更为珍贵的是那永无止境的不息进取精神和撼人心魄的文化宝藏。

在新世纪，认识自然、拥抱自然、亲和自然，在与自然的对话中完善生命存在的价值，展现人类伟大的创造精神和不息的生存动力，是我们创意举办"首次中华女子动力伞大河寻源活动"计划的根本思想动力，以体育旅游特有的探险精神和独特的运动技巧作为我们执行腾飞计划的指导和保证，以市场运作、文化包装全面开发的方式作为我们活动操作的方法。创造最佳经济效益，树立全新的旅游品牌和企业形象是我们执行活动的根本目的。

二、目的和意义

本次大河寻源计划是继2000年万里长城中华世纪腾飞（山海关—嘉峪关）动力伞飞行之后又一壮举。首次中华女子动力伞大河寻源活动（中国母亲河黄河）的创意推出，旨在把握新世纪的历史机遇，充分利用体育旅游探险优势，弘扬奥林匹克精神，把握科教文化之前卫的特性，以黄河母亲河这一巨大的文化背景和自然背景为依托，以中国女性特有的坚韧、柔美、宽容、博爱的胸怀，运用航空动力伞这一极具探险性和观赏性的新兴运动手段，在大河上空作长距离大跨度飞行，通过这一前所未有的历史性腾飞，实现体育旅游的纵深突破，彰显中华女性傲立时代的不凡风采。实施大河寻源计划，是以当今最具视觉冲击力的集观赏性和探险性为一体的现代时尚运动——动力伞为活动主体，对黄河作大跨度的全程巡礼性飞行。在这次横跨九省市区，历时近两个月的飞行活动中，以周密的宣传计划，通过新闻媒体对黄河流域两岸的古老文化遗存、优秀民俗民风和两岸人民为建设母亲河、保护母亲河所做出的无私奉献进行全面的报道，以全面倡导社会主义的新风尚、新道德、新文化。同时，通过对黄河生态问题的调查和了解，进一步唤起人们对黄河自然生态和文化生态问题的重视，让古老的黄河在新的世纪焕发生机，让黄河文明成为时代发展的精神向导。通过完整的创意和操作运行，以这一活动为契机，对参与单位和企业及特种旅游本身进行全新的文化包装，在各大新闻媒体的全力配合下使企业效益推向一个新的高度，把保护母亲河的责任意识贯彻每个人的行动当中。

三、活动的形式和内容

"首次中华女子动力伞大河寻源活动"将采用近年来在国际上新兴的航空动力伞为主要运动器材，由出生于黄河畔的我国第一代女飞行员驾驶，从山东黄河的入海口出发，沿黄河溯流而上，经山东、河南、山西、陕西、内蒙古、宁夏、甘肃、四川，进入青海省的黄河发源地，带着对母亲河的祝福、对党的赞颂，实现大河寻源的历史性巡礼飞行。由于这一特别的运动形式所具有的前卫性、探险性、观赏性和轻便可操作性，必然由于广大群众的瞩目而使活动的主题得到更加深入广泛的传播，从而开创体育旅游的形式与现代电视媒体结合，宣传党的方针政策和祖国社会主义建设成就的先河，把参与单位和企业本身也推向一个新的高度。

(一)主要报道内容

1. 山东省：大河归海的生态文化意义、儒家文化的千年传承、龙山古代文明的光辉、从交通看山东的经济发展、传统民俗的国际化效益等。

2. 河南省：古老的中原文明(以仰韶文化为代表)、大河文化精神、从龙门石窟看大唐文化、花园口的悲剧、小浪底的时代精神、时代的清明上河图。

3. 山西省：黄河在咆哮、华北绿色明珠——管涔山、忠勇的关公与贤德的介子推、黄河在这里拐个弯、回望丁村、引黄的故事、煤海的自豪与悲哀。

4. 陕西省：东方文化古都的风采、从半坡的童年到三皇五帝、秦风汉骨、杨凌——西部的时代之光、延安——新中国的摇篮、走进黄土高原。

5. 内蒙古自治区：一代天骄成吉思汗、鄂尔多斯——温暖全世界、草原放歌、恩格贝的希望、现代的包头。

6. 宁夏回族自治区：走进银川、远方的驼铃、高洁的伊斯兰、西夏王陵的传说、沙漠在逼近、青铜峡。

7. 甘肃省：马踏飞燕——中国旅游标志(武威)、黄河之都——兰州、丝绸古道、中国人的太空梦想从这里升起(酒泉)、刘家峡、西出阳关无故人。

8. 四川省：西部要塞、伟大的三星堆文明。

9. 青海省：高原赞歌、青海湖的悲哀、黄河源的思考、青藏铁路的故事(一些内容可根据具体情况再做补充和修改)。

10. 在黄河沿途的主要旅游景点、黄河生态严重恶化地区和黄河文化遗址遭受严重破坏的地区，举行道德宣传、法制教育和环境保护等公益性飞行表演活动。

(二)途径城市及景点

1. 济南、东营、曲阜、潍坊、龙山文化遗址(山东省)；

2. 开封、郑州、三门峡、小浪底、龙门石窟、仰韶文化遗址(河南省)；

3. 风陵渡、壶口、丁村文化遗址、河曲(娘娘滩)、宁武、偏关古长城(万家寨)(山西省)；

4. 吴堡、府古、安塞、延安、西安、半坡遗址、秦陵(陕西省)；

5. 包头、临河、鄂尔多斯、恩格贝、乌海(内蒙古自治区)；

6. 银川、青铜峡、中卫(宁夏回族自治区)；

7. 靖远、兰州、刘家峡、玛曲、武威(甘肃省)；

8. 三星堆文化遗址(四川省)；

9. 龙羊峡、拉家、达日、鱼场(扎陵湖)、卡日曲(青海省)。

(三)主要活动内容

1. 对黄河流域的文化遗址、民风民俗、建设成就、模范人物进行考察采风，及时以跟踪报道的形式进行宣传。

2. 组织沿途宣传、文化和环境保护部门进行研讨，对黄河沿途的优秀文化名人和环保杰出人员或单位进行总结表彰。

3. 组织以“黄河文化与经济开发”为主题的学术座谈会。

4. 根据活动拍摄的素材，制作大型文献性系列电视节目，在海内外播出。

5. 举行“向伟大母亲致敬文艺晚会”。

6. 组织大型黄河笔会，绘制《黄河万里图》。

四、新闻报道宣传计划

“大河寻源”活动时间持续长，空间跨度大，水陆空全面配合，主题鲜明突出，形式新颖奇特、惊险刺激，整个过程具有极强的文化表现力和新闻吸引力，拥有较大的文化开发空间。活动的开展在实现全面的政治性、公益性宣传使命的同时，必将形成社会关注的热点以及连带的娱乐性效应。利用众多新闻媒介和其他广告手段对活动进行全方位、立体化、多层次、广泛性、综合性宣传报道，必将使活动的综合价值得到更加全面的体现。整个活动的新闻报道和广告宣传计划如下：

1. 新闻发布会：在整个活动期间拟举办一至两次新闻发布会，由国内各大主流媒体全面参与报道，通过撰稿、专访、速写、评述、追踪等形式的交叉宣传后形成新闻热点，让活动的宗旨和意义得到更加广泛的传播。

2. 在中央电视台、黄河电视台和所经过的沿途各地电视台组织专题采访活动报道。通过互联网向全球发布活动信息，并及时跟踪报道，同时对活动的全部情况进行系列跟踪专题宣传介绍。

3. 专题报道：

(1)关于黄河文明与现代经济发展关系的评述性专题；

(2)关于黄河沿线重点工程的报道；

(3)关于黄河沿线生态保护成就的报道；

(4)关于黄河生态恶化的对比性报道；

(5)黄河艺术专题；

(6)飞行花絮专题。

五、组织机构的成立

为全面加强对活动的组织和管理，确实保障整个活动能够实现预定目标，高标准、高质量完成这次具有深远历史意义和重要现实意义的光荣任务，要成立活动组委会，有组织、有计划、有步骤地实施对活动的领导。活动组委会组成人员的基本设想是：

主任：主办方主要领导担任。

副主任：由主办、承办方的有关领导担任，并设委员若干人。

组委会下设工作职能部门为：秘书处、财务部、后勤保障部、广告部、新闻宣传部、活动执行部，分别由主办协办各方派员或组织专业人员参与，直至活动结束(各部门的具体职能另行确定)。

我们相信，有沿途有关部门的全面配合，有我们严密的策划组织管理，有到位的实施措施，一定能使本次活动取得圆满成功。

(资料来源：首次中华女子动力伞大河寻源活动策化方案[EB/OL]. http://www.China-cist.com.)

第十一章 体育赞助运作管理

本章提要：在现代体育活动中，体育赞助对于体育组织和企业以及对整个体育事业的发展都具有十分重要的意义，是体育经营管理的重要内容。本章主要阐述了体育赞助体系和体育赞助的作用，使学生了解体育赞助的起源，并对体育赞助的体系有清晰的认识，意识到赞助和体育之间的相互作用；介绍了体育赞助的具体策划程序、赞助组织实施的过程、赞助的反馈和总结。

关键词：体育赞助；赞助者；营销；组织；赞助效果

体育赞助是体育在市场经济背景下与经济相融合的切入点，是体育产业开发的重要内容，是企业营销的重要方式。体育赞助不仅能扩大体育组织和部门的资金来源，增强体育运动的活力和动力，而且也能促进经济的增长，提高企业的竞争力和影响力①。体育赞助是体育组织、个人、企业之间互利互惠的双赢关系。

第一节 体育赞助概述

一、赞助与体育赞助

(一)赞助与体育赞助的概念

赞助一般分为教育赞助、文化艺术赞助、体育赞助、社会福利赞助、广播电视赞助、学术赞助、环境保护赞助等，体育赞助是赞助的一种形式。

对于赞助的概念，国内外学者有着不同的理解。美国桑德勒提出“赞助是企业提供资源(金钱、人员、设备、技术等)，以利组织执行各项活动，并换取企业与该项活动的直接关系，以达到企业营销目标或媒体目标。”米勒汉认为“赞助是指以现金或以贷款的形式进行的投资行为，该行为追求与赞助活动相关的一切可以利用的商业机会和权利。”马克威廉则认为“赞助应是一种交换过程，其中包括有形的资源(金钱、实物等)及无形的资源(地位、技术、职务等)，通过交换，赞助者和被赞助者双方达到互利的关系，且不论双方在赞助过程中是主动的还是被动的，都是一种双赢(win-win)的结合。”

国内学者倾向于对赞助作这样的界定：赞助是指企业(赞助者)与公益组织、机构及个人

① 霍炎．我国体育赞助发展现状分析[J]．解放军体育学院学报，2005(4)．

(被赞助者)之间投入(资金、实物、技术、服务等)和回报(冠名、广告、专利和促销等权利)互惠的交换关系,是平等合作、互利双赢的商业行为①。

体育赞助是以体育运动为载体的赞助。施奈特认为“体育赞助是指一种商业关系,它存在于资源供给者与体育事件(活动)或组织之间,资源供给者提供资金、资源和服务,体育事件(活动)或组织便授予一些权利以及其他可获得商业利益的要素作为回报。”布鲁斯提出“体育赞助是从一个体育组织买权利(买的形式可以是现金、产品或服务),并借既定的各种活动和形象来与体育符号相联结,以追求企业的宣传和目标对象的锁定,进而达成企业的效益”②。马克威廉认为“体育赞助是指企业提供体育组织、运动竞赛及运动员等所需要的任何物资,包括资金、产品、服装、器材、技术及服务等,并凭借赞助关系来达到企业营销的目的。”

综上所述,我们可以理解体育赞助的概念为:体育赞助是赞助者(企业)通过体育运动与被赞助者(体育组织)进行利益交换,以支持和回报为内容,以满足双方的需求为目的的平等合作、共同获益的特殊商业行为。

(二)体育赞助的特点

体育赞助是一种特殊的商业行为,它具有如下内涵特点:

(1)商业性是体育赞助最本质的特点,是赞助者的首要目标,是被赞助者是否受到社会认同的体现。企业以体育活动或者赛事为平台开展营销活动,形成“体育搭台,经贸唱戏”和“场内拼足球,场外忙供求”的景象。体育赞助的商业性使其更具有市场活力。

(2)赞助者(企业)和被赞助者(体育组织)共同组成的赞助整体。如大连万达足球队是由大连市体委足球队和万达集团各以被赞助者和赞助者的身份构成的联合体,万达集团提供资金支持足球队运行,市体委足球队给予球队冠名权以支持万达集团开展营销活动。

(3)以支持和回报之间的等价交换为中心。赞助者给予被赞助者金钱、实物、劳务等支持;被赞助者给赞助者以冠名、促销、广告等权利为回报。以支持换回报,以回报换支持,两者进行等价交换。

(4)平等合作是对赞助者和被赞助者双方的地位和关系的界定。赞助双方拥有平等的权利和义务,又有共同的前提,因而他们彼此之间是平等平权,绝无高低贵贱之分。此外,双方只有在共同建设和维护各自的形象以及共同完成赞助活动的前提下,方能做到共同获益,实现各自的利益追求。因此,只有同舟共济,才能共同获益;只有精诚合作,才能实现双赢③。

(5)以共同获益为前提。赞助者不遗余力地向被赞助者提供物资、场地、经济等支持,都是满足其商业目标而进行投资。而被赞助者给赞助者各种回报的前提,则是从赞助者那里获得支持,以解决自身生存和发展的问题。通过赞助而各得其所,收获共同获益,这是赞助关系得以形成和维系的前提条件。

专栏 11-1

1∶3定律

在体育赞助领域,有个不为人知的小秘密——1∶3定律。这里所说的1∶3定律是指赞

① 刘小青.湖南省高校体育赞助的调查及思考[J].体育科技,2007(4).

② 程绍同.第五促销元素[M].台北:滚石文化,2001.

③ 蔡俊武.体育赞助的起源、地位和魅力[J].北京体育师范学院学报,1999(12).

助商从体育组织那儿获得赞助权利的费用如果为1,那么将赞助权利实现于产品和服务的广告发布、公共关系、媒体宣传、促销活动和市场推广的花费则为3,即体育赞助商需要花费相当于赞助权益3倍左右的财力去实现其赞助权利。

(资料来源:耿力中.体育市场营销:决策与运作[M].北京:人民体育出版社,2004.)

二、体育赞助体系

体育赞助体系是由赞助方——企业、被赞助方——体育部门、中介方——体育经纪人和传媒方构成的,它们之间有着相辅相成和利害与共的关系。只有各组成部分为一个共同赞助目标,分工明确、各司其职、密切配合,才能发挥赞助的最大效益,实现赞助的预期目标,使得参与赞助各方皆大欢喜,共同获益,实现各自的利益追求。

(一)被赞助方——体育部门

体育部门是体育赞助的被赞助方,亦即体育赞助的卖方,与体育赞助的买方,即赞助方构成体育赞助的两大主体。它是体育赞助服务的提供者,具体负责体育赞助的策划、营销、组织和实施。体育部门营销体育赞助的主要目的是扩大体育资金来源和影响,增强体育的活力,促进体育普及和提高,满足人们从事体育活动和观赏体育比赛的双重要求,加强和社会的沟通。欲达到此目的,必须采用两种手段:一是努力加强自身建设,不断提高自身可赞助资源的档次和魅力,为营销赞助打好基础;二是力争向赞助者提供并落实尽可能多的、切实可行、充满魅力的回报,最大限度地满足对方的利益要求。上述目的只有在正确运用必要的手段时方能实现,不能只顾目的,忽视自身建设和赞助回报工作;也不能只顾手段,一味迎合赞助企业过分要求而扭曲目的,损害体育的尊严和自身的形象。必须两者兼顾,使之相辅相成[①]。

(二)赞助方——赞助企业

赞助企业是体育赞助的赞助者,亦即体育赞助的买方,是构成体育赞助的另一大主体。体育赞助市场目前普通是供大于求,属于买方市场,因而它是矛盾的主要方面。它在体育赞助中的任务是向被赞助方(体育部门)提供金钱、物质、劳务或技术等支持,换取冠名、广告、专利和促销等商业回报权利,达到扩大和加强与目标受众之间的沟通,提高企业和品牌的知名度、美誉度和顾客对企业和品牌的忠诚度等目的。同样,这也存在着正确处理目的和手段两者的关系问题。其中最重要的是,只有既给予体育部门必要的支持,又高度尊重体育部门所肩负的职责和独立自主的地位,才能使双方的合作顺利进行,实现自身的利益追求。

(三)中介方——体育经纪人

体育经纪人包括从事体育经纪工作的个人、法人和其他经济组织。它是体育赞助两大主体之间的中介,其目的是通过中介工作获取报酬和利润。体育经纪人的主要任务是向赞助双方提供代理和行纪服务,牵线搭桥,促成赞助交易;或者作为赞助双方的代理人,具体策划、筹备、营销和运作赞助事宜。体育经纪人的构成比较复杂,有的是个人,有的是公司,有的是广告公司的一个部门,有的是专业体育经纪公司,也有的是某体育组织下属的体育经纪人。体育经纪人特别是以经纪体育赞助为主的经纪人,拥有比较丰实的专业知识、技能和经验,信息比较灵通,手段比较齐备,因而,他们无论在促成赞助交易方面,还是在提高赞助质量和效益方面,

① 陈富强.浅析体育赞助的相关问题[J].沈阳航空工业学院学报,2006(12).

都能发挥巨大的作用。

(四)传媒方

传媒是大众传播媒介的简称,包括电视、广播、报纸、杂志、网络、广告载体等。体育赞助如果没有传媒的大力配合、渲染,就会失去其独有的魅力而无法存在。因为体育赞助的一个重要优势就是信息传播力强,覆盖面广,受众数量大,效果好,而这一优势的形成和发挥都离不开传媒。传媒无论是在赞助开始前的包装和炒作,还是在活动期间及活动结束之后的传播、报道和评论,都发挥着重要作用①。相反,体育赞助特别是由体育赞助所激活的精彩赛事,也为传媒的报道提供了大量的素材和机会,为丰富其报道内容,提高其声誉,增加其广告数量创造了良好的条件。

上述四方的对象都直接或间接地指向目标受众,目标受众才是它们真正的上帝,因此体育赞助的根本任务是与目标受众进行沟通,发挥各自的优势和力量,不断扩大目标受众的队伍,为他们提供优质服务,实现沟通的预期目的。

体育赞助是企业、体育部门、中介机构和传媒四方的共同任务,为了确保赞助活动的顺利进行和保障各自责、权、利的充分体现,体育赞助的四方既要有明确的分工,又要有密切的合作,并且只有坚持互惠互利原则,精诚团结,优势互补,严格按照市场规则办事,才能使体育赞助活动顺利进行,才能实现预定的目标,各方的利益追求才能如愿以偿。

专栏 11-2

TOP 计划

TOP 计划,即国际奥委会全球合作伙伴计划,每四年为一个周期,包括一次冬季奥运会和一次夏季奥运会。每期在全球范围内选择 8～12 家企业,每家企业都是所在行业内的唯一入选赞助商。TOP 成员对于各国、各地区奥林匹克委员会和参赛队伍等全部的奥林匹克活动提供支持。根据国际奥委会 TOP 计划的规定,各大赞助商每四年与国际奥委会重签协议,协议期包括冬季奥运会和夏季奥运会各一届,协议规定期间,各奥委会成员不得再与某一签约赞助商竞争性厂商签约。TOP 计划赞助经费的 50% 归当届奥运会组委会,7% 归国际奥委会,43% 由参加奥运会的各国奥委会平分。

TOP 计划的重要组成部分是奥林匹克的赞助商,通常称为奥林匹克商业伙伴,分奥运会全球赞助商、国际奥委会赞助商、冬季奥运会赞助商、夏季奥运会赞助商、国家奥委会赞助商、奥林匹克代表团赞助商六种类型。夏季奥运会赞助商投入最大,每个公司赞助费为 4000 万美元以上。除提供资金支持外,还提供重要的技术服务。作为回报,他们在四年的周期内可以享有世界范围内(包括夏季奥运会、冬季奥运会、国际奥委会以及 200 个国家或地区奥委会)销售其附有奥林匹克标志产品的专营权、广告优先权以及奥运会期间参与赞助奥林匹克圣火传递、奥林匹克公园、赛场产品专卖、展销、促销等权利。权威人士指出,在一般情况下,投入 1 亿美元,品牌知名度提高 1%,而赞助奥运会,投入 1 亿美元,产品知名度可提高 3%。此外,在所有奥运会的门票上,必须印有这些赞助商的名号。在国际奥委会现在的最高层的 12 家 TOP 赞助商中,对北京奥运会的赞助费用的下限为 6000 万美元,尽管赞助费用如此之高,但众多企业

① 王晓军,张慧峰,等. 浅析体育赞助活动的动作与实施[J]. 市场透视,2008(7).

仍然为获得赞助权而展开激烈的竞争。

（资料来源：鲍明晓．体育产业：新的经济增长点[M]．北京：人民体育出版社，2000．）

三、体育赞助的作用

赞助方——企业和被赞助方——体育部门构成体育赞助的两大主体，体育赞助的作用也体现在赞助方和被赞助方两方面。

（一）体育赞助对赞助方——企业的作用

1．扩大企业和品牌的知名度

体育集健身、娱乐、休闲、文化、审美、交往、感情宣泄于一体，是现代社会一种健身和休闲方式，而观看体育比赛也成为不少人日常生活的一个必不可少的组成部分，普及率特别高。如2000年悉尼奥运会参与电视转播的国家和地区多达220个，比奥运会参赛国还多20个，电视转播的时间长达3200小时，全球通过电视观看奥运会的观众多达37亿，日本和中国收看奥运会电视节目的观众分别占总人口的88%和70%。又如1998年在法国举行的第16届世界杯足球赛，现场观众多达260万人次，世界各国的电视观众累计多达370亿人次。体育赛事拥有众多的参与者，因此，体育赞助在扩大企业和品牌的知名度方面效果最为显著。如日本佳能公司赞助英格兰足球联赛6个月后，在英国的知名度从19%上升到70%。日本电气公司原来在英国的知名度很低，自从赞助戴维斯杯网球大赛后，第二年该公司的电脑在英国市场的占有率就从6%上升到10%，而每上升一个百分点，就意味着增加1000万美元的收入。

2．美化企业和品牌形象

企业和品牌的形象是指人们对与之有关的文化、质量、信誉、款式、商标、包装和服务等要素的各种看法的总和，也是企业及产品的美誉度、可信度的决定性因素，因此，良好的形象是企业最宝贵的财富。当今市场竞争从产品之争、价格之争转向品牌之争，因此品牌的重要性就更加突出，强化企业及其品牌建设，成为每个企业特别是大型企业的首要目标。一个企业如果经常赞助某些体育项目或口碑和形象极佳的著名运动员、俱乐部的话，久而久之人们就会把这些体育项目、运动员和俱乐部联系在一起，自然而然地把他们的特征转移到企业及其品牌身上，从而有利于提高和巩固该企业和品牌在人们心目中的形象和地位。如可口可乐公司自身形象设计追求健身、青春、竞争、休闲、快乐、群众性理念，而体育所具有的主要形象特征是健身、青春、竞争、休闲、快乐、群众性，两者几乎形成了完全对应关系，可口可乐公司从1928年开始赞助奥运会，与体育结下了不解之缘，成功地把体育的美好形象转移到企业及其品牌形象上，成为借助体育获得成功的典范，真正实现了“哪里有体育，哪里就有可口可乐”的追求目标。

3．促进企业营销活动

营销活动是企业赞助的根本目的，在重大比赛如奥运会、世界杯足球赛中提供赞助，赞助者比任何其他时候回报更多，名声更大，最终会大幅度增加产品销售和提高市场份额。如可口可乐公司多年来一直以国际奥委会的软饮料独家常年赞助商和各届奥运会的软饮料独家赞助商的荣耀地位而走红世界。1996年奥运会在可口可乐总部所在地亚特兰大举行，可口可乐借机开展了一场规模空前的赞助活动，导致该公司第三季度的赢利与一年前同期相比增加了21%，达9.67亿美元。而百事可乐公司的同期利润却下降了77%，只有1.44亿美元。法国《费加罗报》形象地以《可口可乐笑，百事可乐哭》为题，对此事做了报道，由此可见体育赞助对企业营销的作用。

4. 增加广告时间

平常在电视上做一次广告，时间只能以秒计，而且价格昂贵。美国黄金时间的电视广告每30秒要37万美元，我国中央电视台黄金时段的广告每秒钟近万元。而在一场体育比赛中，广告的时间往往有几十分钟甚至几小时之多，据统计，一场足球比赛中场附近广告牌的出现时间累计长达7分37秒，乒乓球、网球等项比赛场四周挡板上的赞助广告出现的时间，几乎相当于整个比赛时间的一半，且广告画面多次重复出现，给人们的印象更加深刻。而一些大型比赛，无论是场地使用还是电视转播的重复率都很高，可使广告画面不断重复展现在观众面前和电视荧屏上，累计的次数和时间比单独刊登广告要多得多，效果也更好。

(二)体育赞助对被赞助方——体育部门的作用

1. 扩大体育财源，增强体育活力

赞助所得收益目前已成为国内外许多体育部门的重要资金来源之一，有助于解决体育部门经费不足的困难，增强体育部门的活力。例如，国际奥委会目前的运作费用有42%来自赞助；1996年亚特兰大奥运会赞助总值6亿美元，占总预算的1/3；1995年我国体育赞助的收入为6.72亿元，占当年全国体育事业经费的28.14%。此外，体育赞助还是我国各类体育俱乐部赖以生存的主要经济来源。例如，中超足球俱乐部的冠名赞助在800万～1200万元之间；CBA篮球俱乐部的冠名赞助平均为380万元。据统计，大多数俱乐部的赞助收入占总收入的一半以上。

2. 改善体育的社会形象，提高体育的社会地位

过去所有体育机构和部门，上自国际奥委会、国家奥委会，下至地方体育机构和部门，都面临一个共同难题就是自身造血功能很差，主要依靠会费、捐赠和政府财政为生，遇到重大赛事往往向商界四处化缘甚至由政府出面进行摊派，因而使其社会形象逐渐失去魅力。而体育赞助使体育从过去到处求人的尴尬处境，上升到和商界平起平坐、互惠互利的平等地位，大大改善了体育的社会形象，提高了体育的社会地位。

3. 激活各类比赛，促进运动水平的提高和竞技体育的发展

通过赞助，激活了各类比赛，使得各种类型比赛的次数大大增加。过去我国国家级以及省级代表队每年的比赛次数只有五六次，多的也只有十几次。目前通过体育赞助，使比赛次数大幅度增加，如1997年全国赞助性比赛共有20786次，平均每天57次，赞助总额为4.2739亿元。通过赞助，不但使国内许多足球、篮球俱乐部的国外优秀运动员增多，而且在国内举办国际赛事也大大增加了，运动队和运动员出国参加比赛机会也增加了，这对丰富运动员的比赛经验以及提高整体运动水平都起到巨大的促进作用。此外，通过赞助使各级运动员的收入也有了不同程度的提高，不但有利于稳定运动员队伍，而且还刺激了后备人才的培养和成长，这些都有利于运动水平的提高和竞技体育的发展。

4. 满足人们的观赏需求，促进群众体育的开展

随着赛事的增多和竞技水平的提高，观众人数也大幅度地增加。如1998年仅我国足球甲A联赛的现场观众就高达580多万，平均每场2.13万人。同年CBA篮球联赛的现场观众也高达60多万人，平均每场3700人。此外，赞助群众性体育竞赛活动也不断增加，这不但满足了人们对体育比赛日益增长的观赏需求，同时也促进了群众体育的开展，对群众增强体质，丰富业余文化生活都产生了积极影响。

第二节 体育赞助的运作

体育赞助的精髓是体育部门和企业联姻，通过支持与回报之间的等价交换，精诚合作，互惠互利，共同获益，实现双赢①。所以，体育赞助的运作包括企业体育赞助和体育部门的体育赞助两部分内容，本节重点探讨体育部门的赞助运作。

体育部门的体育赞助任务是以体育赞助市场为导向和出发点，以满足赞助者的需要为目标，利用所有的积极因素，通过不断增强部门可利用产品的价值，以及供应形式繁多、具有诱惑力的回报方法，在最优地满足体育赞助者的利益的同时满足部门自身的利益需求。体育部门营销赞助的流程可分为总体策划、个案营销、组织实施和评定总结四个阶段。

一、总体策划阶段

总体策划是整个赞助工作至关重要的一步，体育部门在实施具体营销赞助之前，首先要做好营销的总体策划工作。

(一)树立营销意识是赞助总体策划的前提

如何建立正确的体育赞助与合作目标是策划的关键。体育部门要制定明确的整体营销目标和战略，根据顾客和市场需要，全面开发自身的各项资源，提供人们满意的服务和产品，并综合运用产品、价格、渠道和促销等营销手段，最大限度地满足顾客和市场的需要。同时要以不断变化的体育赞助市场为导向，针对赞助企业的需要，通过提高自身赞助产品的价值和提供充满魅力的回报方法，来满足体育赞助者的利益追求。

(二)周密的调查研究是赞助总体策划的基础

调查研究的主要任务是多角度、多层次地对外部环境进行细致、全面的调查分析，使体育赞助的策划和决策具有可行性和实效性。

1. 企业资料

收集有可能成为目标赞助商的企业资料，并建立相应的资料库，可以根据需要做一些专项调查工作，调查方式可采用问卷、电话及面访等多种形式。调查内容应涉及企业经营理念、组织概况、资产及预算情况、有无体育赞助的经历、赞助金额、赞助方式、负责处理赞助的机构、决策程序、目前企业经营效益、企业负责人是否爱好体育及爱好的项目等情况。

2. 以往赞助资料

收集资料除了在目标赞助商上下工夫外，还应尽可能收集以往其他体育赞助的案例，尤其是成功的案例，这样不仅能学到成功的策略和经验，而且也能吸取失败的教训，更有利于发现目标赞助商，提高赞助的成功率。

3. 体育环境

由于体育赞助是以体育活动为平台，因此需要对体育环境有一个全面的、客观的了解。体育环境分为体育内环境和体育外环境。外环境包括体育政策、人们体育意识、体育消费观，等等；内环境包括当前体育竞技水平、球迷队伍规模、体育管理水平以及在媒体中的形象等情况。

---

① 蔡俊五，赵长杰. 体育赞助——双赢之策[M]. 北京：人民体育出版社，2001.

故体育环境都应调查研究，面面俱到。

（三）正确的战略是赞助成功的保证

体育部门的赞助营销战略主要取决于自身所拥有的可赞助资源的数量、商业价值及赞助营销目标的需要等，其中赞助营销目标主要是扩大财源，增强活力，塑造体育的社会形象，提高体育的社会地位，激活各类比赛，更好地满足人们的观赏需求，促进竞技体育和群众体育的发展，提高自身的知名度，扩大自身影响，在更大范围内与公众联系和沟通。就体育部门而言，大致有以下三种战略：

1. 突出重点战略

这是可开发利用资源较少、高业价值较低的体育部门及其所组织的赛事所采用的营销战略。这类体育部门和赛事的情况比较复杂，尽管级别、层次参差不齐，但都有一个共同特点，喜欢人数不那么多，喜爱程度不那么热烈（如女足），因此可赞助资源不那么丰富，吸引力不大，但这些赛事也有自己的长处和优势，应扬长避短，突出重点，确定好赞助的主攻方向，选择好突破口，可在地区和行业方面集中几个与自身特点和形象有密切关系的行业。

2. 相机行事战略

这是可开发利用资源比较丰富、商业价值比较高的体育部门所采用的一种战略。这类体育部门又可分为以下几种情况：

首先是少数民族运动会、农运会、城运会等全国性综合运动会，各省、直辖市、自治区运动会。其特点是分别属全国某一领域或本省、直辖市、自治区最高层次，包含的运动项目较多，可开发利用的资源较多，商业价值也较高。

其次是水平较高，受欢迎程度较广的全国性单项体育组织、省、直辖市、自治区热门项目及其大赛。其特点是层次较高，可开发利用资源比较集中，所包含的运动项目又多属受欢迎的项目，商业价值也较高。

最后是在国内举行的国际非重点项目单项大赛，这些项目虽受欢迎程度差，但是由于具有国际性，因而也较受欢迎。如国际风筝赛、国际龙舟赛等。

这类体育部门的赞助营销战略是相机行事，有所侧重。对于单项比赛，由于受项目局限性的影响，赞助者应侧重与自身项目有较大相关的地区和行业。对于综合运动会而言，由于其包含运动项目较多，赞助者以国内各类型行业的企业为主，兼顾外资和合资企业，规模以大型企业为主，以中小型为辅。就营销项目而言，无论是广告权、公关权、促销权等可赞助资源，还是名称、称号、标识、吉祥物等无形资产都可开发，具体实施应根据实际来侧重，因地制宜。

3. 全方位战略

这是可赞助资源既丰富，商业价值又高的体育部门所采用的一种战略。这类体育部门又可分为以下三种情况：

（1）中国奥委会和全运会之类的全国顶级综合性体育组织和大赛（如奥运会、亚运会、全运会等）。其特点是国内层次最高，涉及运动项目最多，可开发利用资源最丰富、影响最大，因此商业价值也最高。

（2）中国足协、篮协、排协、乒协等全国比较热门的单项体育组织及全国大赛、联赛。其特点是可开发利用资源比较集中，运动项目多属国内影响最大、最热门项目，商业价值极高。

（3）国内举行的国际综合性和单项大赛，如北京亚运会、世界大学生运动会等综合运动会和体操、乒乓球、游泳等世界锦标赛。这类大赛特点是参赛者来自不同国家和地区,其影响、沟通和广告效益波及许多国家和地区。

这类体育部门的赞助营销战略应是面向全国或全世界,全方位出击。就赞助者而言,既可面向外资和合资企业,又可面向各类国内企业。对于高度热门的项目也可充分运用竞争机制,采取按行业投标的方式选择具有排他性的独家赞助者,这样获得的效益会扩大到最大限度。

专栏 11-3

安踏6亿独家赞助中国代表团奥运冠军领奖服

虽然在2011年,安踏体育用品有限公司在销售额上以微弱优势超越李宁,成为国内体育用品企业第一品牌,不过,在品牌影响力及美誉度方面,李宁仍占据着国内体育用品市场的霸主地位。为此,安踏体育在2008年奥运会之后,不惜巨资,击败阿迪达斯及李宁,成为中国奥委会独家体育服装赞助商。

国旗升起、国歌响起的瞬间,标注自己的企业品牌——这个从福建晋江走出的体育品牌对这个最黄金"位置"的奥运赞助寄予无数骄傲,"命名冠军龙服,在体育用品行业中抢先发布奥运战略,也正是希望传递'代表中国'和'代表体育精髓'的品牌形象。"安踏体育董事局主席丁世忠谈道。

"顶级赛事和体育资源带来的不仅仅是直接的账面收入,它的核心价值是提升品牌高度,与消费者产生强烈的品牌感知,对于品牌再定位非常有价值,这也是我们现在最需要的。"安踏体育副总裁张涛接受采访时表示,"对于奥运营销,尤其需要你去讲一个好故事,然后,与消费者产生品牌共鸣。"

根据这一协议,中国奥委会首次将2009—2012年的奥运周期打包,安踏体育获授权赞助中国体育团参加2010年温哥华冬奥会、2010年广州亚运会以及2012年伦敦奥运会等11项重大国际赛事提供冠军装备——"双方合作涉及权益覆盖之广、年限之长以及赞助额之高,在中国奥林匹克史上都是空前的。"安踏体育执行董事及首席运营官赖世贤公开表示。

张涛说:"顶级赛事、顶级运动明星和顶级体育资源能够带来的价值,对于品牌提升有事半功倍的作用,而这样无形的增值和机遇,对一个企业来说,并不是总能碰到。"品牌提升,对从晋江走出的安踏体育来说,现在最直接的表达是想打造"国家"与"民族"的品牌属性。

作为中国奥委会的合作伙伴,安踏体育抢先公布启动了奥运营销战略——在伦敦奥运会期间,安踏体育将与中国奥委会设立的"中国之家"展开密切、深度的合作,借助"中国之家"这个奥运会期间中国媒体的最高资源,让品牌传播拥有更迅捷、更权威的话语平台;同时,安踏体育还将与国际奥委会(微博)深度合作,在传递奥林匹克精神的同时,将市场、商品、营销进行有效组合;携手中央电视台奥运频道,营造奥运收视环境;携手国内外一线品牌跨界合作,联合推广奥运。对企业来说,奥运营销投入可能是一次性的,但其效果和品牌渗透影响是长期的,尽管现在奥运会赞助的市场价格节节攀升,但其传播影响效果仍然值得投入,而对企业来说一个更现实的问题在于,这个昂贵的机会,如果你不去争,别人就一定会抢走,因此,无论从公司战略或者公司未来的发展上,有实力的公司都会去做。

(资料来源:安踏6亿独家赞助中国代表团奥运冠军领奖服[EB/OL]. http://www.taoxie.com/anta/news/58779.htm)

二、个案营销阶段

体育赞助个案是指单个的具体赞助方案。体育赞助个案营销首先通过策划，充分开发赞助个案的可赞助资源；通过炒作、包装和招商等方式，把赞助个案推销出去，找到合适的赞助者；通过签约把赞助关系稳定下来。因此，赞助个案营销的全过程可分为策划、销售、商谈和签订合同三个阶段。

专栏 11－4

宝洁体育赞助赢美誉

2013 年 1 月 8 日，中国体育总局及中央电视台联合举办的“中国体育营销论坛”，简称CSMF(斯密夫)论坛在北京中央电视台梅地亚中心举行，活动揭晓了 2012 年度十大营销经典案例。凭借“为母亲喝彩”奥运营销案例，宝洁获得“2012 年度体育营销十大经典案例”。2012 年，宝洁启动了“为母亲喝彩”的奥运营销项目，作为长期致力帮助全世界的母亲更好地照顾家人的企业，宝洁把“每个运动员背后都有个伟大的母亲”作为与体育的连接点，在线上和线下掀起了一场全民感谢母亲的热潮。

宝洁指出要正确地选择到适合自身品牌的体育营销资源，品牌应该根据自身定位出发，和体育运动找到最有效点。一旦找到合适的契合点，就需要找个志同道合的合作伙伴。宝洁荣幸地得到中国奥委会、国际奥委会的支持，并邀请到世界奥运巨星加盟。2012 年是宝洁首次赞助奥运，创新地整合了数字营销和传统营销，充分整合利用新媒体平台。比如说，宝洁与腾讯一起创作的“奥运父母汇”就创造了 660 亿次印象，1.1 亿次点击率，2560 万次消费者参与。百度也建立了品牌专区，让消费者第一时间就能接收到“为母亲喝彩”奥运营销活动的相关资讯。

（资料来源：宝洁体育赞助赢美誉[EB/OL]. http://www.pg.com.cn/News/Detail.aspx? Id＝2292.）

（一）个案策划

针对个别赞助策划书的设计，策划是赞助营销的第一步，如果策划极富魅力，充满商机，富有新意，个案营销也就成功了一半。相反，如果策划无创意和卖点，即使赞助个案本身很有价值，也很难引起赞助商的赞助意向与兴趣。

个案策划分为精确策划和初步策划两种。精确策划是针对赞助成交协议已协商好但缺乏赞助经验者或有赞助意向而又摇摆不定的赞助方，可根据他们的需求并结合赛事，对原有的初步策划进一步加工，提高其针对性和独特性，吸引对方的赞助兴趣，取得更大的赞助效益。初步策划是由策划者根据赞助个案的具体情况、性质、特征而进行的框架式策划，作为统一招商流程使用。

赞助个案策划主要有三个方面内容，即赞助个案的自身价值、创新、创意。

1. 自身价值

赞助个案的自身价值是体育赞助营销的基础，是指赞助个案所拥有的各种可开发利用赞助资源价值的总和，主要有：体育组织的地位、级别、声望、水平和信誉，体育赛事的层次、内容、性质、举办者、参加者、时间和空间，运动员的层次、水平、形象等[①]。这些资源的价值与其影响

① 蔡俊五，赵长杰. 体育赞助——双赢之策[M]. 北京：人民体育出版社，2001.

效果成正比，开发利用的资源价值越高，受众就越多，赞助效益就越大。因此，进行个案策划的首要任务是提高可赞助资源的价值。一方面充分利用已有的高层次、高水平、高吸引力的可赞助资源，使之发挥最大作用；另一方面创新比赛，人为地提高可赞助资源的价值。具体做法有：

(1)比赛内容。通过改变比赛内容而提高赞助效果。如由加拿大马格兰娱乐公司策划的1997年6月1日在多伦多举行的史无前例的150米对抗赛，就有很大的轰动效应。参赛者一个是加拿大100米奥运会冠军贝利，另一个是美国200米奥运会冠军约翰逊，且150米对两人都很陌生，绝对公平，加上有50万美元的出场费和100万美元的奖金为诱饵，吸引了大量的现场观众和电视观众，所获得的赞助也非常可观。

(2)比赛时间。结合节假日和重大纪念日举行比赛，这样既可增加节日气氛，又可扩大参与观赏的人数，提高赞助的效果。如1997年庆祝香港回归，先后举办了柯受良飞越黄河、庆回归香港至北京接力长跑、"回归杯"足球赛等大型体育活动，都收到了较好的赞助效果。

(3)比赛空间。选择具有特殊意义的地方举办赛事和巡回比赛可产生良好的赞助效果。

专栏 11－5

"回归杯"助兴香港回归

"回归杯"足球赛由霍英东发起，其子霍震霆参与组织。参赛双方的阵容非常强大：一方是由国际足联组合的世界全明星队，另一方是由亚洲足联组织的亚洲全明星队，分别荟萃了世界和亚洲的一流球星。比赛于7月3日晚在香港举行，由香港特区行政长官董建华宣布球赛开始，国际足联主席阿维兰热为双方球员颁奖。比赛始终在热烈、紧张和友好的气氛中进行，最后世界全明星队以5∶3获胜。这一创意的奇特之处在于通过足球这一影响最大的运动项目的高层次的比赛，把香港回归这一历史事件的纪念活动国际化，表达了全世界人民对这一历史事件的关注和喜悦，从而作为香港庆祝回归活动压轴戏的节目将纪念活动推向高潮。

（资料来源：蔡俊五，赵长杰．体育赞助——双赢之策[M]．北京：人民体育出版社，2001.）

2．创新

创新是策划的灵魂，策划者在个案策划中应结合赛事的特点创造出具有鲜明卖点的赞助个案，这种创新主要体现在能见度、曝光度、可信度、亲切度方面。

(1)能见度。能见度指受众能看清各种广告内容并且能接受的程度。它包括两方面内容：一是各种广告内容的清晰度；二是宣传物的摆放地点和方式。由于比赛场馆的范围较大，无论是现场观众还是电视机前观众都应能清楚地看到场地和运动员身上的广告。如耐克公司的一个大钩字，可口可乐公司永远不变的字形、色彩，都是简单明了，一目了然。又如百威赞助意大利都灵冬奥会，百威搭建金字塔形的娱乐会所，每晚举办派对，成为奥运期间最火爆的派对场所。此外，百威赞助世界杯期间百威在全国各地推出世界杯包装的限量版355mL和500mL罐装产品，公司以"世界杯包装产品"、"广告支持"、"零售店布置"三管齐下备战世界杯。世界杯赛场上，在若干外文标牌中，两中文字的百威Logo赚足了观赛中国球迷的眼球[①]。

(2)曝光度。曝光度是指在比赛现场及电视、报纸、网络等媒体平台上赞助者的品牌形象、标识和广告出现的频率和强度。这需要赞助商运用运动场广告、印刷品广告、开闭幕典礼等活

① 关键先生．中国式成长[M]．南京：凤凰出版社，2009.

动增加曝光率。

(3)可信度。可信度是指广告的真实性和可信性。如佳得乐公司赞助中国女排期间,在许多媒体上做广告,刊登郎平的照片和签名,其实质就是以郎平的身份、为人和威望来增加可信度。

(4)亲切度。亲切度是指广告的感情色彩的浓淡,通过情感的交流,拉近赞助者和受众之间的距离,使受众对赞助者产生好感。如2007年燕京啤酒与国家体育总局水上运动管理中心中国皮划艇队结为官方合作伙伴,赞助北京奥运会水上项目。燕京啤酒将"为中国干杯"作为奥运宣传口号,仅几个字就体现了赞助者的美好心愿,增加了亲切感。

3. 创意

赞助创意是赞助策划人员对赞助活动所进行的创造性形象思维活动,对未来赞助活动的主题、内容、表现形式进行的艺术勾画,使受众自然而然地接受赞助者的意图。

专栏11－6

可口可乐公司的世界杯创意

1998年法国世界杯足球赛中,可口可乐公司花费了3000万美元的巨资取得世界杯足球赛的全球赞助权,为了进一步扩大赞助规模和效益,组委会联合推出"国际足联可口可乐青少年足球运动发展计划",这一计划的活动内容之一就是从世界各国选拔1000名护旗手、500多名捡球员和60多名参加世界杯开幕式的小演员,共1600人组成"可口可乐足球特使"赴法参加世界杯赛观摩和服务活动。在世界杯正式比赛中,无论是护旗手,还是捡球员都身穿带有可口可乐特殊标识的工作服进行服务活动,从而增加曝光频率,提高可口可乐在人们心目中的知名度和能见度,真可谓是体育赞助创意的典范。

(资料来源:蔡俊五,赵长杰. 体育赞助——双赢之策[M]. 北京:人民体育出版社,2001.)

(二)个案销售

赞助个案策划之后,紧接着就进行营销的销售阶段,此阶段主要任务是设法把个案推销出去,找到更多、更为合适的赞助者。因此个案销售有两个主要内容:一是个案炒作;二是物色赞助者。

1. 个案炒作

赛事要想得到赞助商的青睐,吸引人们的注意力,都离不开必要的炒作。通过炒作,让受众不知不觉中熟知赛事,提高赞助个案的知名度。

专栏11－7

柯受良"飞黄"活动

1992年柯受良因成功地飞越长城而闻名于世,此后他曾多次在不同场合宣称在壶口飞越黄河。1995年秋北京赛特文化发展公司牵线,香港凤凰卫视主持柯受良"飞黄"活动。凤凰卫视于1996年11月和柯受良签约,飞越日期定在1997年6月1日,即香港回归前的一个月具有纪念意义的日子。凤凰卫视中文台专门开辟了"飞黄"专题节目,每周用30分钟时间向亚太三十多个国家和地区报道有关筹备情况,进一步大肆渲染,把"飞黄"活动炒得沸沸扬扬,引起世人的关注。在强大的炒作下,越来越多的商家纷纷而至,上门要求赞助,最后彩虹集团以2000万元人民币获得独家赞助商的身份。

(资料来源:蔡俊五,赵长杰. 体育赞助——双赢之策[M]. 北京:人民体育出版社,2001.)

2. 物色赞助者

为了在浩如烟海的市场行业和企业中物色到合适的赞助者，需对体育赞助市场进行分型，包括商品类型，商品的目标顾客、消费群体，企业层次、企业的沟通风格等，在全面深入地了解赞助个案的自身特点、可赞助资源和体育赞助客户的基础上，通过对相关市场进行分解、梳理，从大到小，由面到点，由远及近地逐渐缩小范围，寻找潜在的目标市场范围，直到集中到少数与自身关系密切的行业与企业上。

(三)商谈并签订赞助合同

商谈并签订赞助合同是赞助双方正式接触的开始，其具体过程一般是当中介机构受体育部门之托，物色到赞助者之后，即邀请双方共同商谈并草签一份赞助意向合同。然后再由中介机构根据赞助双方的特点并听取双方特别是赞助方的具体要求，对策划进行深加工，力求最大限度地满足赞助双方特别是赞助方的意愿和要求。待赞助双方同意后签订正式合同，才算完成这一过程。

赞助合同主要包括以下内容：

(1)冠名权：赞助商企业的名称是否出现，赞助商中何人可以出席新闻发布会，何人可以代表颁奖，也应明确界定。

(2)赞助金：要注明赞助金额为多少，何时何种方式支付，以及是否允许有退款情况，等等。

(3)官方赞助身份：不同赞助组合以及获得的赞助身份的不同，其权利和义务不同。如冠名赞助商与官方供应商在广告上支付费用不同，享有的权限也不同，必须明确赞助商所使用的合法头衔。

(4)电视曝光部分：就赞助商电视曝光权利、播放时段、广告权利以及是否保证赞助商在电视上的出现频率等问题，还有赞助商是否有权自行接受采访发布新闻做出明确界定。

(5)标识使用权：有关赞助商使用广告标识的数量、大小、款式、摆放或悬挂的位置，以及制造与布置费用的归属问题，都须注明。

(6)大会标志使用权：应注明赞助商使用大会标志的时机、方式，以及规定在自身形象推广中是否使用这些标志等。

(7)公关与媒体曝光部分：界定明星运动员在接受采访时可否提赞助商名字，赞助商名称是否出现在新闻报道中，赞助商是否有权自行发布新闻以及进行公关活动等问题。

(8)定点促销活动：赛场周围赞助商可否进行现场促销活动，何种产品，以怎样的方式进行，均应敲定。

(9)礼遇权：赞助商能否得到大会礼遇的项目，如贵宾卡、出席开幕式的门票等；是否有权设立接待帐篷等，都应明确规定。

(10)运动员义务：运动员是否穿有赞助商标的服装，何时穿，或其他协助赞助商曝光的机会，均应明文规定。

(11)未来选择权：有关赞助期是多少年，续约期为多少年，以及赞助金是否调整，如何调整等。

(12)法律归属：何人担负大会意外事故责任，因天气或其他不可抗拒因素造成活动停办的处理方式，赔偿问题，这也是企业必须审慎拟订的部分①。

---

① 杨晓生，程绍同. 体育赞助导论[M]. 北京：高等教育出版社，2004.

三、组织实施阶段

(一)组织工作

当赞助商加入赞助计划且获得良好的反馈之后，接下来就要充分执行各项工作。组织工作是赞助个案实施的前提和保证，只有成立一个分工明确的领导班子，落实赞助中所承担的义务，必要时展开协调会来协调双方利益，才能确保赞助工作有组织、有计划地顺利实施。

首先要明确赞助实施的总负责方是谁，这主要取决于赛事的性质和营销方式。如果是大型综合性运动会，主要由官方的组委会负责；如果主办方自己营销赞助，实施由主办方负责；如果主办方把赞助营销工作委托中介方，那么就由中介方负责。

其次是成立赞助实施领导小组和办公室。由于大型赛事的赞助实施工作牵涉面广，仅依靠某一方的力量是难以胜任的，这时必须成立一个赞助各方负责人参加的领导小组，依靠各方力量，精诚合作，才能圆满地实现赞助计划和各项安排。

再次是制订赞助实施计划。根据赞助个案的总体策划和计划确立赞助实施目标，制订实施总体计划；然后各部门根据总体目标和计划，制订出各部门目标和实施计划；最后由组长对各部门的目标和实施计划进行审查、协调和平衡，再交付各部门分头执行。

最后定期召开相关筹备会议，以利互通信息，协调工作，解决存在的问题，保证赛事和赞助的良好运转，促进赞助关系良好发展。

(二)实施工作

1. 新闻工作

体育赞助中不可或缺的一个组织就是媒体和公众信息传播组织。新闻发布工作必须要持续不间断且高发布频率才能构建赛事和公众的桥梁。新闻发布工作内容包括赛事的起源历史、内容项目、规模大小、趣闻轶事、主要参加者的情况介绍等背景材料，即要突出重点，又要丰富多彩。同时要组织新闻发布会，报道有关赛事组织和赞助的专题新闻、定期新闻、重大新闻、宣传推广工作。围绕着赛事和赞助在媒体上组织有奖征答、答读者问、专访、科普文章等丰富多彩、引人入胜的活动和文章，进行炒作，以吸引公众的注意。还可采用海报、传单、招贴画、小册子、秩序册，甚至广告等方式进行宣传推广。

2. 落实现场广告

现场广告是赞助回报的一个主要内容，也是体育赞助效益的集中体现，因此一定要严格按照事先商定的方式、数量和质量予以落实，根据协议制订详细的、责任到人的实施计划，同时明确责任人。此外，还要和赞助者协调解决以下问题：

(1)确定各种现场广告以及诸如门票、工作服、气球、广播、荧屏字幕等回报性广告措施的品种、规格、数量、提供者、制作者、安装者、费用承担者、提供日期、保管人等事宜。

(2)确定不同广告摆放的具体方式和地点，应放在电视镜头所能扫描到的地方，以便最大限度地发挥它们的作用。

(3)比赛场地及其四周在正式开始前 2～3 天必须清场，即清除原来所有的广告以及带有企业标识、具有广告痕迹的比赛器材和用品，以便放置本次比赛的广告和指定比赛器材和用品，不能留有与本赛事赞助者无关的其他广告痕迹。

(4)根据协议在现场周围陈列展览商品，应明确展览台(棚)制作、安装和保管人等。

(三)赞助实施的检查监督

在体育赞助实施阶段,需要对实施的全过程进行系统的监督和检查,以确保赞助活动顺利进行。赞助实施的检查监督的具体内容如下:

(1)赞助的目标和战略:检验赞助目标和战略的现实性、完整性和可操作性,保证赞助目标和战略的可执行性。

(2)赞助策划的依据:重点检验作为赞助策划依据的、事先所进行的背景调查研究的结果是否准确、全面、充分,发现问题,及时补救,以确保赞助的总体策划不出现差错。

(3)赞助组织工作:制定详细工作表、检查监督赞助策划、实施和检查监督这三个过程的人员和组织安排是否妥当,所使用的方法是否合理等。

(4)赞助的措施:检查监督赞助各项措施的落实情况,双方履约情况,各项赞助经费分配和开支是否合理,赞助目标和战略与赞助措施之间的逻辑关系等。

上述检查监督工作的方法将策划和计划与现实情况、落实状况进行对照和比较,保障项目顺利实施。其原则是不但要及时发现问题,还要寻找原因,采取对策,并予以修正和克服。

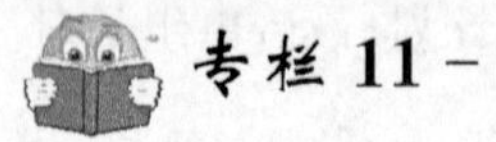

专栏 11-8

深入人心的奥运营销

作为北京奥运会的汽车合作伙伴,大众汽车在奥运期间得到了最多的曝光。6200多辆北京奥运官方用车,由大众(中国)、一汽大众和上海大众联合提供。为了体现大众汽车在中国的实力,除了两辆特殊用车,均为中国国内在产车型,包括迈腾、帕萨特领驭、途安、速腾和斯柯达明锐等。两辆原装进口的“特殊车”,一辆是奥迪A6(Avant),提供给乘坐轮椅的国际残奥委会主席克雷文。另一辆是大众高端商务车(Multivan),提供给国际奥委会主席罗格,这辆经典多功能商用车,不仅安装了办公桌、电话、传真机,还安装了视频设备,可以方便罗格在车上办公,还可随时观看奥运比赛直播。

作为北京奥运会的主赞助商,大众汽车在鸟巢不远处,奥林匹克公园北边,建起了大众汽车奥林匹克主题馆。奥运会开幕以后,每天光顾这里的观众就有数万人。

作为奥运会独家汽车合作伙伴,大众旗下各品牌汽车成为北京奥运各场合的重要出镜车型。在奥运会圣火境内传递的画面中,人们看到火炬手背后紧紧跟随的大众汽车车队。北京奥运会开幕第二天举行的男子公路自行车比赛中,大众品牌导引车、摄像用车和工作人员用车穿插在自行车车流中。马拉松比赛同样如此。北京奥运专用车道上,见到最多的是大众品牌汽车。

与一般国际体育比赛不同,国际奥委会严格限制进入赛场的各种广告。大众汽车得天独厚获得了在北京奥运会许多场合曝光的机会。北京奥运期间,400多万现场观众和两百多个国家和地区超过40亿电视观众,将深深地留下大众汽车的形象。北京奥运会成为大众汽车面向全世界展示自己的舞台,使大众汽车品牌进一步深入人心。奥运前后这些在媒体和公众面前长时间的曝光起到了潜移默化的作用,其价值是无法用金钱衡量的。

事实证明,赞助奥运会对大众汽车的销售拉动作用从2006年就开始逐步显现,2006年大众汽车在中国销售71万辆,同比增长24.3%,这一数字是大众汽车与中国合作22年以来的历史新纪录。2007年,大众汽车在中国市场的占有率也从17%提高到18%。大众汽车集团

(中国)总裁兼CEO范安德博士将此归功于大众汽车集团以"奥林匹克计划"为核心的全新中国战略的全面实施。

2008年,大众汽车称之为"夺金之年",在这一年,大众汽车将在中国的销售目标确定为100万辆,在中国车市整体低迷的状态下超额完成任务,这应该是大众汽车希望看到的奥运会带给它的最直接回报。在成为2008北京奥运会汽车合作伙伴之后,大众汽车的出镜率明显提高了,而且几乎每次都和奥运挂钩。

(资料来源:深入人心的奥运营销[N]. 北京晨报,2013-07-19.)

四、赞助效果的评定和总结

(一)赞助效果评定

体育赞助效果是指通过体育赞助活动给赞助者、被赞助者、目标受众和社会所产生的效益和所起的作用[①]。对于赞助商来说,投入大量资金,是否有效益,需要通过赞助效益的评定来揭示;对于体育部门来说,赞助效益的评定也是说服企业赞助,并寻求与企业保持长期赞助伙伴关系的需要。下面介绍三种赞助效果评价方式:

1. 赞助商形象评价

采用问卷调查方法,即在赞助活动之前,针对赞助商和与赞助商主营产品、目标市场、企业规模以及实力相近的企业,调查企业的公共形象;赞助活动结束后,针对赞助商相同的项目对市场进行第二轮调查,通过比较两轮调查结果,来揭示赞助商赞助前后企业形象的变化情况。具体方法如下:

第一步确定目标企业。目标企业包括赞助商和与赞助商性质相近企业。如李宁公司是亚特兰大奥运会中国体育代表团指定装备的独家赞助商,国家体育总局运动装备中心作为寻求赞助的体育组织,要对赞助企业形象评价,就可选择耐克、阿迪达斯、锐步、康威、双星等作为目标企业[②]。

第二步设计调查问卷。这包括两部分,一部分是问题,如"某某公司给你的印象如何"等;另一部分是对企业印象的等级评定,一般是非常满意、满意、一般、不满意、非常不满意五个等级,并赋予5、4、3、2、1的分值。

第三步确定调查对象和样本。调查对象应是赞助商目标市场的消费者或潜在消费者,样本尽可能大,小型赞助活动样本容量应不低于100人,大型赞助活动样本容量不低于1000人。

第四步确定调查的操作方式。有两种方式可供选择,一是邮寄方式;二是在消费场所由调查人员现场调查[②]。

2. 经济效果评价

企业赞助活动能否在产品销售量上有所收益,是赞助商关心的一个重要问题,赞助商大多把赞助目标定为促进产品的销售。赞助活动促进产品销售主要有两个渠道:一是通过赞助活动获得的各种权益来提升企业形象,使更多的消费者对该产品形成好感和认同,从而有助于产品销量的增加;二是通过现场销售活动促销产品。对赞助商的赞助效果的评价方法有两种:

---

① 蔡俊五,赵长杰. 体育赞助——双赢之策[M]. 北京:人民体育出版社,2001.

② 鲍明晓. 体育产业[M]. 北京:人民体育出版社,2000.

(1)销售量增加比率。通过开展体育赞助前后销售量的变化,可看出赞助的经济效果,其计算公式为:

$$销售量增加比率=\frac{赞助后平均销售量-赞助前平均销售量}{赞助前平均销售量}\times 100\%$$

销售量增加比率和赞助的经济效果成正比,增加比率越大,赞助的经济效果就越好,反之亦然。

(2)赞助费比率。通过对体育赞助费用投入量和赞助后销售收入之间的关系,来衡量赞助的经济效果,其计算公式为:

$$销售量增加比率=\frac{赞助费用}{赞助后销售收入}\times 100\%$$

赞助费比率和赞助的经济效果成反比,即赞助费比率越小,赞助经济效果就越好,反之亦然[①]。

3. 媒体报道评价

一般来说,赞助商的赞助目标不仅是提高产品销售量和市场占有率,而且还着眼于赞助活动能否带来企业声誉和形象的提高以及广告支出的下降。因此,对赞助活动媒体报道程度进行评价十分重要。对媒体报道程度的评价主要收集三个方面资料:一是有些媒体(电台、电视、网络、网页、报纸和杂志等)直接或间接地报道了赞助企业;二是各媒体报道的量,即报道次数的多少、时间的长短及版面的大小等;三是依据现行的市场价格计算赞助商在相同的媒体形式购买相同量的广告时段需要花费的资金总量,这样就可测算赞助商因赞助所获得的广告收益或企业广告费的下降幅度。

(二)赞助的总结

赞助过程实施结束后,赞助活动进入了总结阶段,这是赞助活动不可缺少的一个环节,总结阶段主要应做好以下四个方面的工作:

1. 撰写赞助评估报告

赞助评估报告的撰写应重点论述本次活动的赞助效益,评估赞助是否成功。赞助效益应采用定性和定量相结合的表达方式。定性描述着重对赞助活动的企业效益和社会效益进行分析和评价。定量描述应包括实物赞助的数量和质量、资金赞助的总额以及服务赞助的时间、质量和人员数量。通过分析赞助效益,最终要对是否达成赞助计划中确定的目标作出实事求是的评价。

2. 召开总结会

总结会不仅要对体育组织内部对赞助计划、赞助提案、人员配置、经营管理和后勤保障等方面进行全面、系统的总结,而且还应邀请赞助商共同研究讨论对本次赞助活动的总结,并征询未来继续发展长期稳定伙伴关系的意向。

3. 建立专项档案

相关组织必须指定专门人员负责收集、归纳和整理涉及赞助活动的一切资料,包括各类文件、会议记录、传真材料和信函,以及能证明赞助效益的图片、赞助商报表、杂志、录像带、光盘等资料,这对于体育赞助研究和发展有重要的参考价值。

---

① 蔡俊五,赵长杰. 体育赞助——双赢之策[M]. 北京:人民体育出版社,2001.

4. 答谢活动

答谢活动是赞助总结的最后一项工作，可采取赠匾、赠旗和赠纪念品的方式。如果是大型的赞助活动，还应举行答谢宴会，以此感谢有关人员，并进一步与赞助商沟通感情[①]，建立成熟的、互相增值的合作关系。

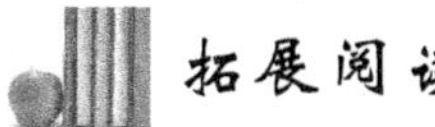

本章思考题

1. 体育赞助有哪些特点？
2. 赞助合同主要包括哪些内容？

拓展阅读

广州亚运赞助30亿创纪录

2010年11月25日，广东省政府新闻办发布消息，广州亚运会市场开发工作情况超越了历届亚运会，亚运会赞助总金额近30亿元，约是多哈的5倍、釜山的3.5倍。同时，广州亚组委已签约52家赞助商，赞助商的数量也创历史之最。亚运高级合作伙伴中国移动、南方电网、中国电信的相关负责人向媒体介绍了企业对亚运的保障服务情况。

据有关人士分析，广州亚运会赞助商中既有享誉世界的跨国企业，也有国内相关行业的龙头企业；既有实力雄厚的大型国有企业，也有蓬勃发展的民营企业；既有长期赞助体育赛事、熟悉营销规律的企业，也有新近跨入体育赛事大门、希望提升品牌的企业。由于大陆与台湾的经济关系日益密切，广州亚运会赞助商也出现了多家台资企业的身影，赞助企业构成多样化。

在此次亚运中，赞助企业普遍投入大。为了取得赞助资格，各层级赞助商都付出了不菲的赞助费用；更为重要的是，广大赞助商在全球经济低迷的情况下，希望借助亚运平台化危机为契机，因此加大了企业宣传力度，增加推广费用，期待从金融危机中一举脱颖而出。

发布会上，中国移动广东公司亚运办公室总经理殷立明介绍说，亚运开幕式期间，开幕式核心区高峰时登记用户数4.18万，话务量每小时平均高达4529ERL/平方公里，比平时增长1230%，相当于27万移动用户打了1分钟电话；瞬间最高峰值达到16800ERL/平方公里，话务密度超过奥运会，创历史新高。南方电网生产技术部主任皇甫学真则表示，亚运期间，南方电网运行平稳，电力可靠有序供应，全部比赛场馆和重要场所供电正常。中国电信广东公司副总经理梁锋说，从今年3月开始，中国电信开通号码百事通114亚运热线，同时以普通话、粤语、英语等语言和方言为公众提供亚运信息查询服务；亚运期间114呼叫中心增设120个亚运服务专席，及时提供赛事、场馆、奖牌榜、赛事电视直播等信息查询服务。

（资料来源：刘可英．广州亚运赞助30亿创纪录[N]．南方日报，2010－11－26．）

① 鲍明晓．体育产业[M]．北京：人民体育出版社，2000．

参考文献

[1]鲍明晓. 体育产业——新的经济增长点[M]. 北京:人民体育出版社,2000.

[2]鲍明晓. 体育市场——新的投资热点[M]. 北京:人民体育出版社,2004.

[3]白静. 我国职业体育俱乐部的管理体制研究[J]. 商场现代化,2008(9).

[4]边锋.21世纪以来商业健身俱乐部发展研究[D]. 济南:山东大学,2012.

[5]伯尼·帕克豪斯. 体育管理学[M]. 秦椿林,等,译. 北京:清华大学出版社,2003.

[6]曹可强. 体育产业概论[M]. 上海:复旦大学出版社,2004.

[7]朱晓军. 彩票操作管理实用手册[M]. 长春:吉林音像出版社,2005.

[8]蔡俊伍,赵长杰. 体育赞助——双赢之策[M]. 北京:人民体育出版社,2001.

[9]丛湖平. 体育产业理论与实践[M]. 北京:人民体育出版社,2006.

[10]陈海辉. 论我国职业体育俱乐部现状与发展对策[J]. 邵阳学院学报(自然科学版),2003(10).

[11]陈丛刊. 中美体育彩票业发展特点比较[J]. 体育文化导刊,2011(12).

[12]陈云开. 赛事经营管理概论[M]. 上海:复旦大学出版社,2003.

[13]戴维·希伯里,谢恩·奎克,汉斯·韦斯特比克. 体育营销学[M]. 2版. 燕清联合,译. 北京:清华大学出版社,2004.

[14]戴维·卡特,达伦·罗维尔. 经营体育——美国体育领袖的商业之道[M]. 丁山,李金仙,曹志君,译. 北京:中国人民大学出版社,2004.

[15]丁一. 中美职业体育俱乐部与城市互动关系的比较研究[D]. 上海:上海体育学院,2013.

[16]董平,李征宇. 我国竞技体育人才市场特征及其资源合理配置研究[J]. 广州体育学院学报, 2011(3).

[17]高鸿业. 西方经济学[M]. 2版. 北京:中国人民大学出版社,2002.

[18]耿力中. 体育市场——策略与管理[M]. 北京:人民体育出版社,2001.

[19]关锋. 我国职业体育俱乐部经营管理中相关法律问题研究[J]. 山西师大体育学院学报,2005(9).

[20]何蕊, 何伟. 对我国职业体育俱乐部经营模式的探讨[J]. 体育成人教育学刊,2005(3).

[21]何蕊. 我国职业体育俱乐部经营机制的研究[J]. 山西师大体育学院学报,2006(9).

[22]何建东, 骆秉全. 我国体育彩票管理研究[J]. 体育文化导刊,2011(1).

[23]黄晓灵, 黄菁. 职业体育俱乐部的经营收益[J]. 体育学刊,2005(1).

[24]纪宁,巫宁. 体育赛事的经营与管理[M]. 北京:电子工业出版社,2004.

[25]克里斯托弗·H·洛夫洛克. 服务营销[M]. 3版. 陆雄文,庄莉,译. 北京:中国人民大学出版社,2000.

[26]李鑫. 剖析商业健身俱乐部经营之道[J]. 中国市场,2011(39).

[27]李小芬. 商业健身俱乐部体验营销的研究[J]. 北京体育大学,2006(4).

[28]李明. 体育产业学导论[M]. 北京：北京体育大学出版社,2001.

[29]李万来. 体育公共关系概论[M]. 北京：人民体育出版社,2005.

[30]李万来. 体育经营管理概论[M]. 北京：人民体育出版社,2006.

[31]刘传江. 市场营销学[M]. 北京:中国人民大学出版社,2004.

[32]李洪波. 旅游景区管理[M]. 北京：机械工业出版社,2004.

[33]刘苏,陈陨. 对我国体育彩票法律规制的思考[J]. 首都体育学院学报,2009(7):416-417.

[34]刘凯. 我国体育彩票发展中的病态博彩行为研究[J]. 体育文化导刊,2010(10).

[35]刘勇. 体育市场营销学[M]. 北京：高等教育出版社,2001.

[36]刘德光. 旅游市场营销学[M]. 北京：旅游教育出版社,2002.

[37]罗文英,傅尔基,等. 市场营销学——策略与实训[M]. 上海：华东理工大学出版社,2004.

[38]连桂红. 论体育产品的生命周期及经营策略[J]. 体育文化导刊, 2003(11).

[39]柳伯力. 体育旅游概论[M]. 北京：人民体育出版社,2004.

[40]柳伯力. 中国西部体育旅游开发[M]. 成都：电子科技大学出版社,2004.

[41]柳伯力,李万来. 体育产业概论[M]. 北京：人民体育出版社,2005.

[42]梁智. 旅行社经营管理[M]. 北京：旅游教育出版社,2003.

[43]卢锋. 娱乐体育[M]. 北京：人民体育出版社,2003.

[44]卢泰宏. 行销体育[M]. 成都：四川人民出版社,2003.

[45]欧阳强. 彩票业的市场结构与发展对策研究[J]. 长沙民政职业技术学院学报,2002(3):14-15.

[46]秦骏伦,余兆祖. 创新经营[M]. 北京：企业管理出版社,1999.

[47]任昭君. 我国商业体育俱乐部经营现状与发展对策研究[J]. 科技信息,2008(5).

[48]苏秀华. 体育产业经营与管理[M]. 北京：北京体育大学出版社,2008.

[49]孙汉超,秦椿林. 体育管理学教程[M]. 北京：人民体育出版社,1996.

[50]佟岗. 商业健身俱乐部服务质量管理研究[J]. 北京体育大学学报,2013(6).

[51]本书编委会. 体育产业开发、投资、运营管理与体育项目可行性研究及经济评价手册[M]. 长春：吉林科学技术出版社,2003.

[52]许立群. 全民健身路径有了升级版(漫笔体育大会)[N]. 人民日报,2010-05-18.

[53]王振东. 职业体育俱乐部经理工作全书[M]. 银川：宁夏大地音像出版社,2006.

[54]王斌. 体育产品市场定位与营销策略研究[J]. 中国商贸, 2011(33).

[55]温源. 奥运大商机——2008 奥运全接触[M]. 成都：西南财经大学出版社,2001.

[56]熊茂湘. 体育环境导论[M]. 北京：北京体育大学出版社,2003.

[57]肖林鹏,叶庆晖. 体育赛事项目管理[M]. 北京：北京体育大学出版社,2005.

[58]谢英. 区域体育资源研究——理论与实践[M]. 北京:科学出版社,2009.

[59]闫成栋. 周爱光. 职业体育俱乐部的法律性质[J]. 体育学刊,2011(1).

[60]姚业戴. 商业健身俱乐部运营模式的研究[J]. 河池学院学报,2010(2).

[61]杨兵. 浅谈我国职业体育俱乐部的企业特征、经营本质与特点[J]. 辽宁工学院学报,

2006(10).

[62]杨春伟. 中外职业体育俱乐部运行机制比较分析[J]. 产业与科技论坛,2012(11).

[63]杨晓声,程绍同. 体育赞助导论[M]. 北京:高等教育出版社,2004.

[64]杨年松. 职业竞技体育经济分析与制度安排[M]. 北京:经济管理出版社,2006.

[65]俞继英,等. 我国竞技体育人才流动和人才市场[J]. 体育科学,2004(1).

[66]钟天朗. 体育经营管理——理论与实务[M]. 上海:复旦大学出版社,2004.

[67]钟天朗. 体育经营管理——理论与实务[M]. 2版. 上海:复旦大学出版社,2010.

[68]卓志伟. 对我国健身俱乐部管理状况及未来管理模式的探讨[J]. 南京体育学院学报,2004(2):34-36.

[69]张林,等. 我国职业体育俱乐部的形成与发展[J]. 首都体育学院学报,2001(1).

[70]张林,徐昌豹. 现代职业体育俱乐部的本质与特征[J]. 上海体育学院学报,2001(8).

[71]张林. 职业体育俱乐部运行机制[M]. 北京:人民体育出版社,2001.

[72]张林. 体育产业概论[M]. 北京:高等教育出版社,2013.

[73]张林. 现代职业体育俱乐部的本质与特征[J]. 上海体育学院学报,2001(3).

[74]张雪飞,等. 我国体育健身俱乐部的定价与经营[J]. 成都体育学院学报,2004(3).

[75]张忠元,向洪. 体育资本[M]. 北京:中国时代经济出版社,2002.

[76]张海峰. 我国职业体育俱乐部的研究现状[J]. 体育成人教育学刊,2006(4).

[77]张玉超. 我国体育彩票近十年发行现状与对策研究[J]. 北京体育大学学报,2004(5).

[78]朱爱民,谭晔茗. 我国体育彩票管理体制的分析与思考[J]. 上海经济研究,2008(7).

[79]曾雯彬. 我国体育彩票发展现状及对策[J]. 体育科研,2012(3).

[80]郑吉昌. 服务市场营销[M]. 北京:中国对外经济贸易出版社,2003.

[81]郑玉霞,等. 我国商业健身俱乐部发展现状及营销策略分析[J]. 商场现代化,2008(2).

[82]赵涛. 商场经营管理[M]. 北京:北京工业大学出版社,2005.

[83]赵钢,雷励. 体育场馆经营管理概论[M]. 北京:北京体育大学出版社,2007.

[84]邹青枝. 我国体育彩票与西方体育彩票的比较研究[J]. 科技信息,2013(22).

[85]最新体育服务认证管理办法与体育场馆运营管理百科全书[M]. 银川:宁夏大地音像出版社,2006.